◎中国现代文化世家丛书（第二辑）

国家出版基金项目
NATIONAL PUBLICATION FOUNDATION

百年梨园第一家
—— 泰州梅氏家族文化评传

张明乔　苏克勤　著

郑州大学出版社

图书在版编目(CIP)数据

百年梨园第一家:泰州梅氏家族文化评传/张明乔,苏克勤著.—郑州:郑州大学出版社,2015.12(2016.8重印)
(中国现代文化世家.第二辑)
ISBN 978-7-5645-2740-2

Ⅰ.①百… Ⅱ.①张…②苏… Ⅲ.①家族-文化研究-泰州市 Ⅳ.①K820.9

中国版本图书馆 CIP 数据核字(2015)第 307423 号

郑州大学出版社出版发行
郑州市大学路40号　　　　　　邮政编码:450052
出版人:张功员　　　　　　　　发行电话:0371-66966070
全国新华书店经销
河南安泰彩印有限公司印制
开本:710 mm×1 010 mm　1/16
印张:15.5
字数:232 千字
版次:2015 年 12 月第 1 版　　　印次:2016 年 8 月第 2 次印刷

书号:ISBN 978-7-5645-2740-2　　定价:46.00 元

本书如有印装质量问题,请向本社调换

中国现代文化世家丛书
编辑委员会名单

◎

主　　编　詹福瑞　党圣元　张鸿声
执行主编　骆玉安
成　　员　（以姓氏笔画为序）
　　　　　　马　达　王　锋　王同毅
　　　　　　王振羽　王莉娟　孔庆茂
　　　　　　叶　新　冯保善　刘士林
　　　　　　刘成纪　刘运来　苏克勤
　　　　　　李风宇　李道魁　吴　昕
　　　　　　何晓红　沈卫威　张　霞
　　　　　　张功员　张志林　张鸿声
　　　　　　赵金钟　骆玉安　党圣元
　　　　　　徐　栩　凌　青　黄　轶
　　　　　　詹福瑞
主编助理　张　霞　席静雅

·代总序·

跨越时空的文脉

◎

在中华民族五千年的文明史上,"家"与"国"总是作为一个不可分割的社会有机体相伴而存。历史的长河滚滚向前,更迭不已的朝代衍生的名门望族难计其数。这些显赫家族中的一部分在繁衍存续中以文化为纽带,形成独特的群体,成为文化世家。这些文化世家及其杰出人才为华夏文化的传承与发展发挥过巨大的示范作用,在一定程度上影响着中国历史与文化发展的进程。如:齐鲁大地上以孔子肇始的孔氏世家,享誉儒林两千余年,堪称"中国第一文化世家";义宁的陈氏家族以陈宝箴、陈三立、陈寅恪而负盛名;杭州钱塘的钱氏家族,因千余年来文风昌盛、人才辈出而被誉为江南望族;安徽桐城方氏家族,自明末至今一直享誉文坛,有"中国近世三百年第一文化世家"之称。

改革开放以后,特别是20世纪90年代以降,中国进入新的文化复兴时期,国人比以往任何时代都更加重视科技、教育和文化,也更加珍视人才。事实表明,代表先进文化最高水平的社会群体,正是那些位居学术最高领域的专家、学者等文化精英。中国现代转型以来,那些文化、思想领域的领军人物,在推动社会变革和学术创新等方面贡献巨大。研究发现,这些专家、学者和精英人物,大都出身于文化世家,有着良好的家庭文化背景和丰厚的学养。文化世家所呈现的人才辈出的现象,成为中国现代史上一道亮丽的景观。

在我国文化典籍中,"世家"一词早有所见,其注解也多有不同。《孟子·滕文公下》中出现"仲子,齐之世家也"①之说;《史记》以"世家"记述王侯诸国大事,有《世家》30篇;欧阳修所撰《新五代史》,沿用司马迁《史记》的体例,书中也开举《列国世家》10篇。我国古代王侯开国,子孙世代承袭,所以称世家。后来,人们将世代显贵、以某种专业世代相承的家族或大家泛称为世家。《现代汉语词典》对"世家"有如下3种解释:封建社会中门第高,世代做大官的人家;《史记》中诸侯的传记,按着诸侯的世代编排;指以某种专长世代相承的家族。②

根据研究和多方因素理解,"世家"当指有特殊职业或专长、社会地位显赫,或代表某一领域、阶层特色并世代传承的家族。考虑到文化的特殊性,文化世家则是文化在家庭、家族中长期积淀,并经过多代人不断赓续、传承而形成的特有文化现象,是以家风、家训、家教等文化单元为标志,以家族杰出人物群体为代表的世代相传的家族体系。

现代文化世家则是源自19世纪末,成长于20世纪初,繁盛于20世纪中期并延续至今的,以家族文化传承为基本特色的不同家族的集成。中国现代文化世家总是以家族的一个或多个、能够影响或引领某一时代或某一领域发展的杰出人物为代表,进而形成一个具有浓郁的家族特色、对社会产生广泛而重要影响的群体。

中国现代文化世家的兴起和成长大致在19世纪末20世纪初至今100年多的时间。历史地看,20世纪以来的中国文化留给我们许多值得深思的空间。从1840年至1949年这段充满屈辱的历史,国人经受的痛苦是空前绝后的;然而,这一时期的中国却呈现出文化多姿、人才辈出的局面,所谓"国破山河在,家脉代代传"。这是中国根亲文化的魅力和生命力之所在。

---

① 《孟子》,中华书局2006年版,第142页。
② 《现代汉语词典》,商务印书馆2012年版,第1185页。

实际上,中国现代文化世家的家族脉络根须还可以上溯至300多年前的明末清初时期。那时,中国开始出现资本主义萌芽。商业资本的发达不仅带来经济繁荣和人口大量流动,也促使人们思想的开放和转变。封建的小农经济依然占统治地位,人们在获取有限的物质满足后,在精神上也有了更加新异的追求。特别是到了清朝末年和民国年间,西方列强的入侵和洋务运动的助推,让许多有钱人家对家族的振兴和子女的抚养有了颠覆性的认识。尽管"学而优则仕"的思想根深蒂固,但富家子弟求学读书并非为了单一的科举及第。由于视野的开阔,富裕人家往往不惜重金聘请名师对子女进行一对一的培养,或让年幼的子女体面地进入私塾,或挤进洋人的教堂,甚至远渡重洋,为的是让子孙后代冲出家门,获取更加宽阔的人生发展空间,去施展抱负,光宗耀祖。这样,官富子弟不仅躲避了战乱的袭扰,更能浸染异域文化,从而成就了大批人才。

晚清至民国时期,中国经历了前所未有的动荡局势。一方面,清廷的腐败无能引起民众造反;另一方面,外族入侵加剧了中国的贫弱。社会贫富悬殊,阶层急剧分化。当时的局面是,寻常百姓不仅生活窘迫,甚至生死难测;富豪家族生活安逸,甚至花天酒地,更可破财消灾,让自己的子弟躲避人祸,享受现代优质教育。即使是割据一方的军阀,也往往处心积虑地让自己的亲属弃武从文,期望发迹于文化世家。时局动荡,社会倒退,却难以遏制文化的萌动与繁荣。而乱世时期的富家子弟往往不乏有志之士,他们倾心文化功名,客观上造就了家族文化的繁荣,使文化世家风起云涌。

从人才学的角度进行考察,文化世家的整体成长往往又伴随国运兴衰而行,其历程也往往变幻纷呈,瑰丽多姿。中国的历史就是这么怪异,有时越是动荡不安,文化越是奇异多姿。春秋战国时期是这样,三国两晋南北朝时期是如此,近代的清末民国时期也概莫能外。

20世纪初,中国最后一个封建皇帝被赶出宫廷,伴随频仍的天灾和人祸(战乱和政治腐败),裹挟中西文化泥沙的巨浪席卷中国大地,中国彻底沦为半殖民地半封建社会。民国时期虽时局动荡,军阀混战,但文化却一直未能断裂,反而出现极度繁荣的景观。这一时期,军阀的利益、地盘纷争不断,文化的发展空间相对宽松;军阀的粗野庸俗,反而衬托出文化的精细高雅与尊贵,追求风雅成为时尚,文人地位也随之攀升,这在客观上促进了人才成长和文化繁荣的局面。现有史料足以证明,即使在1928年那样战火纷飞的动荡年月,成立伊始的国民政府中央研究院仍然做着遴选院士的长远计划,并终于在20年后的1948年成功地评选出中国首届81名院士。首届院士不乏文化世家子弟,如梁思成、梁思永兄弟,冯友兰、冯景兰兄弟等。这一现象值得我们研究和探讨。

1949年中华人民共和国的成立,标志着一个新时代的到来。由于时局稳定,加上国家恢复生产和经济建设都亟需大批各行各业的人才,许多流亡于海外的专业人才(多为旧时代文化世家子弟)纷纷回国。他们在参加新中国建设的同时,因为其卓越成就和高尚品德,成为科技文化领域的典范,从而使家族文化成为优化社会环境的重要因素,促进了家族文化繁荣时期的来临。随着时局的动荡变迁,特别是"十年动乱",许多家庭遭遇灾难,甚至出现家族内部政治斗争,相互陷害,亲情无存、文化割裂;加上中国计划生育政策的实施,家庭结构的变化,家族文化遭遇内外夹击,影响了家族文化的繁荣与发展。时至今日,已经难以见到中国传统家庭四世同堂、子孙满院的格局,而文化的一度断裂,也从根本上影响了文化世家的发展,我们也很难见到20世纪中期那样的文化世家了!

沉舟侧畔千帆过,病树前头万木春。20世纪90年代至今,随着科教兴国战略的实施,中国对科技和人才的重视程度前所未有,迎来了科技发展和人才成长的最佳机遇。同时,随着时局的稳定,和谐社会的发展,人们在享受现代科技带来的现代化便捷生活的同时,也渴望回归自然,怀念旧日民族文化传统。从20世纪乡土文学受到热捧,到同乡会、同学会、恳亲会、姓氏寻根、家谱赓续等活动,无不带有浓郁的中华民族传统文化色彩,同时也为家族文化的凝练创造了良好的氛围。中国家族文化在和谐发展的当世焕发出勃勃生机。

随着人类社会的不断进步,家族文化必然也会有新的发展,虽然嫡亲家族还需等待时日,而松散的家族联系必然也能够成就新兴的文化世家,成为新的人才成长的独特环境。况且,随着国家计划生育政策的调整和综合国力的不断增强,人们生活水平的不断提高,和谐社会的健康发展,新时期中国文化世家也必然会以新的形态呈现并在人才成长链中发挥出榜样和示范的作用。

中国现代文化世家根植于中华民族的肥沃土壤,深受民族文化浸润,有着鲜明的特色。

中国现代文化世家中的家族文化根基源自中华民族传统文化。我们选入的所有现代文化世家,都弥漫着中华民族的文化氛围。不管是新会的梁氏家族,还是无锡的钱氏家族,或者是唐河的冯氏家族、湘乡的曾氏家族、义宁的陈氏家族,他们首先是以中国传统文化为主要特征的书香门第。这些家族的杰出人物不仅有着良好的家风和深厚的家学渊源,而且其中杰出代表人物从私塾开始多有大师引路,并大都出国留学,深受异域文化的影响,可谓学贯中西,所以在他们身上总能闪现出新异文化的光芒,通透着文化的锐气。如东至周氏家族中的周一良,在其出生的次日,母亲萧琬即患急病猝然离开人世,幸被父亲周叔弢的德国朋友、牧师卫礼贤抱回家让夫人用牛奶喂养了一年才送还周家,再由周一良的三姑母(旧式的文化女性、孀居而又无子女)扶养。周叔弢对儿子煞费苦心,不惜重金请来名宿大儒坐馆家塾。周一良的老师如张惪、毓康、温肃、唐兰等,或为当世鸿儒,或是文化名流,或与"大清天子同学少年"(陈寅恪语),而且还有外籍教师教学外语,使其通晓英、德、日等国语言,后来他成为中国著名的历史学家。又如,义宁的陈氏家族中,陈寅恪是中国现代最负盛名的诗人之一,还是中国现代历史学家、古典文学研究家、语言学家,被称为"清华百年历史上四大哲人"之一。其父陈三立是著名诗人,"清末四公子"之一,其祖父陈宝箴曾任湖南巡抚。因陈寅恪身出名门而又学识过人,在清华任教时被称作"公子的公子,教授之教授"。

综观中国现代文化世家展示的家族文化,有着明显的世代传承特色。每一个家庭中的杰出人物都不是单打独斗的,而是呈现出群英荟萃、相映生辉的局面(这一点在梁启超的子女中展示得更加明显)。他们或是科举精英,或是乱世怪才,有人甚至当上了皇帝的老师(翁同龢曾是同治、光绪两代帝师)。这些家族成员文化层次极高,职业新潮,特色明显。比如东至周氏家族中的周馥为一品监生,周学海为两榜进士的良医,周学熙曾任民国时期的财政大员,周明夔(叔迦)为佛学大师,周绍良是著名的红学家、敦煌学家、佛学家、收藏家和文物鉴赏家,周一良是著名的历史学家。又如新会梁氏家族中的梁启超是国学大师,他的子女梁思顺、梁思成、梁思永、梁思忠、梁思庄、梁思达、梁思懿、梁思宁、梁思礼等,也都成为当世英才。再如唐河冯氏家族的冯沅君、冯友兰、冯景兰、冯宗璞分别在文学、哲学、史学、地质学等方面成就卓著。这些代表人物堪称时代精英,他们从事的职业、徜徉的领域都留下了时代光辉;他们的成果都能够荣登当世的最高境界。他们身上的人文精神也成为时代楷模,激励了一代甚至数代人在人生的道路上健康成长,并在后人的追捧中不断发展、完善。

中国现代文化世家中的家族动辄几十甚至几百年的家族史,在当地声名显赫,德高望重,也大多恭行自律,家教严谨,讲究门风,形成独特的家训。如无锡钱氏家族的"姓钱但不爱钱",常熟翁氏家族的"读书""为善",湘乡曾氏家族的"耕读传家"等。中国现代文化世家以姓氏血缘为纽带,各个家族都有自己严格的宗祠家谱,家族特色明显;重视独特文化的凝练和世代延续,在传承中注重创新。如湘乡的曾氏家族能够在继承中兴名将遗风的同时,不仅人才辈出,还使良好的家风得以传承和创新。家族文化的兴衰与家族精英关系密切,一个家族的文化兴盛与衰落往往都离不开精英人物引领潮头、发扬光大。

中国现代文化世家的兴盛年代处于晚清、民国向现代转型时期,许多世家穿插了家学深厚、贤良德高的优秀女性。旧式中国社会,虽说女性的地位总体不高,但人们往往又把家风的树立、门户的筑垒寄望于良家女子,所谓"妻贤夫祸少,子孝父心宽"。这些家族中的女性不仅践行家族文化,而且以卓越的成就承担起家族文化的传承与创新。那时,相对稳定的大家庭模式和女性主内的家庭管理方式,客观上给女性施展管理才能提供了平台。殷实的家境使妇女可以免于生计所迫,让她们安心在家操持家务,教育孩子;有些女性从幼年开始即经受先进文化的熏陶,接受良好教育,成为女中豪杰。同时,女性受到的良好教育形成更加浓郁的文化氛围,并通过生活中悉心关心幼年家庭成员,以其无微不至的人文关怀、女性崇高的品德和良好的言行举止,影响家族成员健康成长。

在家庭成员成长过程中,女性发挥作用最典型的当属曾氏家族中曾国藩次子曾纪鸿之妻郭筠(字诵芳)。郭筠1岁即由父亲郭沛霖(曾国藩好友)做主许配曾家,12岁不幸丧父,幼年已成曾家女主人。因忙于家务无暇读书,直到和曾纪鸿完婚郭筠才有饱读诗书的机会。更为不幸的是,郭筠34岁又丧夫成寡。令人钦佩的是,郭筠持家教子有方,成为曾家富厚堂拿得起放得下的第一夫人。在富厚堂,曾家子孙几十口人都听她的号令!郭筠写有《曾富厚堂日程》,并有以自己的艺芳馆书斋名目、王闿运作序而传世的《艺芳馆诗存》。郭筠晚年立有6条"家训",策勉男女儿孙谋求自强自立,同时不要求年幼女性缠足,不赞成八股文章,也不愿孙辈去考秀才,却要他们学外国文字,接受新式教育。① 正是曾家有了这位贤惠的郭夫人,才使得曾氏家族能够在曾国藩等长辈虽过世经年仍然呈现一派繁荣昌盛的景象,并且这种景象在传承曾国藩治家精神的同时,又有新的、与时俱进的历史性转变。

中国现代文化世家开放的文化心态使得家族文化深受异域文化浸染,形成文化锐度,易于人才的脱颖而出。由于其时间跨度正处于中国社会的转型时期,时局的动荡、中西文化的碰撞,彻底颠覆了国人一贯的保守矜持、故步自封的性格,生存的需要逼迫他们在被动了解西方文化(其实早期更应该是科学和宗教文化)的同时,审视中国传统文化。他们发挥了自己的聪明才智,溅出奇异的光华,形成高锐度的思想和科学成果。这样,这些家族的子弟往往能够在同一时代、同一群体中或特立独行,或鹤立鸡群,或脱颖而出。

中国现代文化世家的精神动力来自兼容并蓄的开放心态和中西贯通的文化精神,这种精神催生人才的花丛枝繁叶茂;同时,其宽阔的文化视野形成兼容并蓄的文化发展路径,从而使得家族文化总能跟上时代的步伐,文化生命力强健。经济实力的增强往往能够带动精神境界的进一步提高,国家是这样,民族是这样,家庭也同样如此。成长于跨世纪的中国现代文化世家,由于世代显赫,随着经济、政治地位的提高和家族影响力的增强,其文化心态也逐步开阔。其家族代表不仅对中国传统文化批判、审视和合理吸纳,也同时关注西方文化,做到兼容并蓄;同时,新的事物、新的思想也成为他们的关注对象。所以他们总能成为时代的弄潮儿,紧

---

① 岳南:《南渡北归·南渡下》,湖南文艺出版社2013年版,第521~522页。

跟时代步伐,在守成的同时不乏创新,使家族文化具有极强的生命力。现代文化世家群体彰显的中国家族文化,是中国现代文化的主要组成部分。其涵盖的勤奋进取、艰苦奋斗、自强不息、爱国爱家、亲情友谊等人类先进文化的重要因素,将贯通时空,成为民族富强、家庭兴旺、个人成才的重要动力。

"中国现代文化世家丛书"已列入国家出版基金项目。根据策划者的总体目标,这套丛书要汇集20~30个在中国现代史上文化渊源比较深厚、影响力巨大的家族。这是一项内容丰富、任务艰巨的工程。为兼顾学术高度,丛书所选作者大都在各自承担家族传承的研究方面积累有丰富的史料和扎实的学术功底,具有较强的书稿撰写和文化品位把握能力。在承担丛书任务时,他们对前人已有的研究成果认真梳理,并多有创新。这些,都为丛书的品牌形成打下了坚实的基础。

"中国现代文化世家丛书"将影响中国现代历史进程的文化世家集中整理并大规模展示,以史学和传记文学的视角进行研究,意义重大。以家庭作为社会细胞进行文化解剖,以大量鲜活的中国现代杰出人物群体和翔实的史料展示跨世纪文化环境,表现健康向上、和谐进步的优秀文化,必将丰富和创新社会主义先进文化内容,对整个社会产生积极的影响。以展示影响中国历史的文化家族及其杰出人物群体为追求目标,不仅对国人产生示范效应,在世界范围内也会引起关注,从而丰富国际文化内涵,具有更加长远的文化战略意义。以时代、家族、人物作为研究、建设和传播中国文化的方法和路径,不仅创新了文化研究和文化传播的方法,也为民族文化的传承与创新提供了参考依据。深刻挖掘家族文化的伦理内涵,凝练和传承家族文化中的传统文化,通过家族文化与现代文化的冲突与融会,能够全新缔造中国人文精神,丰富国学内涵,推动民族文化复兴。

文化世家中的家族文化是中华民族优秀传统文化的重要组成部分,它源自中国传统文化,又富于创新,是民族文化传承创新的重要典范。从目前关注的这些文化世家看,其之所以能够在所处时代世代显赫,最重要的原因是这些家族沉淀了最精华的民族文化,吸收了最富于生命力的民族精神;同时,这些家族往往又能够冲破中国传统文化藩篱,吸收异域文化精华,其家庭成员往往能够进取守成,跨世系、跨时代延续发展。可以毫不夸张地说,中国现代文化世家的存在和发展,最典型地体现了中国文化的传承与创新。

中国现代文化世家展示的人才群体及其依存的文化形态,是国家和谐文化建设的重要载体。文化世家在历史上的成长和发展,曾经为中国社会的和谐稳定以至崛起发挥重要作用,也是传统文化中不可或缺的构成要素。这些家族中优秀人物的荣辱沉浮以及家族的兴衰变迁,从一个侧面展示了中国近代社会发展的轨迹,透视了中国知识分子忧国忧民的心路历程。我们完全可以通过中国现代文化世家的发展史去了解中国社会生态发展演变的梗概和脉络。

家庭教育、家族文化传承及其凝成的文化环境等对培养和造就杰出人才的重要作用,传承和创新民族文化,在更广阔视野下探寻优秀文化对人才的影响,都是当今不可忽视的文化命题。"中国现代文化世家丛书"首次以家族文化的形式作为切入点,系统挖掘中国传统文化和世界先进文化碰撞产生的独特文化,探究在这一背景下的中国家族文化及其对人才成长、家族兴起、国家富强的影响,推动我国学界对中国现代家族文化的重视和研究,其学术意义非同寻常。

党和国家领导人高度重视包括中国优秀传统文化在内的先进文化建设,确定了文化大发展大繁荣的宏伟目标,肯定了家族文化等优秀传统文化在"文化强国"战略中的基础性地位,倡导传承与创新文化。2013年9月26日,习近平总书记在会见第四届全国道德模范及提名奖获得者时说:"中华文明源远流长,蕴育了中华民族的宝贵精神品格,培育了中国人民的崇高价值追求。自强不息、厚德载物的思想,支撑着中华民族生生不息、薪火相传,今天依然是我们推进改革开放和社会主义现代化建设的强大精神力量。"2015年2月17日,中共中央、国务院在人民大会堂举行春节团拜会,习近平同志发表重要讲话,他明确指出:"中华民族自古以来就重视家庭、重视亲情。家庭是社会的基本细胞,是人生的第一所学校。不论时代发生多大变化,不论生活格局发生多大变化,我们都要重视家庭建设,注重家庭、注重家教、注重家风,紧密结合培育和弘扬社会主义核心价值观,发扬光大中华民族传统家庭美德,促进家庭和睦,促进亲人相亲相爱,促进下一代健康成长,促进老年人老有所养,使千千万万个家庭成为国家发展、民族进步、社会和谐的重要基点。"党的十八大报告中明确指出,"文化是民族的血脉,是人民的精神家园。全面建成小康社会,实现中华民族伟大复兴,必须推动社会主义文化大发展大繁荣,兴起社会主义文化建设新高潮,提高国家文化软实力,发挥文化引领风尚、教育人民、服务社会、推动发展的作用"。中共中央十七届六中全会通过的《中共中央关于深化文化体制改革推动社会主义文化大发展大繁荣若干重大问题的决定》也特别强调:"优秀传统文化凝聚着中华民族自强不息的精神追求和历久弥新的精神财富,是发展社会主义先进文化的深厚基础,是建设中华民族共有精神家园的重要支撑。"

我们试图通过"中国现代文化世家丛书"的出版,并通过遴选出来的在中国现当代具有代表性的文化家族群体,挖掘中华民族传统文化中的精髓,展现中国文化在近代社会的传承与发展,厘清中国传统文化血液流淌和分布的脉络,进而为当下的文化大繁荣大发展提供有益的借鉴和参考,为实现中华民族复兴的梦想发挥积极作用。

骆玉安
2013 年 10 月一稿,2015 年 8 月修改于郑州

目录

第一章
泰州梅氏源流考

一、梅氏考 …………… 002
二、"梅出泰州"的确切性 …… 005
三、梅巧玲开创了梅氏梨园世家 …………… 008
四、梅派后裔的群体努力 …… 010

第二章
梅派始祖胖巧玲

一、打骂之下学成戏 ………… 015
二、活萧太后同光绝 ………… 017
三、"义伶"执掌四喜班 ……… 019
四、墓上树梅三百株 ………… 020
五、巧玲故居今何在 ………… 021

第三章
胡琴圣手梅雨田

一、胡琴梅名动四方 ………… 025
二、"三绝"搭档成佳话 ……… 028
三、勉为其难育兰芳 ………… 029
四、一代大师终早逝 ………… 030

第四章
二代传人梅竹芬

第五章
三代传人梅兰芳

一、梅兰芳学戏生涯 ………… 039
二、梅兰芳的"梅派" ………… 047
三、与梨园名家合作 ………… 051
四、梅兰芳改革京剧 ………… 061
五、梅兰芳的京剧成就 ………… 075
六、文化名人梅兰芳的别样
　　人生 ………… 084
七、国际大师美名扬 ………… 099
八、梅氏艺术成一派 ………… 121
九、大师相遇趣事多 ………… 125
十、梅兰芳的爱与舍 ………… 128
十一、梅兰芳的高尚人品 ………… 131
十二、梅兰芳之于名流 ………… 141
十三、梅兰芳的上海缘 ………… 142
十四、爱家乡亦被乡爱 ………… 146

第六章
四代传人梅葆玖

一、近水楼台先得月 ………… 155
二、优质教育出英才 ………… 158
三、继得家业承得艺 ………… 160
四、弘扬梅派有步骤 ………… 161
五、爱好广泛老顽童 ………… 165
六、鞠躬尽瘁为京剧 ………… 166

第七章
男旦传女唱老生

一、巾帼须眉驰寰宇 ………… 169
二、家风敦厚肖乃翁 ………… 175

第八章
艺家大儿不从艺

第九章
梨园子弟却从文

一、中国知名翻译家 ………… 185
二、抱朴少私一文人 ………… 191
三、当代名家评绍武 ………… 192

第十章
五代传人胡文阁

一、正式拜师梅葆玖 ………… 194
二、男旦艺术不逢时 ………… 196
三、秦腔剧团打基功 ………… 200

附一 梅氏世家启示录 ………… 201
附二 剧世家直谱系 ………… 219
参考书目 ………… 225
后记 ………… 227

第一章 泰州梅氏源流考

◎

蝉吟渐次闭,新曲流行开。近代出现的泰州梅氏梨园文化世家,是从一代"义伶"梅巧玲开始的,这一文化世家的出现,是传统文化的一个结晶,其源于中国的传统戏剧文化。"戏剧"一词见于晚唐杜牧句:"上吞巴汉控潇湘,怒似连山静镜光。魏帝缝囊真戏剧,苻坚投棰更荒唐。"(杜牧《西江怀古》)其本义为儿戏玩笑,跟现代戏剧不是一回事。作为戏剧主要结构的程式与曲词,当时还没有固定下来,但已初具戏剧雏形,这就是不久出现的"戏曲"。元陶宗仪在《辍耕录》中谈得很到位:"稗官废而传奇作,传奇废而戏曲继。"明人何良俊《曲论》、王世贞《曲藻》、王骥德《曲律》、吕天成《曲品》,清人梁廷楠《曲话》、支丰宜《曲目新编》等书则简述为"曲"。中国戏剧,到了元明时期形成规模,清朝时相当繁荣。泰州梅氏梨园文化世家,就是在清朝那一轮"戏剧热"中产生的,经过梅氏几代人的不懈努力,终于把中国戏剧主力的京剧推向了高潮,因此成为京剧界的望族。

易曰乾坤定矣,诗传钟鼓乐之。我们认为,有三种力量推动了泰州梅氏梨园世家的出现:一是旧时统治阶层有观戏察民风的"雅好"和纯粹的娱乐需要;二是民间婚丧喜庆活动多用唱戏形式答谢亲朋好友;三是士农工商特别是文化人士对戏剧的偏好。家族生活形成梨园特色,则完全取决于中国传统戏剧传承的独特性,旧时社会,唱戏的子女只能唱戏几乎成定规。拿近代北京的梨园世家来看,这种情况特别明显,而且,梨园内部互为婚配的现象相当普遍。清后期,京城的戏剧队伍不仅庞大,而且有了一套较为全面的人才输送机制。戏曲人才的培养无外乎四种渠道——世代相传、拜师学艺、科班做科、票友下海,这四种渠道之间又互相穿插和渗透。泰州梅氏梨园世家在那特殊的戏剧环境中跌打滚爬,能成就为世家,其实并不简单。这一门梨园子弟应该感谢北京,是北京那座城市浓郁的戏剧氛围托起了梅氏一族的辉煌,正如梅兰芳大师的传人梅葆玖先生所讲的那样:京剧不能忘了"京"字。可见,梅家人对北京有着特殊的感情。为什么要把这一门梅氏定位于泰州?是因为北京那一支的梅氏梨园世家的创始人梅巧玲生于泰州、根在泰州(再前则在泰州的泰兴)。中国文化讲究根深蒂固,由此而生出了许多认祖归宗的故事。在寻根这事上,梅氏几代人都很执着。传统文化的力量是无法抗拒的,再怎样出色的人才,终还是人生父母所养,忘记祖宗的做法,是缺乏人格的,在中国社会是行不通的。当然,中国人不只敬奉祖先,还惦念培养之恩、知遇之恩,这都是人性的具体表现,中国文明就是靠这些文化因子支撑起来的。

一、梅氏考

梅氏,当今常见的一个姓氏,在中国姓氏里排行第一百五十七位,人口约 1 221 500 人,占全国人口的 0.07%。据史籍《姓氏考略》载,早期梅氏,主要活动在今河南省汝南县一带,因此,梅氏郡望是汝南郡。先秦后,渐有梅氏人散见于史册。宋元以降,梅氏在江南各省繁衍昌盛,尤以安徽宣城为最,可谓人丁兴旺,名人辈出。清代以后,梅氏在全国分布更广,并有人渡海赴台,侨居海外。如今,梅氏在全国分布较广,云南、浙江、江西、安徽、江苏、河南多梅姓,上述六省梅氏人口数量约占全国梅氏人口的74%。西汉高祖四年(前203年)置汝南郡,治所在上蔡(今河南上蔡),时辖地在今河南省颍河淮河之间、京广铁路西侧一线以东、安徽省茨河西洇河以西、淮河以北,包括郾城、上蔡、平舆、项城一带地区。东汉时期(25—220年)移治至平舆(今河南平舆)。梅氏堂号有:汝南堂、华萼堂、绩学堂、保恒堂、宛陵堂、敦本堂、树德堂、尉仙堂、文学堂、映雪堂、崇文堂等。

梅姓源出子姓,子为商汤后裔。三伉姓注:"梅出于子姓。"子姓是商朝王族之族号。传十四世成汤(即履,亦名天乙)因战败夏桀而即位于今河南偃师县西,国号商(前1600—前1046年)。至盘庚迁都于今河南安阳县之殷圩,国号殷。盘庚八传至武乙,移都今河南淇县。武乙崩,子文丁继位。据《通志·氏族略》和《唐书·宰相世系表》等载,殷商时,君王太丁封其弟于梅(今安徽省亳州东南),为伯爵,世称梅伯。梅伯见纣王荒淫无道,几次冒颜进谏,纣王不纳。有人来劝:忠言逆耳,免招杀身之祸。梅伯慷慨陈词:如果人人不敢直言,朝廷要我们这些大臣干什么?于是凡遇纣王无道,即当庭指出,纣王怒将梅伯杀掉,还残忍地把梅伯的尸体剁成肉酱。梅伯因忠贞不屈而流芳。梅姓的另一出处是他族所改。据《魏书》所载,汉时南蛮有梅姓;据《旧唐书》所载,北狄奚酋长有梅姓;清朝满洲人姓,世居沈阳;又,清满洲八旗姓梅佳氏后改为梅姓;清贵州贵阳府开州土司有梅姓;今满、土家、彝、蒙古、黎、东乡、锡伯等民族均有梅姓。

梅氏宗亲人才辈出,代有名贤。如秦代长沙守备梅茂将军;汉朝梅锅,户部侍郎,台候,梅岭古庙有联志其功德;梅福,尚书;晋朝梅赜,著《古文尚书传》;北宋梅尧臣,尚书部官员外郎,著《宛陵集》等,被欧阳修推为现实诗开山之首;明朝梅鷟,国子监助教,著《尚书考异》《古易考原》;梅殷,将军,宁国公主驸马;清朝梅曾亮,道光朝进士,户部郎中,著《柏枧山房文集》;梅文鼎,著《天文地理日历书》等18种,且一家四代通晓历算,故他与英国牛顿、日本关考和并列为17世纪世界三大数学家;梅雨田,曾为清廷"内庭供奉",有"胡琴圣手"之称;梅光迪,美国哈佛大学文学博士,曾在该校教学,回国后任中央大学、浙江大学文学院院长,著有《梅光迪文录》;梅贻琦,历任清华大学校长,1958年任台湾国民党"教育部长";梅公任,台湾国民党某机构委员;梅兰芳,著名京剧艺术大师,全国政协常委、全国文联副主席;梅龚彬,全国政协副秘书长;梅长龄,历任台湾国民党"中央"委员、"中国"电影制片厂厂长、"中央"电影事业公司总经理、"中国"电视公司总经理等职；梅林，作家，历任复旦大学教授、上海新文艺出版社副总编辑；梅恕曾，曾任国民党"立法院"经济委员会委员长，"中央"通讯社、中华电讯社、重庆《民主日报》社长等职；梅益，国共谈判代表（周恩来是首席代表）；梅桑榆，遣散日本军民回国署署长；梅旸春，铁道部设计局副局长、大桥工程局总工程师；梅焯敏，历任湖南北伐军总参谋长等职；梅子益，早年参加中国工农红军，新中国成立后，任副师长、安徽省公安总队副司令员；梅可望，历任台湾"中央"警官学校、东海大学校长；梅含章，国民党少将；梅兆荣，1993年任中华人民共和国驻德国公使；梅平，1995年出任中华人民共和国驻美国纽约总领事……

作为梅兰芳家族诞生地的江苏，梅氏字辈并不一致。邳州梅氏字辈是：纪锡玉作，步兆占光，瑞德祥多（梅杰提供）。南通梅氏字辈是：贯日见义广，丛德叶玉曾，贤良继承善，庆保时克昌（梅叶青提供）。南通梅氏字辈是：相照有周，广崇德益，志成善庆，宝贵克康（梅文龙提供）。泰兴梅氏字辈是：本滋承世志，绍继克丰昌，富贵荣华盛，光明永远芳，存仁有余庆，积德显祯祥，尊祖家声振，敬宗福泽长（梅仁庆老先生校正）。沛县海子涯：廷献家修良，法善济世常，瑞雪兆丰吉，清新增宇祥，宗贤显宏志，俊杰伟功强，尊圣庆福齐，学正振永昌（上述字辈是自17～56世，梅法涛提供）。南京"金陵梅"字辈（一世祖梅钰成，系宣城"成"字辈，文峰梅17世，宣城梅25世），从第二世起：长茂孙枝，咸绳祖武，立学明伦，育才辅德，积庆锡光，启家华国（梅仁庆提供）。

江苏梅氏族谱有多种卷本，各地堂号不一。

南京《金陵梅氏支谱》十卷，（清）梅寿康纂修，清光绪十一年（1885年）木刻活字印本三册，藏中国国家图书馆。

《江都梅氏族谱》，二卷，（清）梅鸿等重修，道光二十九年（1849年）崇文堂木刻活字印本两册，藏日本东京国立博物馆、美国犹他州家谱学会。

《常州梅氏宗谱》，著者待考，文学堂木刻活字印本，今仅存第十一卷，藏常州市图书馆。

《江阴梅氏宗谱》,十二卷,(清)梅鸿知等修。堂号:文学堂。先祖:始祖梅殷;始迁祖梅开泰。版本:1902年(光绪二十八年),木活字本。摘要:一世祖殷(修谱者误以思祖,明初驸马殷之字而题作思祖),其子开泰迁居江阴西石桥。其后屡经迁徙,西至兰陵,东至澄江。卷一、二谱序和传记,卷三、四世系图,卷五以下世表。堂号:保恒堂。(清)梅上进等修四卷,首一卷。先祖:始祖(明)梅应;先祖梅蠹。版本:1799年(嘉庆四年),刻本。摘要:以明初梅应为一世祖。三世蠹于永乐间调崇沙守御,遂家焉。此谱为崇沙梅氏宗谱,卷首谱序、家训,卷一至四世系图。

《丽水梅氏家谱》,(清)尤灿辑,不分卷。始迁祖:(唐)梅陵;本支祖:(宋)梅邕。版本:清,写本。摘要:唐代梅陵自会稽徙居丽水浮云,乡采真里黄溪村,为浮云各派之始祖。陵之六世孙邕于北宋庆历年间由浮云徙居山锦,为山锦开基之祖。谱载谱序、传记、世系图。

《江都仙女镇梅氏三修宗谱》,四卷,梅熹等修。始迁祖:(明)梅英。版本:1910年(宣统二年),木活字本。摘要:始迁祖英,明末由宁国迁来江都。卷一谱序、世系图,卷二传记,卷三、四世传。

《丹阳梅氏家谱》,云阳姜堰梅氏重修宗谱,六卷,梅廷瓒纂。堂号:树德堂。始迁祖:(元)梅天秩;先祖:梅英;先祖:梅纨;先祖:梅纫;先祖:梅纤;先祖:梅阄。版本:1947年,木活字本。摘要:始迁祖天秩,元至正十三年(1353年)自宁国,学云阳,遂居嘉山戚里。传至第八世英遂迁姜堰,其孙纨、纫、纤、阄四人为姜堰小宗之祖。卷一谱序、传记,卷二像、世系图,卷三以下世传。

《延令梅氏重修宗谱》,泰兴,作者不详。始迁祖:(明)梅乾元。版本:清,木活字本,印本十一册。摘要:始迁祖乾元,本居宁国,明永乐年间靖难兵起,避居延令(今泰兴)西江。所存卷皆世传。现被收藏在中国家谱网站档案馆。

梅兰芳家族出自延令(泰兴)梅氏。

二、"梅出泰州"的确切性

梅氏梨园文化世家源流,当然还是要从泰州谈起,因为梅兰芳认祖归宗的落脚点是泰州。

梅巧玲的出生地本是泰州,但世书或报端上却有多种说法,有人说他是扬州人,有人说他是无锡人。

1941年商务印书馆曾出版了潘光旦先生写的一本书,书名《中国伶人血缘之研究》,其中"梅氏家系"写有:梅鸿浩,兰芳曾祖父,外行(曾任怀宁县知县)。曹氏,鸿浩妻,扬州宦家女。许九野在《梨园轶闻》中写道:"梅胖子,名巧玲,字慧仙,扬州人。"这一说法是旧时普遍论调。扬州是旧时中国著名的烟花地,因此成为人人羡慕的"腰缠十万贯,骑鹤下扬州"的销魂胜地,甚至有人愿意"人生只合扬州死"。畸形的繁荣,造成了一种奇怪的现象,名伶名妓都喜欢说自己是扬州人,这便形成了"倡优并列"。清时,南伶北上,是有原因的。清人罗瘿庵在《鞠部丛谭》内写道:

南府伶官多江苏人,盖南巡时供奉子弟,挈以还京,置之宫侧,号南府子弟,皆挈眷居焉。其时江苏岁选年少貌美者进之。嘉庆后渐选安徽人皆纳之南府。道光后南府皆居太监,伶人乃不得挈眷矣。艺南生在《侧帽余谭》中写道:"若辈向系苏扬小民从粮艘载至者。嗣后近徽一带尝苦饥旱,贫乏之家有自愿鬻其子弟入乐籍者;有为老优买绝任其携去教导者。"

这两种"梅出扬州"的结论,现在看来有太多疑点。曾任梅兰芳秘书多年的许姬传在《梅兰芳舞台生活40年》一书中有明确记载,而且话出自梅兰芳本人之口,可信度应该大于别人写的研究体传记。两种结论,原生地不同,家庭背景不同。两种意见,我们相信哪一种呢?一般而言,家族内部人的意见要优于旁观者,虽说旁观者"清"。

奇怪的是,从梅巧玲到梅雨田,两代人都没在泰州找到"老家",按理说,"老家"既然存在,就可以找到。泰州梅氏以木雕为生计,这在当时算是不错的人家了,旧时泰州有"荒年饿不死手艺人"的民谚。这样的一个家庭,当然不希望把自己的孩子卖掉,卖孩子者自然得不到家族的原谅。再者,梅氏这一房的三个孩子,其中有两个不知下落(至今仍不知),最大的梅巧玲,辗转卖入戏班,这也不光彩。旧时泰州人是瞧不起唱戏之人的,一是将戏班中人通称为戏子,而戏子属下九流中人;二是将唱戏的人跟猴子联系在一起,所谓"依啊猴子讨饭",原本就没把戏班中人当人看。有这两点,梅氏上两代人在泰州找不到"根据地"也就不奇怪。

有一点必须肯定:梅出泰州。梅巧玲卖入苏州江家,苏州江家虽然以后又把梅巧玲卖掉,但梅巧玲来自泰州的"传记"是不会错的。此后梅巧玲一家在北京祭祖时,仍在祭梅的同时祭江,可见其间的起承是有口传性质的。要不,就不是梅巧玲,也许是扬巧玲,也许是王巧玲。保留梅姓,应该是梅氏这一系的"家族文化自觉",同时祀江,说明梅家人不忘收留之人的恩德,把江家看成了"本家"。

祖籍泰州、出生于北京的梅兰芳,因为他的祖母陈氏,系嘉庆年间由苏州织造府选进内廷承差、以演《金雀记》潘岳出名而赐"金雀"的昆曲小生陈煦堂之女,老家就在无锡东亭西街,所以他也自称世族为无锡人。梅兰芳的祖母陈氏,比梅兰芳祖父梅巧玲小2岁,心地善良,善于治家。婚后育有二子二女。陈氏把一生的心血都花在了梅家的艺术事业上。梅巧玲、梅雨田、梅竹芬、梅兰芳在戏曲界均有成就,与陈太夫人的支持是分不开的。1924年,梅兰芳祖母、无锡东亭人陈氏以85岁高龄寿终于北京。梅兰芳对祖母极为尊敬和孝顺,为她祝寿与故后举殡,均办得隆重。

从上面这段文字中可以看出,梅巧玲并非无锡人,但梅家与无锡有着特殊的血亲关系却是事实,这都源于陈太夫人。

"梅"出何地?几种考证资料中,泰州这一块的资料最为翔实。

单毓元等纂修《民国泰县志稿·艺术》云:"巧玲有祖墓在邑之东门外鲍家坝,巧玲于光绪初尚回里祭扫。"这段地方志的文字写得很明确,梅巧玲的出生地在江苏泰县(今姜堰市,历史上,泰州与泰县曾多次合并,这里的泰县即指泰州)。

梅兰芳小时候,曾就梅氏这一族的来龙去脉认真地问过祖母,他的祖母曾较全面地介绍了这一家的出处。

梅巧玲出名后,曾多次打听出生地的情况,也曾亲自回乡调查,并托人寻找生身父母和两个弟弟,但查无下落。后来,梅兰芳委托泰州市委、市政府帮助查找祖先生活所在地。泰州市委于是派出了专门的工作组，经过工作组的认真调查，终于查出了梅氏这一族的大致情况。泰州市委把调查的结果送到梅兰芳手中，梅兰芳与各方了解证实后，确认泰州就是他的祖籍地。后来，泰州市的刘粲夫、朱君冶根据调查结果，写出了《梅兰芳在泰州的族系考略》一文，其调查结果是：

> 梅兰芳的高高祖梅世贤，将其子梅万春送至泰州城里吴广裕家的雕塑铺学雕塑，学成后定居在城里石人头巷开雕塑铺。梅万春生有四子，长天根、次天桂、三天材、四天富。梅万春去世后，因家中人口众多，四兄弟在石人头巷和陈家桥一带开雕塑铺分而谋生。梅天材故世，又恰逢水荒，其妻颜氏带长子梅巧玲等三兄弟逃荒到苏州一带，因生活难以维系，颜氏无奈将梅巧玲卖与江家为子。

至此，梅兰芳一族的根系情况已相当明了。最根本的是，梅兰芳不只深信调查结果，还认祖归宗，并跟泰州族亲们多有来往。

泰州梅兰芳家族谱系如下：

> 梅世贤（高高祖，江苏泰州东薛家庄务农）
> 梅万春（高祖，到泰州城学成雕塑后开店）
> 梅天根、梅天桂、梅天材（曾祖，雕塑匠，妻颜氏）、梅天富
> 梅巧玲（祖父，先给苏州姓江的做义子，后卖到北京学艺）、梅占时
> 梅雨田（伯父）、梅竹芬（父亲）、梅淦慈
> 梅兰芳（谱主）、梅秀冬（泰州手工业劳动者）
> 梅葆玖（梅兰芳之子，梅派男旦第四代传人）

三、梅巧玲开创了梅氏梨园世家

中国戏剧真正的兴盛期不会超过千年。虽然上古时期中国已有歌舞

形式出现,但当时其主要功能并非娱乐,而是图腾崇拜,后来又逐步转变为娱神巫觋。随着时代的变迁,一些古老的图腾已升华成为戏剧形式,"娱神"变成了"娱人",南北朝时乐舞及表演初步综合。宋代参军戏为"杂剧",后来与温州戏文结合,发展为南戏。元末,南戏压倒杂剧,成为戏坛主流。明朝成化年后,南戏变成"传奇",四大声腔(海盐腔、余姚腔、弋阳腔、昆山腔)的形成,使传奇进入新的历史发展阶段。清朝,昆(曲)弋(阳腔)繁荣终于促成四大徽班进京。

梅巧玲(1842—1882)是近代京剧的代表性人物之一。梅巧玲的出现,既有必然的因素,也是机缘巧合,他走上戏剧表演这条路,可以说是被"卖"出来的。

旧时中国社会里有一种说法,叫"家丑不可外扬",之所以出现梅兰芳祖籍的争论,某种程度上讲跟这句话有关联。因为泰州梅氏家谱(非常可惜的是,这本家谱在"文化大革命"中被毁)里并没有梅兰芳祖父梅巧玲这一房的后续记载。个中原因,就有"家丑"成分。梅巧玲只知道自己的原籍是泰州,但却不知道家在何方。因为他8岁时就被母亲颜氏卖给了苏州江家(因为泰州发灾荒,其家庭破落,丈夫早亡,无以为继才卖儿),后又被转卖给戏班。梅巧玲的两个弟弟则下落不明,颜氏只身回到故乡,不久饿死。因为这一"丑事",梅巧玲的母亲死后都没能"享受"与夫同穴的基本待遇。从我们掌握的资料看,梅巧玲的母亲也是在没有办法的情况下才将自己的骨肉卖掉的,为的是不让儿子饿死。泰州民谚"好死不如赖活",说的就是不要轻易放弃生命,再苦再累,都要坚强地活下去,只有活下去了,才能有机会创造人间的奇迹。现在看来,当年那位失去了丈夫的寡妇颜氏,宁可被人指骂,也要把儿子卖到好一点的地区去的做法是完全正确的,因为她不仅拯救了一个破败的家,而且为中国文化保留了一个相当出色的文化世家——泰州梅氏梨园世家。

梅兰芳的祖母即梅巧玲的妻子陈氏(无锡人),据有关资料载,无锡陈家对梅巧玲的出名是有贡献的。当时的陈家,不仅是梨园里的大家(陈"金雀"之名号全国知名),还在经济上给予立足不稳的梅巧玲大力的支持。当然,梅巧玲的出名,不只是陈家支持,还包括京剧的快速发展,还包括梅巧玲碰上了一个好师傅罗巧福。

历经苦难的梅巧玲终于遇到梨园界仁慈厚道的罗巧福,罗认真传授技艺给梅巧玲的同时,还教会了他许多做人的道理。此后的梅巧玲为人正直,30多岁即掌管"四喜班"。梅巧玲是"梅派"男旦的创始人,他开始因昆曲贴旦进京,后也因专演昆曲闻名京华。因此,"梅派"男旦跟昆曲有些难舍难分。

梅巧玲在京剧这一行里创造了无数的奇迹:一是因为把萧太后演活了,人称"活萧太后";二是由于西太后的喜欢,从宫中传出了"胖巧玲"的雅号;三是梅巧玲时刻不忘自己艰辛的童年生活,对人十分友善,有机会就帮助别人,因此留下了"义伶"美名。这三大奇迹里,最重要也最有影响的是第三条,"明德齐家、忠厚处世"这一传统,此后一直成为梅氏的传家之宝,也是梅氏文化世家被世人广为接受的主要原因。《论语·学而》载:入则孝,出则悌,谨而信,爱众而亲仁。这一段话,梅氏自梅巧玲开始到现在的梅葆玖,可以说一直在践行。修己安人,虽然是儒家要求于知识分子的处世方法,但对于中国文化各个门类的重要家族而言,这是一则不变的信条。可见,好的传统无论于哪个时代,都是正义场,用今天的话来讲,就是"正能量"。

四、梅派后裔的群体努力

梅雨田(1869—1912),梅巧玲的儿子。梅巧玲因戏班中少场面之人,想在家人中物色一位专攻场面。梅雨田很小即在戏班中"游乐",对场面特别在意。梅雨田8岁时,其父问他想学哪一行,他回答:"我想学场面。"梅巧玲于是便请人来家授艺。梅雨田专攻胡琴,后于三庆班长期佐谭鑫培。梅雨田不仅是京胡名家,也是昆曲抆笛名家。《击鼓骂曹》以"夜深沉"曲牌伴击鼓,始自梅雨田。1906年(清光绪三十二年),梅雨田被选入升平署进宫承差,时年37岁。43岁时,梅雨田病故于北京崇文区(现东城区)鞭子巷三条寓所。就梅派京剧而言,有两个"梅派",一是以梅兰芳为代表的京剧男旦艺术,一个是梅雨田的京剧"伴奏"艺术。

梅竹芬(1872—1898),"梅派"第二代男旦传人。梅巧玲的幼子,梅兰芳的父亲。幼习老生改小生，最后归青衣、花旦。凡梅巧玲之戏，梅竹芬均能演出，颇有乃父风范。梅竹芬亦善胡琴，为人性情温和，凡班中有人告假不能出演，总是请他代唱。天长日久身体顶不住了，25岁时患病，没几天便故于梅家老宅。

梅兰芳（1894—1961），梅派第三代男旦传人。梅竹芬之子，字畹华。三岁时，父亲病故，孤儿寡母随祖母和伯父母生活。一家数口仅靠其伯父的微薄收入维持。梅兰芳9岁时正式学艺，11岁于广和楼首次登台，客串昆曲《长生殿》戏中戏"鹊桥密誓"中的织女。后带艺入喜连成社搭班演戏。17岁时因嗓子"倒仓"离开喜连成社。次年嗓音恢复，开始搭班演出，同年与王明华（梅兰芳的第一位夫人，名武生王毓楼的妹妹，名老生王少楼的姑母，梅兰芳17岁与其结婚。王明华精明能干，持家有方，不但改善了并不宽裕的梅家景况，而且对梅兰芳演戏也有所帮助。王明华因患肺结核病逝）结婚。19岁时伯父将银钱来往账本交付于他，自此掌管家财。1919年率团首次赴日演出，夫人王明华随同前往照顾饮食起居。1921年因王明华所生子女均夭折，为续子嗣，梅兰芳与福芝芳结为伉俪。不久王明华病故。梅兰芳的第二位夫人福芝芳，自幼喜爱京剧，早年也从吴菱仙学唱青衣，在坤班"崇雅社"演出。1921年福芝芳退出舞台，专心照顾梅兰芳的生活和演出，成为梅兰芳的贤内助。1932年梅兰芳举家南迁至沪，1938年留居香港，次年，为反抗日寇侵我山河，蓄须明志，息影舞台，艰难度日，体现了中国京剧艺术家的崇高民族气节，令人景仰。1942年迁回沪上，拒不演出。1945年抗日战争胜利后重返舞台。1951年梅兰芳迁回北京，任中国戏曲研究院院长，1959年加入中国共产党。1961年5月31日演出《穆桂英挂帅》，成为绝唱。这年8月8日因心脏病逝世，享年67岁。曾生九个孩子但仅活下来三子一女。京剧成就了梅兰芳，梅兰芳光大了京剧。梅兰芳和京剧已经密不可分，梅兰芳甚至就是京剧的代名词。

梅葆玥（1930—2000），梅兰芳之女，13岁习老生，16岁与其弟梅葆玖于上海合演《四郎探母》获得成功。后入上海震旦女子文理学院教育系，边学文学边演出，曾拜陈秀华、王少楼为师。擅演《文昭关》《辕门斩子》

《战太平》等。梅葆玥虽然出自梅家，但其从事的行当却不是梅派青衣，而是京剧老生，是"余派"继承人之一。梅葆玥和梅葆玖姐弟俩的合作演出被称为"奇观"。梅葆玥2000年因病去世。

梅葆玖(1934—2016)，"梅派"男旦第四代传人，梅兰芳最小的儿子，生于上海，承梅家祖艺。10岁登台首演《三娘教子》之薛倚哥，16岁随梅兰芳入团演出。1955年在《梅兰芳舞台艺术》影片之《断桥》中饰青蛇，后于《穆桂英挂帅》剧中反串杨文广。"文化大革命"后重返舞台。梅葆玖的扮相、嗓音均酷似梅兰芳。1995年重组梅兰芳京剧团。在中国京剧音配像工作中为其父配像多部剧目。2016年4月25日，因病去逝。

十分可惜的是，梅氏后人中已没有专业的京剧旦角演员。可喜的是，梅派徒弟众多，梅派男旦亦有了传人胡文阁。胡文阁师承梅葆玖、姜凤山、虞化龙、王志怡、李玉芙等名家，2001年拜著名京剧表演艺术家梅葆玖先生为师，继承了梅派艺术，不断展现男旦艺术魅力，为当代梅派艺术、男旦艺术的传承与发展，贡献着自己的力量。

梅兰芳大师的另两个儿子：一个是梅葆琛，北京建筑设计院的高级工程师；另一个是梅葆珍，后改名梅绍武，是中国社会科学院的研究员。梅葆琛写有《怀念父亲梅兰芳》等书籍。梅葆珍(绍武)写有《我的父亲梅兰芳》和《京剧与梅兰芳》等书籍。

北京大学毕业的梅玮是梅葆琛的孙子，是梅家这一代中唯一受过京剧训练的传人，但却不是演员。

之所以把梅兰芳家族称为百年梨园第一家，有两个原因：第一，百年梨园方阵里，梨园世家不少，但却没有梅巧玲、梅雨田、梅兰芳、梅葆玖这样的代代引领京剧发展的阵容；第二，"梅派"艺术是公认的京剧艺术翘楚。

第二章 梅派始祖胖巧玲

◎

梅巧玲自小家境贫寒，出身蹊跷，命运多舛。然则机遇弄人，自跟罗巧福学戏之后，梅巧玲一扫人生晦气，日渐走红，并终成一代名伶。由于他扮相独特，不仅被圈内人称好，还被宫中盛赞，自此梅氏这一族一跃成为北京贵族。可惜的是，梅巧玲40多岁即离开人世，他的大儿子梅雨田因为倒嗓转向了"场子"，没能接过他的衣钵，却又在伴奏一行另立"梅派"。梅巧玲的小儿子梅竹芬虽然家学丰厚，但25岁即离开人世，使得梅家青衣的传承受到打击。但梅兰芳接过了梅氏男旦并将其发扬光大，终于将梅派艺术推向了高峰，成为世界著名艺术大师。"料得东皇戏剧，怕蛾儿街柳，先斗元宵。"（姚云文《玲珑玉》）中国戏剧界向有内传之习，梅巧玲的男旦角色至今已传四代。虽然梅家后代中再也没有男旦角儿，但梅葆玖已收胡文阁为接班人，梅派男旦艺术并没有就此中断，只是不再姓梅而已。今天的人们，更多关心的是梅氏这一族的光辉历史，特别关注的则是梅巧玲那充满传奇的人生经历。

梅巧玲生于清道光二十二年（壬寅）农历八月廿一日（1842年9月25日）丑时，出生地在江苏泰州凤凰墩鲍家坝，原名芳，正名芳普，字筱波,一字雪芬,号慧仙,别号蕉园居士,自号梅道人,乳名阿昭,寓所名"景和堂",又称景和堂主人,绰号胖巧玲。光绪八年(壬午)农历十一月初七日(1882年2月16日)病故于宣南李铁拐斜街45号(旧门牌)寓所。

19世纪中叶,泰州东门鲍家坝的梅家做着雕花木工的手艺,1842年,梅兰芳的祖父梅巧玲诞生。清道光十年(1830年)至咸丰十年(1860年)间,苏北里下河一带水患不断,巧玲的父亲穷病而死,幼年巧玲随母亲颜氏逃荒到苏州,颜氏不忍眼看着儿子饥饿至死,只得忍痛将8岁的巧玲过继给一江姓人家。梅巧玲被卖到江家,逃脱了饿死的厄运,但好景不长,他的义父娶妻生子之后,又将他卖入苏州福盛班做徒弟,这可算是梅家与京剧结缘的开始。梅巧玲苦学皮黄,出师后随即进京,成为京昆旦行的名角。

梅巧玲是徽班进京后由演唱徽调、昆腔衍变为京剧的十三位奠基人之一。因其在京剧旦角表演艺术方面的突出成就,被清末画家沈蓉圃绘入《同光十三绝》画谱而流芳千古。清朝同治、道光时期的梅巧玲声名赫赫,其技艺非凡,被誉为京剧表演艺术家,他是梅氏四代京剧梨园世家的创始人,国际艺术大师梅兰芳的祖父。有关资料载:

> 梅巧玲的景和堂办得很成功,弟子以"云"字辈排列,其中有余叔岩的父亲余紫云,陈秀华的父亲陈啸云,朱霞芬的父亲朱霭云,以及刘倩云、孙馥云、王佩云、周绮云等,可以说是云蒸霞蔚,有丰富的男旦资源。加上梅巧玲经营有方,与人为善,景和堂搞得有声有色。乾隆年间"徽班进京"之后,北京形成了有名的"四大徽班",其中有"四喜班"。后来"四喜班"由梅巧玲来掌门。梅家到了梅巧玲再度中兴,确实也是一度很有钱。①

---

① 翁思再:《梨园宿命(2)》第4节,中华书局。

梅巧玲少小离家并非自愿,而是因为家境贫困。因为其母颜氏把他兄弟三人带到江南后没设法再将他们带回泰州,泰州那一方的族亲就认为颜氏辱没了家风,这才对她疏远,颜氏不久病逝于泰州,但族人并没有将她跟其夫合葬于一处。按照泰州地方上的旧例,夫妻死后应该合葬,由此可见,孤独一人生活在泰州的颜氏有多难!三个儿子,没一个有音信,对一个母亲而言,那种痛苦,也只有她自己去体会了。被母亲带到江南逃荒的梅巧玲,8岁过继苏州江家,后被辗转贩卖,其童年和少年的生活都十分艰苦。

一、打骂之下学成戏

昆曲已衰,皮黄未兴。正是在那样一种特殊的戏剧发展情况下,梅巧玲被卖入戏班,从此奠定了梅氏这一族的戏剧缘,并由此而造就了举世闻名的梅氏梨园世家。但对梅巧玲而言,实在是一种磨难。

梅巧玲11岁时,江家将他卖了出去。梅巧玲被卖到一个叫福盛班的戏班子做徒弟,应该说这是梅家与戏剧结缘的肇始,了解京剧发展史的人一定会知道,那个时段,正是京剧初步成熟的时期。福盛班的班主杨三喜以虐待徒弟闻名,有的书中描述,这个杨三喜,用硬木板打梅巧玲的手,打到什么程度?手上的掌纹都给打平不见了。

旧时的戏班班主,并不把徒弟当回事,有几个方面的原因。第一个原因,是由于学戏是一个苦力活,不经过严格的训练,是出不了角的。而出角是所有戏班班主的头等大事。据老戏剧工作者回忆,他们对做学徒时被打的经历并不感到屈辱,相反,还认为是师傅看重自己才非打即骂的。戏剧对于演员的要求其实很苛刻。对戏班班主来讲,不适合演戏的徒弟,懒得去管教,开走就算了。从这一点讲,学戏受苦倒是在情理之中了,但打骂人肯定是一种歧视。第二个原因,是为了戏班的生存和发展,戏班班主一般在选"戏苗子"时特别认真,看中的好苗子,多用钱买过来。现在的法律是禁止人口买卖的,但在旧时,买卖人口的现象到处都有,政府好像睁只眼闭只眼,并不把那当回事。因为是自己用钱买来的徒弟,便如同是私有财产,打骂也就不是问题了。第三个原因,则是因为学戏的孩子,一部分并不用心，偷懒，不罚不能成才，这便以打骂的方式严格要求之。梅巧玲是杨三喜用钱买来的学徒，杨三喜当然要加强管教。梅巧玲从杨三喜学昆旦，兼学皮黄。学到一定程度后，梅巧玲又随夏白眼学戏，同样饱尝皮肉之苦。梅兰芳的祖母为丈夫年少时的受苦经历不平，她说：

> 他的第二个师父叫夏白眼。这也是个喜欢虐待徒弟的。你祖父在他那里，又挨了多少次的毒打。受的苦楚，谁听了也要不平的。①

世上还是有好人，在经历了杨、夏二人的"折磨教育"之后，梅巧玲遇到了贵人罗巧福。罗巧福原也是杨三喜的徒弟，满师后加入"四喜班"，是个既有演艺又具德行的好人。见梅巧玲在夏白眼那里受尽折磨，罗巧福不忍心，花钱将巧玲赎出并收为弟子。从那以后，梅巧玲才算脱离了苦海。罗巧福为人慈祥，对待徒弟极厚道，课徒授艺极认真，深受梨园同人的爱戴与尊敬。把梅巧玲带回家中后，罗巧福精心培育梅巧玲，终于使其成才。梅巧玲不忘罗家对他的恩德，此后，梅、罗两家世代交好。

梅巧玲对罗巧福赎身授艺感恩戴德，学戏更加刻苦。梅巧玲的三个师傅中，杨、夏皆擅昆曲，梅巧玲跟杨三喜学昆旦兼皮黄青衣，除昆旦戏外，梅巧玲的青衣、花旦戏也有所成。在严格训练下成长的梅巧玲，是个"戏料"，对于戏剧似乎存有天赋，加之后天刻苦努力，在罗巧福的激励下，艺业突飞猛进。梅巧玲一出台就很有人缘，不久就走红成为"四喜班"的名旦，后以昆乱兼擅的艺术优势一举成名，与比他年长且早已大名鼎鼎的京剧小生演员徐少香、"第一昆旦"朱莲芬共称京师戏曲舞台"三绝"（《增补菊部群英》）。京剧旦角家门分老旦、青衣、花旦、武旦、刀马旦几种行当。清咸丰、同治年间的京师皮黄戏舞台青衣一行，以胡喜禄为翘楚。花旦一行艺术成就卓著而又"资格最老者，首推梅巧玲"（陈彦衡《旧剧丛谈》）。

---

① 梅兰芳：《梅兰芳回忆录》，东方出版社2013年版，第13页。

二、活萧太后同光绝

梅巧玲所处的时代,是京剧渐渐走红的时代。当时的北平,有所谓"优伶"之说。优伶者,伶人中的名人。优伶的出现,有几个必要的条件:第一,自身的条件;第二,捧客的条件;第三,时势。所谓自身的条件,也有三个方面的条件:第一,身段好;第二,唱功与做功好;第三,相貌好。所谓捧客,指的是愿意掏腰包去为伶人捧场子的人。当时的北平,皇室里的主要成员往往以听戏排遣时间。王公贵人喜欢看戏,那么,为数不少的贝勒公子也跟着捧伶,有的则是为了讨好皇上与后妃。这是一个方面,另一方面的捧伶人是那些在北平混事的地主与富商,还有的便是想谋官职的名士和新举人,也包括一些卸职的封疆大吏。这些人都是"三有之人"(有钱、有势、有闲),在家或寓所里过得无聊,于是便出了家门去包妓女、捧伶。

不得不谈到妓女与戏子的关系。李慈铭在《越缦堂菊话》中写有这样的句子:"其惑者至于偏征断袖,不择艾豭,妍媸互济,雌雄莫辨。"显然,这是在骂当时所谓的上流社会的荒淫无耻,却也把伶人痛批了一顿。清季恒把男伶和女妓列为一类,可见时人对伶人完全地低看了。郑振铎在《清代燕都梨园史料》的序中写:清禁官吏挟妓,彼辈乃转其柔情以向于伶人,史料里不乏此类变态性欲的描写与歌颂,此实近代戏剧史上一件可痛心的污点。

梅家在清咸丰、同治年间出了名,"所操至贱,享名独优"。梅巧玲长得细腻洁白,肥硕丰满又善演戏,全场为之倾倒。李仲明在《梨园宗师梅兰芳》中写:梅巧玲以《雁门关》中萧太后一角享誉梨园行,他在表演上既运用了青衣的唱功技巧、雍容华贵的端庄风度,又吸收了花旦的念白和幽默、洒脱的动作,成功地塑造了这一舞台艺术形象,有"活萧太后"之称。由此得到慈禧太后的特赐艺名"胖巧玲",晚清画家沈蓉圃所绘《同光十三绝》,就选画了梅巧玲的萧太后扮相。梅巧玲鬈年时常入内庭供奉,是"天子亲呼胖巧玲"的花旦,咸丰初年,即已成为捧客征逐之对象。

其实,当时的京城里的"戏子"生活并不理想。戏业不振,伶人的生活便很清苦。那时京城戏票每张只卖几百文铜钱,约合十来个铜圆。所以那时的艺人便抢着到达官贵人家里演堂戏。戏剧评论家张肖伧在《燕尘菊影录》云:"堂会无巧玲,则阖座不欢。"他唱做俱佳,念白尤其出色,人们称道他的说白"清脆无比","如呖呖莺声,哢于花外"。梅巧玲已经很红了,但每回堂戏的收入也不过十两银子。

当时,梅巧玲擅演剧目有昆曲《百花赠剑》《刺虎》《思凡》《折柳》《小宴》《絮阁》等;京剧《盘丝洞》《闺房乐》《梅玉配》《浣花溪》《虹霓关》《胭脂虎》《玉玲珑》《彩楼配》《龙女牧羊》《乘龙会》《五彩舆》《德政坊》等。

梅巧玲工花旦,又不满足于本行,他大胆革新身段、表情、神气、台步以及扮相,打破了京剧舞台上贞女烈女"行不动裙、笑不露齿"的程式,吸取青衣唱功技巧,逐渐地形成自己的特色,并因此而红透京城。要知道,梅巧玲的做法是冒着很大风险的。《中国京剧史》载:"当时徽班里青衣花旦的界限很严,青衣首重唱工,花旦则专重做工及扮相。"

《同光十三绝》是京剧史上的一幅名伶彩色剧装写真画,由晚清民间画师沈蓉圃绘制。他参照了清代中叶画师贺世魁所绘《京腔十三绝》戏曲人物画的形式,挑选了清同治、光绪年间京剧舞台上享有盛名的十三位演员,用工笔重彩把他们扮演的剧中人物描绘出来。十三

《京腔十三绝》(局部)(左三为梅巧玲)

绝者为:郝兰田、张胜奎、梅巧玲、刘赶三、余紫云、程长庚、徐小香、时小福、杨鸣玉、卢胜奎、朱莲芬、谭鑫培、杨月楼。自左至右:郝兰田饰《行路训子》中康氏、张胜奎饰《一捧雪》中莫成、梅巧玲饰《雁门关》中萧太后、刘赶三饰《探亲家》中乡下妈妈、余紫云饰《彩楼配》中王宝钏、程长庚饰《群英会》中鲁肃、徐小香饰《群英会》中周瑜、时小福饰《桑园会》中罗敷、杨鸣玉饰《思志诚》中闵天

亮、卢胜奎饰《战北原》中诸葛亮、朱莲芬饰《玉簪记》中陈妙常、谭鑫培饰《恶虎村》中黄天霸、杨月楼饰《四郎探母》中杨延辉。

齐如山《清代皮黄名脚简述》里谈道：巧玲演花旦极精，扮相极美，三十来岁发胖，在宫中演戏，皇帝永呼为胖巧玲，樊樊山诗，所谓"夫子亲呼胖巧玲"者是也，然虽胖不损其美，故外边亦如此呼之。

三、"义伶"执掌"四喜班"

梅巧玲跟着罗巧福学戏，既勤奋又自觉，不久便满了师。罗巧福对梅巧玲真的很好，满师后便让梅巧玲自立门户。不久，梅巧玲便又接管了"四喜班"（与三庆班、春台班、和春班并称"四大徽班"）。他虽然做了"四喜班"的班主，但日子过得并不舒坦，因为他性情温善，待人宽厚。受罗巧福影响，他一反苛待学徒和同业的恶习，反而对他们爱护和尊重。全班有百十口人，规模不一般，但负担也不一般。

1874年（同治十三年）是一个"倒霉"年。不到百日的时间，同治和皇太后先后驾崩，这可是国丧。当时有规定，国丧期间全国停止娱乐，100天内不准动响器，百日后可以便装上台，不能着行头，名为"说白清唱"。梅巧玲碰上了头疼事。近7个月里，戏班没有演出，不仅没收入，还要出钱养戏人，因此经济上损失极大。当时，戏班行规是日薪制，戏班有大班、小班之分。遇到"国丧"，小班经济无着，只好解散。大班只能发半薪，可梅巧玲却给"四喜班"同人一律发全薪。没钱了怎么办？只能向汇票庄借（当时无银行，汇票庄经营汇兑及存借款业务）。所幸的是，梅巧玲得到了当时的名旦时小福的大力支援。时小福的日子其实也不好过，还管着"春和班"，自己也很困难，但不忍梅巧玲遭难，更主要的是不忍让同业挨饿受冻。时小福先借给梅巧玲一笔数目相当大的银子，又卖掉自己的房子，挽救了"四喜班"的危机。

清撷春馆刊行的《明僮合录》（内含《明僮小录》《续录》各一卷）最早著录该事。萝摩庵老人撰《清代燕都梨园史料正编·怀芳记》中云："《明僮合录》书梅慧仙亦有焚券事，士大夫奈何不愧之。"

有一位举子到北京会试，爱看梅巧玲的戏，常和梅巧玲一起讲究唱念字音等,对梅巧玲帮助很大,两人交情很好。当梅巧玲了解到这位举子因为生计困难,常把衣物拿出去典当,却不肯向人告借时,就趁这位举子不在家,到他住的公寓去搜索当票,几乎和这家老仆争吵起来,解释清楚后,梅巧玲在这位老仆的陪同下去当铺把全部衣物赎了回来,又留下了200两银子。这位举子非常感动,发愤努力。但不久不幸去世,身后棺椁盛殓等事,也是梅巧玲代为料理的。

时人称赞:梅巧玲作为一名京剧艺人,却慷慨好义,雪中送炭,实在令人肃然起敬。

梅巧玲的妻室为著名昆生陈金雀之女,为梅巧玲生育二子二女。长子梅雨田极具音乐天赋,梅巧玲遍请京城名家好手教之,鼓锣琴弦无不精通,尤擅胡琴,曾为伶界大王谭鑫培操琴多年。次子梅竹芬,乳名二锁,遗传了梅巧玲善良温顺的性格,做事认真而不投机取巧。他最早学的是老生,后改小生,最后承乃父衣钵,唱青衣花旦。因为他的唱法极似梅巧玲,长相也酷似父亲,故有"梅肖芬"之称。但竹芬英年早逝,悲伤莫过于梅兰芳的祖母陈氏,她痛心地说:"竹芬是累死的,因他为人忠厚老实,什么累活都叫他干。"梅竹芬之子梅兰芳,时年仅3岁。梅兰芳成人后娶妻生子,便又将梅派艺术传给儿子梅葆玖,不包括外姓传人的话,梅氏梨园世家为四代京剧世家,其中名声最大的是梅兰芳。

梅巧玲的弟子很多,最有成就的是余紫云(著名老生余三胜之子,余叔岩之父),"四喜班"著名青衣,同为"同光十三绝"之一。此外还有刘倩云、孙馥云、陈啸云(程砚秋之师)、朱霭云(朱幼芬之父)、王湘云、王佩云、王桐云、姚祥云、张瑞云、周绮云、郑燕云、郑桐云、刘朵云、刘度云、刘曼云、陈五云等,在当时都有一定名气。

四、墓上树梅三百株

清光绪八年(1882年)十一月初七,梅巧玲病逝于北京宣南李铁拐斜街45号(今铁树斜街101号)寓所。梅巧玲不惜巨金救济他人,虽做了"四喜班"班主,却仍往往入不敷出,所以病死的时候,遗产所余很有限。梅巧玲逝世惊动了整个北京城,为其送葬的人很多。梅巧玲安葬在北京东郊某村,其遗嘱中有"墓上树梅三百株"的句子。单毓元等纂修的《民国泰县志稿》中写:"葬于京师东某村。以姓梅,墓上植梅三百株,其遗命也。"

梅巧玲自幼学戏,没有受过正规系统的文化教育。但其天资聪慧、学戏刻苦,扮相雍容端丽,表演细腻逼真,念白文雅脱俗,京昆俱佳。在京剧早期,青衣、花旦界限很严,但梅巧玲戏路很宽,花旦戏外,兼工青衣和昆旦,为余紫云、王瑶卿、梅兰芳等创花衫行当打下基础。这是他艺术方面的最大贡献。

梅巧玲常演剧目:昆曲有《百花赠剑》《刺虎》《思凡》《折柳》《小宴》《絮阁》等;京剧有《盘丝洞》《闺房乐》《梅玉配》《浣花溪》《虹霓关》《胭脂虎》《玉玲珑》《彩楼配》《龙女牧羊》《乘龙会》《五彩舆》《德政坊》等;最拿手的是旗装戏,如《四郎探母》《雁门关》(扮演萧太后)等。此外还有《得意缘》《二进宫》《百花亭》《密誓》等。

梅巧玲病故后,谭鑫培因感激当年搭"四喜班"时甚得梅巧玲之关照,每逢年节必至梅宅拜望。

梅巧玲言谈文雅,但其生活朴素,不尚奢华。空闲时间常和文人墨客研习音韵、唱腔、书法等,他的八分隶书时为伶人一绝。1962 年 8 月,在故宫博物院举办的"梅兰芳艺术生活展览"中,梅巧玲的一幅"前身应是明月,诗酒共安乐"显现出他来自汉碑的书艺功底。梅巧玲还能鉴别金石、古玩等,这在当时的艺术家里是不多见的。

梅巧玲逝世后,梅家由大儿子梅雨田掌家,但陈夫人起到了照顾梅兰芳等人的作用。

五、巧玲故居今何在

梅巧玲成名后,手中的钱便多了起来,遂购置京城宣南的李铁拐斜街 45 号寓所,名"景和堂"。因此,梅巧玲又被人称为"景和堂主人"。该宅为两层院落,后门今为樱桃斜街 62 号。这是一所普通的小四合院,梅氏全家住前院,街门与二道门相对,南房为三间半,半间为大门道,用花砖墁地。院内原有木隔墙,中间为月亮门(早已不存)。北房为上,亦为三间半，每间约 14 平方米，房前带前廊，为梅巧玲夫妇居住，右侧有过道通后院，东、西厢房各两间。清光绪八年（1882 年）十一月初七，梅巧玲故世于此宅。清光绪二十年（1894 年）九月二十四，京剧大师梅兰芳诞生于东厢房内，其母为杨隆寿长女长玉。梅兰芳 3 岁时，其父竹芬不幸因患大头瘟症故此老宅内，年仅 25 岁。庚子年，梅兰芳 6 岁时，此房产变卖，举家迁至离此不远的百顺胡同居住。

第三章 胡琴圣手梅雨田

◎

"愿君付一笑,造物亦戏剧。"(苏轼《次韵王郎子立风雨有感》)梅雨田(1869—1914),出生于北京李铁拐斜街梅宅并在北京长大,京剧琴师,人称梅大琐。3岁时就对乐器发生兴趣,梅巧玲长子,梅兰芳伯父,曾任清朝内廷供奉。幼习文场,1882—1883年(光绪八、九年间),曾随其姨兄贾祥瑞(贾三)在四吉班献艺。1888年(光绪十四年)四月贾祥瑞去世,梅雨田复拜李春泉为师,专攻胡琴。梅雨田曾从钱青望习笛,抠笛昆曲不下三百余出,唢呐曲牌,无不能之,既是胡琴,指法章法,与曲牌之源流,派别之异同,莫不分门别类,考据精详。青年时代,梅雨田成为"六场通透"的能手。《击鼓骂曹》以"夜深沉"曲牌伴击鼓,即始自梅雨田。1892年(光绪十八年),搭三庆班,始与谭鑫培合作,谭鑫培于百代唱片公司所灌《洪羊洞》和《击鼓骂曹》唱片,即梅雨田操琴。后谭鑫培与孙佐臣失和,梅雨田代老元为鑫培操琴,他对谭派艺术起到烘云托月的作用,深得谭氏器重,有"胡琴圣手"之称。亦工唢呐。其风格平正大方,规矩严谨,格调高而韵味醇,声声与剧情吻合,神趣盎然。后世琴师多承袭梅氏艺术,号称梅派。1906年(光绪三十二年)10月,梅雨田补柏如意(清光绪年间的著名琴师)的缺,与沈福顺等人一起,选入升平署进宫承差,时年37岁。至1914年(民国三年)病故于崇文区(现东城区)鞭子巷三条寓所,时年43岁。

自小跟着父亲学男旦戏的梅雨田,乃是家中老大,按祖制,必须承梅巧玲的行当,本是梅派男旦艺术的第一接班人。梅雨田倒嗓前已经在北京的戏圈中相当有名气了,人们好像也在等他成长,并因此成为梅派男旦第二代的领军人物。梅雨田却因倒嗓而改了行,但并没走远。自小,梅雨田便对"场子"特别用心,也在其父亲的精心安排下学到了真本事。此后的梅雨田努力于胡琴的演奏,成就为一代演奏大师,圈内人称其为另一"梅派",操琴这一行的那一批名人,多从梅雨田学过演奏技术。造物主总在弄人,但在勤奋者面前,造物主是无能的,梅雨田的成功,成为梨园行里的一个范例,很多人从他身上读到了后天奋斗的真经,真所谓三百六十行,行行出状元。但生活中的梅雨田并不都是称心如意,膝下无子是一伤,不善理财是二伤。这两个伤害都是硬伤,并因此影响到了家庭生活,但也因此造就了另一段传奇:梅兰芳独领戏坛风骚。梅兰芳的成长,跟梅雨田的精心养护是分不开的。自小失去父亲的梅兰芳,只能跟着母亲寄居在大伯梅雨田家中,不久母亲即逝,梅兰芳实际上成了孤儿。梅雨田虽然入不敷出,但还是认真培养梅兰芳,因为特殊的家庭背景,使得梅兰芳自小即努力学戏,所谓家贫早出才,梅兰芳就是这方面的典型。梅雨田把梅氏两房及梅氏一派艺术的希望全都寄托在梅兰芳身上,并因此多加培养,这是操琴圣手梅雨田一生最大的贡献。

中国戏剧讲究唱念做打,因此说,戏剧行里对于乐师向来尊重。

相传,黄帝作《木冈鼓之曲》十章:一曰雷振惊,二曰猛虎骇,三曰鸷鸟击,四曰龙媒蹀,五曰灵夔吼,六曰雕鹗争,七曰壮士奋,八曰熊罴哮,九曰石荡崖,十曰波荡壑。这段文字见《玉函山房辑佚书》所辑《归藏》,《归藏》相传为《周易》前的古《易》,今已不传。《玉函山房辑佚书》为清人马国翰所编。其中《归藏》一卷,晋代郭璞著书曾引用,说明此书成书较早。这里的"曲"指的是音乐,而不是"乐"(戏剧),当是从"乐"中分离出来的音乐形式,源于祭祀仪式。到了梅雨田时代,其所操的琴、笛,则既有曲又有剧,因为剧情的发展,跟琴师笛师的控场有着相当大的关系,任何一个角,都必须与文武场配合演出,否则会很不协调。梅雨田的成功,某种程度上讲,是近代戏剧强调舞台合作的一个范例。当然,梅雨田所下的功夫决定了其地位。

但据有关材料记载,当时的梅雨田虽然在技艺上出类拔萃,其收入却并不高,说明当时的"场子"跟"角"还是有所区别的,在台上,主角永远是演员,场子永远是配角。

作为戏剧传统之家出来的梅雨田,也可以说是一个音乐"原型",只不过他所擅长的"母题"是京剧的场面。但一开始,梅雨田并不是场面上的人,虽然他的父亲希望他学场面,他自己也特别喜欢场面,但出于伶界的规矩,他应该接过父亲的衣钵。少年梅雨田便已经很有名气,沈南野《宣南零梦录》载:

> 既至则敛襟默作,沉静端庄类大家闺秀,肥白如瓠,双靥红润若傅脂粉,同人拟以"荷露粉垂,杏花烟润"八字。谓其神似薛宝钗也。

这位薛宝钗,指的就是梅雨田。非常可惜的是,待到成年,梅雨田却因为倒嗓不得不改行,这才转了场面。而不善于理财的梅雨田,仍然苦撑着梅家,因为梅雨田的苦撑,才有后来一代大师梅兰芳的横空出世。许多书上说,没有梅雨田,就不会有梅兰芳的成功,这是事实。作为男旦世家,梅雨田却上不了"旦谱",这是梅雨田的遗憾。

有得必有失,有失必有得,梅雨田在"旦角"方面的失落,却在"场子"上找了回来,并因此成就了另一个"梅派"——梅派配乐。人们一般把"梅派"定位于"梅氏男旦",因此将梅雨田的名气"挤"在了一旁,梅雨田在梅氏家族中的原型发生了变化,其"母题"当然会跟着变化。

一、胡琴梅名动四方

旧时京戏的场面只有六人,分武场、文场。武场有单皮鼓、大锣、小锣;文场有胡琴、月琴、三弦,而胡琴又兼笛子、水镲、唢呐;月琴要兼铙钹、笛子、唢呐,三弦要兼堂鼓、海笛、唢呐。人们常说"有板有眼",这个词就是从京剧中来,板指的是"京剧板",由三块分别称为前扇、中扇、后扇的木板组成,前后两扇厚约半厘米,中扇厚约一厘米。使用时,前扇与中扇绑成一块,靠后扇击打中扇发音。板的木料以紫檀木为最好,老红木黄杨木亦可。有口诀:各扇板木要沉重,板牙凸出板眼正,出声脆亮放音长,木轻音死则不灵。眼指的是笛子、唢呐等吹奏类乐器。鼓,又有小鼓、班鼓、单皮之称。小鼓是与大鼓相比而得名,班鼓是依剧团旧称"戏班"而得名,又因鼓皮只蒙一面而称单皮,板和鼓由一人操击,司鼓者就是板和鼓的演奏者,所以,又常将两件乐器合称"板鼓"。梅雨田自小跟着父亲在戏班里"走动",比较喜欢场面(即伴奏人员)。

花旦祖师梅巧玲在业内是公认的大善人,但戏班里的一部分人却不听话,常常闹脾气,请假不上场。当角儿或场面闹脾气而告假罢演时,梅巧玲都会痛心疾首,角儿不上场,难不倒梅巧玲,但场面里的人不上场,梅巧玲就没了法子。恨之余,梅巧玲也会在妻子面前发牢骚:"我一定要让咱们的儿子学场面。"梅雨田极具音乐天赋,自小被梅巧玲遍请京城名家好手教习,鼓锣琴弦无不精通,尤擅胡琴。

梅巧玲虽然期待儿子能成为一代名师,成为多面手,但更重要的还是做人。梅巧玲经常告诫梅雨田说:"不管是当演员或是场面,都要讲究戏德。"

梅雨田天资聪慧,在音乐方面也有天分,吹拉弹样样拿手,无论什么一学就会,无论武场还是文场,无论胡琴还是月琴,梅雨田样样精通,因此得了个"六场通透"(京剧乐队,分文场三大件与武场三大件,又称文三场、武三场,统称六场,好的乐手被称为"六场通透"。文场三大件系胡琴、月琴、三弦;武场三大件为单皮鼓、大锣、小锣。文三场的胡琴手兼笛子、水镲、唢呐;月琴手兼铙钹、唢呐、笛子;弹三弦的兼堂鼓、海笛、唢呐。武三场的大锣手兼镲锅,小锣手兼齐钹、检场,单皮鼓兼大堂鼓)的雅号,终于没有辜负梅巧玲的一片苦心和厚望,以至于多年以后,他用过的琴也成了"文物"。

有媒体曾把梅雨田用过的琴引申为"斑驳品相拨动历史之弦":

此琴原由20世纪30年代国乐大师、传世名曲《春江花月夜》改编者柳尧章先生收藏。柳老先生在这把琴的琴筒下方贴上一张亲自手书的纪念笺"梅雨田(梅兰芳伯父)拉奏的琴",并盖上印章,这在柳老众多的民族乐器的收藏中是绝无仅有的。这张不足公交车票方寸的纪念笺,虽然没有时间落款,但斑驳泛黄"品相"已记载了久远的历史,柳老的字迹清晰可见,而他的红印略模糊,但仍可明确辨认。柳老仙逝此琴则转入其子、前上海交响乐团首席小提琴手柳和埙先生手中。2001年曾在上海大剧院的"中国民族乐器陈列室"展出一年之多,并由"东视"等多家媒体报道,后转由楼庄东先生收藏。2001年在上海大剧院的"中国民族乐器陈列室",举办了"老弦遗韵——三十年代丝竹乐器史料展","梅雨田京胡"在开幕式上进行了演奏。①

1906年(光绪三十二年)10月,梅雨田为替补著名琴师柏如意去世之缺,与沈福顺等人一起,被选入升平署进宫承差。梅雨田曾对梅兰芳回忆过这段生活:

在升平署当差,以场面而言,如果会的不多是应付不了的,除了外边戏码,里面的大本戏,还有承应戏,往少里说也得会几百出。当时场面上姓沈、姓方的最多,他们老家都是南方,在京里居住已好几代了。他们之中打鼓的、吹笛子的,个个是横竖乐器,吹的弹的拉的,谁肚子里都有几百出戏。我给谭金培(即谭鑫培)拉一出西皮二黄的戏,那是我的歇工活儿。累活儿还是吹笛,尤其上那些节令承应大戏,灯彩砌末摆吉祥字,各式各样的排场,除了群曲,常常一整出戏里吹打牌子一直不停,这种活儿

---

① 李婷:《斑驳品相拨动历史之弦》,2010年5月24日《文汇报》。

没功夫真顶不住。①

胡琴本没什么奇声怪音,但梅雨田却使其不断变化,只要是喉咙能发出的声音,经他的手一拉,丝弦也能够发出来。有人把梅雨田的胡琴之音比成"轻柔地拨弄丝弦能使声音细小得像苍蝇,放开丝弦能使声音大得像猛虎吼叫,连续拉奏能使声音细密得像下雨,停止拉奏声音就像风一样散去,气势盛大,出神入化,声音清脆而响亮"。梅雨田身体肥壮,皮肤润滑,专家说他的手发音是天下一流。梅雨田性情聪慧,听到各种声音,就想模仿,且能领会其中意趣。其他的琴师都是一板一板地数着乐调,以取得和谐之音。梅雨田从过门开始就可以拉出新颖的乐音,且配合歌唱却又能做到有条不紊,完全合拍。梅雨田拉胡琴,音与音之间紧凑,但遇到间隙处,全加上一个辅助音,每一节都加,不让有空白。梅雨田运弓有力,指法熟练,音色纯净,节奏鲜明,板眼严正,有腔垫字,刚不粗豪,弱不纤巧,将胡琴清脆、嘹亮的特点发挥得淋漓尽致。

梅派伴奏风格,平正大方,规矩严谨,格局高而韵味醇,不滥用"花点"以炫耀技巧,贵在处处与剧情吻合,于平淡中将谭腔烘托得入微入妙,神趣盎然。陈彦衡赞为"刚健而未尝失之粗豪,绵密而不流于纤巧"。

二、"三绝"搭档成佳话

1892年(光绪十八年),梅雨田隶三庆班。谭鑫培原以孙佐臣为琴师,后改聘梅雨田。此后,梅雨田长期为谭鑫培操琴,当时与鼓师李五——李奎林被誉为谭鑫培的左辅右弼,人称"双绝",再加上谭鑫培的唱,当时又称为"三绝"。

梅雨田的一把京胡传用了三代,谭鑫培在世时,为他伴奏了多年。梅兰芳年轻时,梅雨田又用这把京胡为他吊嗓,20世纪60年代初,杨宝忠也用这把京胡为梅葆玖伴奏过,一把京胡伴随梅家三代人的艺术生涯,被人们传为佳话。

百代公司录制的谭鑫培的《卖马》一张两面和《洪羊洞》一面,都是梅

---

① 许姬传:《许姬传艺坛漫录·梅家三代与清宫演戏》,中华书局1994年版,第63—67页。

雨田操琴,这三张唱片是中国历史上最早的声音记录。梅雨田与谭鑫培合作,两人相得益彰。梅兰芳曾在自传中说:"谭老板的唱腔,配上他的胡琴,内外行一致公认是珠联璧合,是最理想的一对合作者。"王芷章在《清代伶官传》中说:"金培承余三胜、程长庚之后,其唱腔,推陈出新,变化莫测,虽杂青衣,而实能别饶韵味。雨田为司弦,应付泰如,抑扬合叩。"

梅雨田不仅与谭鑫培是绝配,为青年梅兰芳演唱伴奏,也同样取得了烘云托月的效果。1911年(清宣统三年),梅雨田帮助梅兰芳创演京剧新腔,后梅兰芳在北京文明茶园第一次演出《玉堂春》时,梅雨田以他高超的琴技,与梅兰芳的唱腔水乳交融,"足以极视听之娱"。当时其他胡琴手无不崇拜他的琴艺,京城许多亲贵,包括很有音乐天赋的陈彦衡在内,纷纷向梅雨田请教或拜师学戏、学音乐。他虽性情孤傲,但对上门求教者极有耐心,每每慷慨施教,直至求学者满意而去。

梅雨田虽然爱护梅兰芳,但其老婆却不善,小时候的梅兰芳受了不少"冤枉气"。

三、勉为其难育兰芳

梅兰芳的父亲梅竹芬死时,梅兰芳只有3岁。梅兰芳只能跟着母亲杨长玉依靠大伯梅雨田生活。

当时的梅家,并不富裕。梅雨田虽然在艺术上同谭鑫培珠联璧合,但是经济收入却是时有时无。当时梅兰芳的祖母还在,梅兰芳和母亲,加上梅雨田一家五口,全家一共八个人要吃饭。梅巧玲留下的遗产很快就坐吃山空了。梅家只好卖掉梅巧玲买下的一所大四合院,另外租了三间小屋。梅雨田凭借"六场通透"的过人本领,支撑梅氏一大家本不成问题,但这个人天生不善理财,戏班停演,家庭便生活十分拮据。八国联军烧杀抢掠,无恶不作,街市一片萧条,多家戏园茶园被烧了,剩下的几家也关门歇业,戏班不得不停演而断了戏份,演员们只得外出自谋出路。梅雨田万般无奈,这才想起认识的一家修表店的赵师傅。赵师傅虽然从事修表业,但平时爱听戏,尤偏爱胡琴,和梅雨田是旧好,两人曾经互传技艺,不久,赵师傅琴艺大长,而梅雨田也学会修表这一技能。到了实在没有办法的地步，梅雨田不得不利用偶然学成的技艺维持生计。但这一门技术也没能帮助梅雨田走出困境，慢慢地，富足的梅家逐渐中落，直到入不敷出、寅吃卯粮的地步。

走向衰败的家庭哪来的欢乐和幸福！因为家庭困难，那一段时间的梅家老宅，可以说充满了沉闷与阴森的空气。梅兰芳的母亲杨长玉年纪轻轻就守寡，又靠别人养活，心情可想而知。由于梅雨田一连生了几个女儿，没有儿子，梅兰芳就负着兼挑两房、传承梅家香火的责任。可这一来就苦了梅兰芳的母亲了。梅兰芳的姑母秦来太太曾经回忆：

> 先父死后，就是大哥大嫂（梅雨田夫妇）管家。在旧社会里一般旧脑筋不都是重男轻女吗。我大嫂养了几个孩子，偏偏都是闺女，没有儿子。畹华在名义上是兼挑两房，骨子里的滋味可并不好受。所以他母子在那段日子里，是很受了一点磨难的。到他15岁时候，连母亲也死了。①

不久，剧业恢复，梅雨田重操旧业，但整个戏行都不景气，收入当然有限，梅家一家老小的日子过得紧巴巴。

梅雨田不仅支撑着梅家，还在京剧方面负有使命——引领梅家下一代继续旦角之路。梅兰芳8岁时，便正式开始学戏了。

四、一代大师终早逝

梅雨田名气冲天，可就是这样一位有成就的音乐家，在台上精心为梅兰芳伴奏，在台下细心教梅兰芳演青衣戏，并准备全力培养梅氏第三代青衣时，却因病于1912年8月28日病故于鞭子巷头条寓所，终年47岁。"胡琴圣手"一去而不返，这一年梅兰芳

中年梅雨田

---

① 梅兰芳：《梅兰芳回忆录》，东方出版社2013年版，第6页。

18岁。

早期京剧琴师"四大名家"是梅雨田、孙佐臣、陆彦庭、王云亭,梅雨田排第一位。梅雨田授徒虽不多,但当时的京胡伴奏者十之八九都从梅派琴法,许多人都曾向梅雨田当面请教过,只要是琴法方面的事,梅雨田一概倾囊相授。梅雨田门徒甚多,所收弟子有张富贵、陈桐仙、陈寿昌、茹莱卿、董凤年等人,且以后都曾享名一世。梅雨田为人率直,因而颇为时人所尊重。除其弟子外,许多京剧大家也都登门求教,如著名京剧研究家红豆馆主、陈彦衡等,就常受其教益。其中,得梅派真传且产生较大影响的是陈彦衡(1868—1933)。陈与梅是同辈人,且都曾为谭鑫培伴奏过,操琴风格方面也比较接近。茹莱卿也是梅雨田京剧胡琴(京胡)学生。

相比较于梅巧玲,梅雨田还是保留了一些东西。《清芬堂丛书》即为梅雨田所辑。该书成于1890年(清光绪十六年),计64册,刻本,钤"饮冰室藏金石图书""新会梁氏""钦冰室"等印。

第四章 二代传人梅竹芬

◎

"曲罢曾教善才服,妆成每被秋娘妒。"(白居易《长恨歌》)梅派男旦二代传人梅竹芬,成名较早,也比较全面地接过了家学。十分可惜的是,正当梅竹芬一路走红的时候,却因积劳成疾而早早离开了人世。梅竹芬的离世,不仅是梅派艺术的极大损失,也是家族的一大损失。梅竹芬丢下了年轻的夫人及年幼的儿子,使这一房就此而染低微。此后不久,其夫人就在贫病及抑郁中离开了人世,致使梅兰芳成为真正的孤儿。好在其独子梅兰芳勤学苦练,终

梅巧玲次子梅竹芬

于成名,并因此将梅家及梅派艺术都提高到了辉煌的程度。真的就是"岂比黄壤下,焚瘗千金璧。若人道德人,视此亦戏剧"。(苏轼《邓忠臣母周氏挽词》)

梅竹芬(1872—1898),京剧青衣,梅巧玲的第二个儿子。母陈氏,昆

曲旦角陈金雀陈煦棠之女,外祖母缪氏。岳祖父杨福元,岳祖母孙氏,岳父是京剧武生杨隆寿(1854—1900),妻杨长玉。

梅竹芬因为早逝,虽然他是梅氏男旦的第二代传人,其在家族中的地位却没能凸显出来,但是,梅竹芬这一房却是十分成功的。让我们来捋一捋梅竹芬复杂的梨园关系:梅竹芬内兄内弟杨长林;内兄内弟杨长喜,妻方氏。姨姐姨妹杨氏,嫁黄小生;姨姐姨妹杨氏,嫁朱玉龙;姨姐姨妹杨氏,嫁徐兰沅。舅父陈寿山,妻王氏;舅父陈寿彭(陈连儿),妻朱氏;舅父陈寿峰(1842—1904),昆曲文武老生。姨母陈氏,嫁贾增寿;姨母陈氏,嫁钱玉寿;姨母陈氏,嫁谢宝云。兄弟梅雨田,京剧琴师,妻胡氏。侄女梅氏,嫁朱小芬;侄女梅氏,嫁王蕙芳;侄女梅氏,嫁徐碧云。姊妹梅氏,嫁王怀卿;姊妹梅静贞,嫁秦五九。外甥秦叔忍;外甥王永利;外甥王蕙芳(1891—1954),京剧旦角,妻王氏、梅氏、关丽英。外甥王菊芳;外甥王玉芳,京剧老生;外甥女王氏,嫁姜妙香;外甥女王蕙亭,嫁迟景昆;外甥女王氏,嫁田雨侬;外甥女王氏,嫁黄润卿;外甥女王蕊芳,嫁尚小云。子梅兰芳,妻王明华、福芝芳。孙子梅葆琪;孙子梅葆琛,妻林映霞;孙子梅绍武(梅葆珍,1928—2005),戏曲研究者、文学翻译家,妻屠珍;孙子梅葆玖(1934—2016),京剧旦角,妻林丽源;孙女梅葆玥(1930—2000),京剧老生,嫁范丙耀。

梅家除了梅巧玲、梅雨田、梅竹芬父子三人从事着唱戏这一行外,梅兰芳的祖母、母亲、姑母、伯母也都出身梨园。祖母陈氏是著名昆曲小生陈金雀的千金,母亲杨长玉是有"活武松"之称的著名皮黄武生演员杨隆寿的女儿,大姑母嫁给了旦角演员秦稚芬,二姑母的丈夫是武生演员王怀卿,伯母是旦角演员胡喜禄的侄女……梅家只有梅巧玲一人在京,巧玲生了两个儿子,二儿子梅竹芬英年早逝,加上长子梅雨田一生无子,而梅竹芬又只有梅兰芳一个儿子,所以,人丁不旺。

梅竹芬名二锁,又号肖芬,遗传了梅巧玲善良温顺的性格,做事认真而不投机取巧。他最早学的是老生,后改小生,改小生亦极受欢迎。最后承乃父衣钵,唱青衣花旦。初演旦角,都是家传,有新戏,如《琵琶行》《盘丝洞》《富贵全》等,皆拿手。尤其《富贵全》一戏,极能叫座。他的昆曲、皮黄都是向梅巧玲学的,凡是梅巧玲唱过的戏,他都会唱。因为他的唱法极似梅巧玲,长相也酷似父亲,故有"梅肖芬"之称。清代燕都梨园史料记载:

> 景和二主人梅凌云肖芬,广陵人(应为海陵)。名优梅慧仙巧玲之子年十四,明慧白皙,工写兰,有板桥道人风致。言词温婉,雅度恂恂,使晋人见之,亦当叹支公之神骏矣。肖芬在歌场中,为小生,善昆曲,近岁昆山曲子,几如广陵散,不能无望于肖芬也。

梅竹芬为人忠厚老实、性情温和,当时所搭戏班为京城颇有名气的迟家"福寿班"。班里有些演员常闹脾气,告假不唱。每到这个时候,班主总让竹芬上场代唱。他从不推辞,每次唱的都是梅巧玲的唱工本戏。戏班为多挣钱,营业性的演出异常频繁,又有经常性的外串堂会。梅竹芬因家境每况愈下也不得不卖命地唱。长期的劳顿,使他身体备受摧残。26岁时患上"大头瘟",吃了药也不见效,只几天工夫就走了。对于梅竹芬的早逝,最悲伤的自然莫过于梅兰芳的祖母陈氏,她痛心地说:"竹芬是累死的,因他忠厚老实,什么累活都叫他干。"因此,她对班主有些怨恨。竹芬出殡那天,班主在灵前痛哭流涕,陈氏心里想:"你们恐怕不容易再找到这么一位好说话的角儿了。"

梅竹芬病故时,梅兰芳年仅4岁。梅兰芳的母亲杨长玉,出生于1876年,比梅竹芬小4岁。因长期操劳家务,后也不幸染病,于清光绪三十四年(1908年)32岁时去世。梅兰芳父母相继早丧后,就只能依靠祖母陈太夫人、伯父梅雨田、伯母胡氏的照顾。

梅竹芬不仅长相及唱腔等方面极像父亲梅巧玲,品性方面也一样。少时学拉胡琴,学成后随名伶戏子拉胡琴,经常在皇宫演技,积攒银子5000多两。家中催他完婚,梅竹芬乘马车返乡,行至京南,见有很多茅棚,住的都是难民。他大起恻隐之心,心想有银5000多两,如果舍去3000两,余2000两,足够完婚。随即拿出3000两,布施灾民,因灾民太多,不够分配，3000银子布施完了，仍有很多灾民苦苦哀求。梅竹芬心中实觉不忍，又将剩余2000两银全部取出，布施灾民。多年积蓄，一日全部散尽，心中却十分欣慰。但如何返家完婚呢？最后还是拿定主意，改后几年再完婚，于是返回北京。之后又工作3年，方才完婚。

  梅兰芳成名后，曾广施财物给身边的人及家乡，得到了广泛称赞，这一点，缘于家养或说家教。可见，好的家风是可以让子孙走正道的。泰州梅氏家族的成功，跟他们有一个好的家风是分不开的。

第五章 三代传人梅兰芳

◎

著名京剧表演艺术家梅兰芳(1894—1961)是梅氏男旦第三代传人。

1894年10月22日,梅兰芳出生在北京李铁拐斜街。当时的梅家已是享誉京城的梨园世家了。梅兰芳的祖父梅巧玲开创梅派男旦,位列同光十三绝之一,梅巧玲之妻陈氏是著名小生陈金雀之女。梅兰芳的父亲梅竹芬是京剧旦角演员,梅派男旦第二代传人,母亲杨长玉是著名武生杨隆寿之女,伯父梅雨田是与谭培鑫长期合作的著名琴师。梅兰芳出生的时候,中国社会正在经历一场阵痛。1894年(清光绪二十年)10月22日,皇都北京气氛压抑,3月前,中日之间爆发了"甲午战争",北洋水师节节败退,日本军队横扫东北,清廷被迫签订丧权辱国条约。各列强虎视眈眈,大清国则在做垂死挣扎,南方革命党不断起义。国破家必亡,当时的中国人民正处于水深火热之中。像梅兰芳那样的梨园世家,本可以不愁生计,但梅兰芳却生不逢时,其祖父梅巧玲、父亲梅竹芬相继去世,且都是英年早逝,接管家政的梅雨田不善理财,梅家逐渐衰落。

虽然大清国在风雨中飘摇,那一群八旗子弟却是逍遥自在,好不快活,真所谓"前方吃紧,后方紧吃","前方危急,后方升平"。吃喝玩乐的八大胡同周围,戏院里俨然是一派歌舞升平,京城里的虚假繁荣,刺激了京派艺术。当时的京城,戏院虽不能称林立,但以戏为生的梨园中人却不是少数,有资料显示,当时的北京城,梨园世家就有百十来家。作为梨园中最具代表性的京剧,正是在那一阶段里形成的。1790年(乾隆五十五年),安徽的四大地方戏班——三庆班、"四喜班"、春台班、和春班先后进京演出。徽班常与来自湖北的汉调艺人合作演出,于是,一种以徽调"二黄"和汉调"西皮"为主,兼收昆曲、秦腔、梆子等地方戏精华的新剧种诞生了,这就是京剧。在200年的发展历程中,京剧在唱词、念白及字韵上越来越北京化,使用的二胡、京胡等乐器,也融合了多个民族的发明,终于成为一种成熟的艺术,名演员成群,剧目既多又新。其中的一部分演员成了"宠儿",他们不仅是舞台上的主角,往往还是剧团老板。在一出戏的创作中,编剧、导演、作曲、舞台美术设计他们都参与。

在喜欢看戏的大清皇室的推动下,演员特别是著名演员的社会地位得到了提高,拿梅兰芳的祖父及伯父来讲,他们便都在皇宫里走动,俨然"皇家班底",梅雨田甚至还做了宫中的乐官。旧时中国社会的分等,作为下九流的娼、优、隶、卒四种职业被归之于下贱之业,伶人的地位甚至比不上娼妓。但到了清乾隆年间,清廷却设立"升平署",专门负责传名伶进宫唱戏,每月发俸禄。这一举动,不仅提高了伶人的地位,还使得其中的一部分伶人得以"通天"。

梅兰芳生于京剧梨园世家之中,自然而然地要接过祖传之业。当时社会有规定:唱戏的后人只能做戏子,一词戏子,就可以把名伶都打入"十八层地狱"。地狱归地狱,梅兰芳还得往里钻,因为他们家享受了大清国的恩惠,他的祖父、大伯及父亲都曾"光荣"地被选为"升平署"演员,这在当时,是梨园中最高的"奖赏"。

梅兰芳4岁丧父,此后由梅雨田抚养,但梅兰芳实际上并没有得到多少家庭温暖,倒是得到了祖母陈氏的关爱,因为他是梅家两房唯一的男丁,肩负传承梅家的大任。梅雨田给予梅兰芳的,则是延请名师教梅兰芳唱戏。但小时候的梅兰芳并不是学戏的好材料,开始来教的师傅觉得"祖师爷没赏这碗饭"给梅兰芳,拒绝再教。梅雨田于是再请师傅,这回请来的是一位叫吴菱仙的青衣师傅,吴师傅早年曾得到梅兰芳祖父梅巧玲的照顾,出于谢恩,开始细心调教梅兰芳,主攻花旦。此后的梅兰芳学戏非常刻苦,有的书上讲,那种程度近乎到了残酷的地步,这对梅兰芳来说是一种人生考验,但对他的成长而言,十分有利。吴菱仙师傅为梅兰芳的戏台表演打下了扎实的基本功。

10岁的时候,梅兰芳便已经登台了,在北京广和楼演《天仙配》。1908年(光绪三十四年),梅兰芳搭喜连成班,17岁时唱《玉堂春》,开始引人注目。1911年(宣统三年),北京各界举行京剧演员评选活动,张贴菊榜,梅兰芳名列第三名探花。1913年他首次到上海演出,在四马路大新路口丹桂第一台演出了《彩楼配》《玉堂春》《穆柯寨》等戏,风靡了整个江南,坊间流传:"讨老婆要像梅兰芳,生儿子要像周信芳。"此后的梅兰芳吸收了上海文明戏、新式舞台、灯光、化妆、服装设计等改良成分,返京后创演时装新戏《孽海波澜》。第二年再次到上海,演出《五花洞》《真假潘金莲》《贵妃醉酒》,皆为梅派拿手好戏,这一唱就是34天。1916年,梅兰芳第三次来到上海,连唱45天,1918年后移居上海。因此,上海成为梅兰芳的第三故乡(第一故乡是泰州,第二故乡是北京)。梅兰芳综合青衣、花旦、刀马旦等表演方式,创造了醇厚流利的唱腔,形成独具一格的梅派。1915年,梅兰芳大量排演新剧目,在京剧唱腔、念白、舞蹈、音乐、服装上均进行了独树一帜的艺术创新,被称为梅派大师。

梅兰芳还喜欢拍电影,他留下了大量的黑白无声电影,1947年他还拍摄了中国首部彩色电影《生死恨》。梅兰芳定期学英语,后来在美国演出,70多场中,90%以上是满座,其他场次也有七八成座。当时最著名的演员卓别林为了见梅兰芳一面,居然穿着戏服来见,梅兰芳很快闻名世界。梅兰芳是第一个把中国戏剧带到外国去演出的艺术家,最早把中国戏剧介绍给世界剧坛的戏剧家,在促进我国与国际文化交流中,立下了不朽的功勋。当时外宾到中国旅游,往往向外交部提出三点要求:一是观光长城;二是浏览颐和园;三是访问梅兰芳。

但梅兰芳相当谦虚,每当别人评其"梅派"时,他总是自称"没派"。

从20世纪20年代初到梅兰芳去世,梅兰芳先后三次访日、一次访美、四次访苏、一次访朝,数次游历欧美亚各国。以梅兰芳为代表的中国戏曲表演艺术与俄国斯坦尼斯拉夫斯基、德国布莱希特的戏剧艺术,并称为世界三大戏剧表演体系。在国际文化交流中,京剧成了外国人了解中国民族戏剧文化的一个窗口。京剧成了一种文化象征,被尊为中国"国剧"。

梅兰芳不仅是一位杰出艺术家,还是位伟大的爱国主义者。1931年,"九一八"事变后,他在上海排演《抗金兵》《生死恨》等剧。在日本帝国主义侵占中国的艰苦岁月中,他身居沦陷区,不怕威胁利诱,蓄须明志,拒绝演出,靠写字卖画为生,一直坚持到抗日战争胜利,表现了一位艺人崇高的民族气节。

据不完全统计,梅兰芳一生所演出过的京昆剧目不下二百出,其中有传统的、改编的和新创作的,也有时装新戏,还有古典歌舞剧。从角色行当看,有青衣、花旦、闺门旦、刀马旦,也有反串小生等行当。他的代表剧目有京剧《洛神》《霸王别姬》《嫦娥奔月》《奇双会》《孽海波澜》《宦海潮》《邓霞姑》《一缕麻》《牢狱鸳鸯》《黛玉葬花》《千金一笑》《俊袭人》《廉锦枫》《红线盗盒》《凤还巢》《天女散花》《麻姑献寿》《西施》《太真外传》《宇宙锋》《贵妃醉酒》《抗金兵》《穆柯寨》《穆桂英挂帅》等。

1952年,在第一届全国戏曲观摩演出大会上,文化部授予梅兰芳荣誉奖。1959年,梅兰芳光荣地加入了中国共产党。新中国成立以后,他先后当选为全国人民代表大会代表、中国人民政治协商会议常务委员、中国文学艺术界联合会副主席、中国戏剧家协会副主席,并历任中国戏曲研究院院长、中国戏曲学院院长、中国京剧院院长的职务。

1961年8月8日,梅兰芳在北京因病逝世,国家给予了很高的礼遇,可谓死享尊荣。

一、梅兰芳学戏生涯

梅雨田倚仗"六场通透"的过人本领支撑梅家,可他乐于助人、不善理财,尤其是庚子年(1900年)八国联军打进北京之后,戏班停演,梅家的生活状况每况愈下。好在梅雨田以前跟人学过修钟表,还可借手艺贴补家用,比一些名角沦落到上街叫卖烤白薯、萝卜鸡蛋糕,多留了些面子。但梅雨田连生了几个女儿,没有儿子,他对振家之事已不当一回事。梅兰芳于是有了兼挑两房、传承梅家香火于一身的责任。

但梅郎弱冠时代掀开的却是一页页的伤心史。由于梅家由梅雨田夫妻管家,梅雨田之妻胡氏严厉有余,寄居雨田家的梅兰芳母子的日子并不好过。在家道中落的环境里,在家嫂冷峻的目光下,失去丈夫的杨长玉大气不敢出,小小的梅兰芳就更不敢言语了,天长日久,便养成了低眉顺眼、不敢正视他人的所谓"木讷"相。据梅兰芳姑母回忆:"他幼年的遭遇,是受尽了冷淡和漠视的。从家庭里得不到一点温暖,在他10岁以前,几乎成了一个没人管束的野孩子。"

1. 拜师学戏

清朝时,京城禁女伶(北京有女伶系庚子年以后事),唱青衣花衫的都是些面目姣好的优童。这种雏伶有一个特别的称谓"像姑",意思是其貌像姑娘。后来被讹称为"相公"。这实在算不得褒义词,久而久之,"相公"遂成为男旦的专有词,那些本来的公子哥们反不敢用了,如同时下的"小姐"之称,自从卖淫女子被称为"小姐"之后,一般的女子即不愿再称"小姐"。"像姑"的生活,多数是不能随意的,且被上流社会控制着,他们每个人都想拥有更多的豪客,借着他们的财势,将来好成为红角。有些"像姑"除应付豪客外,也用色相向"冤大头"(甘愿为"像姑"出钱出力)拖金。所谓拖金,即使钱,使大钱。

从梅兰芳年少时的长相和性格上看,他并不属于优选"像姑"。因此说,梅兰芳选择男旦艺术,完全出于家承性质。此后的梅兰芳,也十分反对走"像姑"取宠的路,而是认真研习京剧艺术,在艺术上精益求精,在做人上谦虚谨慎,完全脱去了"像姑"下作的形象。

梅兰芳学戏,开始并不顺利。据载:

> 梅兰芳出身演艺世家,他的祖父梅巧玲、父亲梅竹芬都是京剧演员,梅兰芳8岁开始学戏,但却"出师不利"。他开始学戏时老入不了门,他的第一个老师便对他的家人说,"你们另请高

明吧，祖师父没赏这碗饭给他吃"。在过去，一个唱戏家庭出身的孩子如果不学戏，那他的一生就算毁了。不过，梅兰芳及家人都没有放弃。在第二任师傅吴菱仙的教授下，2年后，小梅兰芳就登台演出了。1920年，在梅兰芳红了以后，他的第一任师傅曾惭愧地自叹"当年有眼不识泰山"。①

　　人说大师皆有天赋，事实上不是那样，很多大师，都是通过后天的刻苦努力，才在其所擅长的领域取得骄人成绩的，所谓一分汗水一分收获，这可不是什么唱词，而是生活造就，也可以说是生活所逼。

　　应该说，梅兰芳遇到了一位好师傅。吴菱仙是"同光十三绝"名旦时小福的弟子。早年，吴菱仙搭梅巧玲的"四喜班"，梅巧玲处处照顾吴菱仙，这使吴菱仙老早就有了报恩的想法。等到梅兰芳长大，看着梅家一天不如一天，吴菱仙看在眼里急在心上，总想拉梅家一把，但苦于没有机会。等看到梅家唯一的传人梅兰芳学戏无进，师傅不愿教（怕坏了自己的名声）时，吴菱仙站了出来，自告奋勇地当起了梅兰芳的师傅。跟其他师傅不一样的是，吴菱仙对梅兰芳倍加关切，总是细心教导，别说打板子，就连大声呵斥也很少有过。梅兰芳是一个"缺爱"的孩子，有了这样的师傅，当然是梅兰芳的福分，学起戏来当然就不肯偷懒，从另一方面讲，这也是梅兰芳的造化，如果不是吴菱仙，梅兰芳怕是成不了一代京剧大师。机缘巧合吗？不，这是厚福所致。虽然我们不必太过相信所谓福有福报的迷信话，但是，中国传统的优秀文化是经过了数千年打磨之后渐渐成型的，那可不是什么一时机遇。如果没有梅巧玲的善良和厚道，如果没有吴菱仙的知恩图报，那么，梅兰芳就承受不到"福报"。积善之家，必有余庆，积不善之家，必有余殃，千古不变的真理。

　　据说，吴菱仙教梅兰芳戏，总要先教唱词，先一句一句地讲解词意，这跟私塾里教学是不一样的，私塾的开蒙，多数是只背不解，等以后慢慢讲解。私塾教育有着特殊的背景，多数的私塾教师，实际上是靠教塾养家

---

① 张漪：《梅兰芳——"没有天分的大师"》，2004年11月8日《扬子晚报》。

的，因此他不可能在极短时间里把一些知识讲解透，一方面是私塾先生拖教养家的需要，另一方面也是在故弄玄虚，让学生所期待。因此，旧时有人将一些不像话的私塾先生称之为"误人子弟"。吴菱仙可不敢误了梅兰芳，他知道梅兰芳学戏较慢，用现在的话就是"慢热"，因此总是不厌其烦地教导梅兰芳。先把词背熟，再把词意弄明白，然后才教唱腔。梅兰芳弄不明白的地方，绝不马虎而过，所以，梅兰芳的底子打得十分牢固。每天天一明，梅兰芳即起，出城吊嗓，然后是练身段、学唱腔、念本子。在练跷功时，他踩着跷站在一张长板凳的一块长方砖上，一站便是一炷香的时间，直站得汗如雨下、眼泪汪汪。寒冬腊月里他踩着跷在冰面上跑圆场，常常被摔得鼻青脸肿。拿大顶时，他得忍受着头晕、呕吐等不良反应，有时竟昏倒在排练场。师傅虽然从不去苛责徒弟，但在教戏时则十分严格，据载，那时的吴师傅，常常在桌上放十个铜板，梅兰芳每唱一遍，他便取下一枚铜钱，放在一边的漆盘内，直到十枚铜钱全部拿完，然后再重新来过，一段唱词往往规定要唱二三十遍，这不是什么倾囊相授，而是百般打磨，越打越精、越磨越亮。这一段良好的启蒙教育，加上梅兰芳非同寻常的刻苦与认真，使得他能够一步一个脚印地丈量艺术大地，并因此建起属于梅兰芳的那个独特的艺术殿堂。

有时候，家人的鼓励爱护十分重要。梅兰芳的姑母就十分疼爱梅兰芳。她不仅一再叮嘱王蕙芳照顾梅兰芳，在为王蕙芳添置戏衣时也不忘给梅兰芳同样准备一份，更在为王蕙芳另请师傅教戏时，也让梅兰芳一起学。有的书上这样写：有些苦恼又有些自卑的梅兰芳，就这样被拖拽着一路跌跌撞撞地入了戏曲之门。这是真实的写照。

吴菱仙师傅真的了不起，他在教完了他所懂的戏之后，又开始为梅兰芳选师，这在旁人，是很难的一件事。说明什么？说明他对梅兰芳充满了期待。除了师从吴菱仙继续学习外，梅兰芳于是四处拜师，先是向茹莱卿学习武功，再向陈德霖学习青衣、昆曲，又向李寿山学习昆曲，继向钱金福学习小生戏等，而对他影响最大的是谭鑫培和王瑶卿。

14岁时，梅兰芳正式搭班"喜连成"参加演出。每晚演出之后，他不急着回家，总是在胡琴座的后面坐着，目不转睛地看台上每个人的表演。

看完一出戏,他会在心里默评优劣,并逼着自己去扬长避短。通过长期观戏、评戏和实践,梅兰芳的演技逐渐提高。梅兰芳对昆曲十分着迷,这是梅家的一个传统。对其他学戏之人而言,能够向当时一流的师傅学戏,本身就是一件不容易的事,由此可见,梅家祖上给梅兰芳这样的后生创造了多好的学习环境。陈德霖、李寿山等,都是当时的名家,他们都愿意教梅兰芳,当然是看在梅家面上。梅兰芳为什么热心学昆曲?他回忆说:

> 我提倡它的动机有两点:(一)昆曲具有中国戏曲的优良传统,尤其是歌舞并重,可供我们采取的地方的确很多;(二)有许多老辈们对昆曲的衰落失传,认为是戏剧界的一种极大的损失。他们经常把昆曲的优点告诉我,希望我多演昆曲,把它提倡起来,同时擅长昆曲的老先生们已经是寥若晨星,只剩下乔蕙兰、陈德霖、李寿峰、李寿山、郭春山、曹心泉……这几位了。而且年纪也都老了,我想要不赶快学,再过几年就没有机会学了。

梅兰芳是很有艺术眼光的。从少时起,到以后的不断学习,他会的昆曲有几十出,《水斗》《断桥》《思凡》《琴挑》《闹学》《刺虎》《游园惊梦》《奇双会》等成为梅兰芳优秀的代表剧目。有一部分则拍摄过电影艺术片,受到国内外各界朋友的一致好评。

初学昆曲时,梅兰芳觉得多数剧目"歌舞合一,唱做并重",昆曲的身段虽然和京剧不尽相同,但与唱、念表演配合得十分默契,很多地方值得京剧借鉴。但曲文太雅,唱词书卷气浓,不容易弄懂,曾一度难住了梅兰芳。有人指点梅兰芳去向李寿山请教,因为唱花脸的李寿山最初在科班学的是花旦。梅兰芳当然积极去拜师,第二天,李即上门说戏,刚走了几步,李即看出了梅兰芳学花旦的基础很扎实:"手眼身法步,无一不是柔软灵动,尤其腰部的功夫深,所以走得更好看。"

此后的梅兰芳,融合了各家之长,"悟"出了自己的风格。最具梅兰芳昆曲艺术水平的是《醉酒》这出戏,另外还有《游园惊梦》。

2. 读塾念文

为了节省开支,梅兰芳7岁那年,梅家由李铁拐斜街搬到了百顺胡同。其实,梅家不是什么节省开支,而是入不敷出,不得不将值钱的老屋卖掉,换较为便宜的屋子居住。为了振梅家之家声,梅雨田虽然独立难支梅家,还是想法子把梅兰芳送到离家不远的一个私塾就读,先是进了百顺胡同的一间私塾就读,后来搬到万佛寺湾。

　　前面提到,梅兰芳因为父亲早亡,只能随母寄居在大伯身边,因此养成了木讷、内向的性格。这个性格是有缺陷的,因为有缺陷,所以常常被同学欺负。那时的梅兰芳实在不懂得多少道理,他并不认真读书。因为背不出《三字经》《百家姓》,被老师多次罚打手心。在私塾那样的环境里,梅兰芳当然不是老师喜欢的一类,又经常受到同学欺负,于是破罐子破摔,开始躲避背书,为了不被老师责打而经常逃学。

　　祖母把梅家两房的希望全都寄托在梅兰芳身上,自然是殷殷叮咛,声声劝导。可少年梅兰芳呢?规规矩矩背着书包走出家门,为的只是不让祖母担心,但刚出家门,马上就溜到一条干涸的小河沟旁,把书包塞进沟眼里藏好,根本就不去私塾,而是到处玩。这事,还是被一位戏界的大师发现了。一天,梅兰芳跟往日一样走出家门,溜到那条小沟旁,正要将书包往沟眼里塞,一只大手却将他连人带书包拎了起来,而且将他拎往一旁的井台,边走边骂:"不念书,竟逃学,看你还逃不逃了!"这位是谁?此人乃当时很有名气的名武生杨小楼。梅兰芳以为杨大爷要将他摔到井里,连声求饶:"大叔,饶了我吧,我不逃了,我再也不逃学了。"杨小楼问:"那你今后好好念书不?"梅兰芳礼貌回答:"我好好念,好好念,大叔您饶了我吧!"杨小楼跟梅家祖上是很要好的朋友,当然不肯梅兰芳浪荡下去。从此之后,杨小楼常常背着梅兰芳到学校,有时路上还给他买串糖葫芦,一边走一边讲故事给梅兰芳听,都是些励志方面的故事,这对梅兰芳来说,简直就是雪中送炭。要说也怪,此后,梅兰芳不再逃学,书也奇迹般念得好起来。

　　3. 采众之长

　　1894年,梅兰芳出生,梅家的日子已不如从前,所以说梅兰芳生不逢时。但京剧的发展却相反,因慈禧喜欢京剧,京剧得以勃兴,梅兰芳又生于梨园世家,从这一点上讲,梅兰芳生逢其时。此后的事实也证明,梅兰芳是生逢其时的。

　　梅兰芳虽遭家庭不幸,但总体上讲,梅兰芳是很幸运的,因为在他事业之路上,很多当时的名家正"站在一旁"等着教他,这都源于梅巧玲的乐善多施,在梨园界赢得了一致的推崇。除了吴菱仙自告奋勇担当梅兰芳师傅,梅兰芳的姑父秦稚芬,对梅兰芳成长也有功,此人精通技击,擅长书法,喜欢研究历史,熟读《通鉴》,与梁启超、罗瘿公、魏铁珊为文字交,为人仗义,有古侠士风,他不仅是梅兰芳的启蒙恩师之一,还多次以武力保护过梅兰芳。陈德霖、王瑶卿等都曾给梅兰芳很大帮助。

　　谭鑫培和杨小楼两位,当时可是北京城里数一数二的大腕。但他们就愿意力捧梅兰芳,这就使得梅兰芳能够迅速出头。到1917年时,北京已经形成了"谭、杨、梅鼎足三分"的局面(谭逝世前)。梅兰芳从"二牌"一举成名为梨园名角,沪上演出,是梅兰芳演艺生涯的重要转折,梅兰芳声名从北京扩展了到上海,更重要的是,这里是梅兰芳施展才艺的另一重要的大舞台。1913年,梅兰芳赴沪演出,一举成名。但梅兰芳谦虚好学,在排演时装新戏和古装新戏(京剧)的空闲,他始终不忘学习昆曲。当时,北京的昆曲已日渐衰落,梅兰芳仍每周请乔蕙兰教授昆曲三四次,还多次向谢昆泉、孟崇如、屠星之等昆曲名家请教。《牡丹亭》曲谱,梅兰芳就曾请教过名家俞粟庐,迁居上海后,还向俞振飞、丁兰荪等学习、请教。而曲文方面,则经常请罗瘿公、李释戡等朋友讲解,这样一来,梅兰芳不仅能深刻理解人物和剧情,还能更生动地表现戏中人物情感。

　　初到上海,梅兰芳对那里的一切都感到新奇,因此不放过任何学习机会。他观摩《黑籍冤魂》《黑奴吁天录》等表现近代和当代题材为主的"新戏",看欧阳予倩的春柳社演出的《不如归》《茶花女》等话剧,参观上海新式舞台的灯光和一些演员的化妆方法以及服装式样的设计,这些对梅兰芳的艺术思想产生了积极影响。

　　此外,梅兰芳还得到了所谓的"梅党"中人的帮助。梅兰芳在北京的书斋名为"缀玉轩",抗日战争时期移居上海,上海的书斋名为"梅花诗屋"。"缀玉轩"开始时并不是书斋名,而是早年支持梅兰芳的人组成团体的名字,其实就是梅兰芳的"智囊团",这些人后来被称为"梅党"。其中有齐如山、冯幼伟、罗瘿公、王梦白、陈师曾、齐白石、姚茫父等人,这些人都是文化界的名流,这就使"缀玉轩"充盈着浓厚的文化艺术气氛,也使梅兰芳不再局限于狭小的戏曲天地里。"梅党"不仅为梅兰芳在演剧方面出谋划策,也使梅兰芳身上增添了不少文化素养。

4. 世事难料

1900年(光绪二十六年),八国联军打进北京。这些人在北京烧杀抢掠,无恶不作,烧毁掉世界著名的皇家园林圆明园就是其中一例。但当时最令北京年轻女人们担心的是"被奸"。梅兰芳的母亲杨长玉当时只有24岁,为躲避兵匪,不得不每天化妆,用煤炭将脸涂黑,躲着不敢见人。

当时,梅家已卖掉李铁拐斜街的老宅,搬到百顺胡同居住。梅雨田夫妇和他们的女儿加上梅兰芳母子和祖母陈氏及两个姑母一家八口租住三间房。考虑到百顺胡同房浅窄,洋兵很容易闯入,杨长玉带着儿子梅兰芳回娘家居住。杨隆寿家其实也不安全,杨长玉在娘家也不能随处走动,整日躲在杨家摆砌末(即道具)的房里。一天,几个洋兵冲进了杨家,每个房间绕过后执意要进杂物房看看,杨隆寿把着门不让进,洋兵竟拔出枪来恐吓威胁了一番。洋兵离去,杨隆寿受惊吓过度,病倒了,这一病竟再也没能站起,不久即离开人世。杨隆寿死后,杨长玉只好带着梅兰芳回到梅家。梅兰芳后来能够做到蓄须明志,不做外国人的走狗,跟他少年时经历有关。

5. 情趣意趣

相比较于家国之伤,青少年时期的梅兰芳对于自己的先天不足还是有很多办法的。

人们总在称赞梅兰芳演出时的眼睛"一笑千古春",但他天生一双下垂眼皮,梅兰芳是怎样消除这种先天不足的呢?

17岁时,梅兰芳开始养鸽子,一开始只是喜爱,后来逐渐迷恋,因为他发现,经常看鸽子飞行能把下垂的眼皮练得不再下垂。对自己的眼睛,梅兰芳一度很苦恼,但又找不到解决的法子。有一次,他看鸽子飞,发现这样可以锻炼眼力,于是便买了几只鸽子试养。随着兴致的提高,他养的鸽子数量和种类也越来越多。由于鸽子数量太多,梅兰芳开始调整放飞的程序,根据鸽子飞行的能力,一群一群地放,放完为止。鸽子飞在天上,梅兰芳并没闲着,他观察鸽队的飞行状况,并着手训练新鸽。梅兰芳手拿长竹竿,指挥新鸽去追老鸽,不时"教"老鸽驱赶专食幼鸽的鸽鹰。长此以往地望高眺远,他的眼睛不再下垂,转而明亮有神。因为长时间拿着粗壮的竹竿不断挥舞,臂力也不同以往。六旬之后,梅兰芳仍然在舞台上穿着厚重的宫装舞剑自如,这种力气是养鸽子练起来的。《梅兰芳回忆录》中载:

> 我幼年的身体并不结实,眼睛微带近视,眼皮下垂,有时迎风还要流泪,眼珠转动也不灵活。演员的眼睛,在五官中占着极重要的地位。观众常有这样的批评,说谁脸上有表情,谁的脸上不会做戏,区别就在眼睛的好坏,因为脸上只有一双眼睛是活动的,能够传神的,所以许多名演员都有一对神光四射、精气内涵的好眼睛。当时关心我的亲戚朋友,对我这双眼睛非常顾虑,我自己也常发愁。想不到因为喜欢养鸽子,会把我眼睛的毛病治好了,真是出乎意料的一件事。

二、梅兰芳的"梅派"

1. 第一次登台

光绪三十年(甲辰年)(1904年)七月初七,梅兰芳不满10岁,那天,斌庆班在北京广和楼贴演《天河配》。梅兰芳被"抱"上了台,说起来,这是他第一次正式登台演唱,唱的是昆曲《鹊桥密誓》,他演《长生殿·鹊桥密誓》中的织女。为什么是"抱"上台呢?由于梅兰芳个儿小,上不了台,于是师傅吴菱仙把他抱上用道具搭成的鹊桥。这一次的演出,对别人来讲,也许不算什么,但对梅兰芳讲,具有划时代的意义,因为他终于可以登台了。对吴菱仙师傅讲,也具有划时代的意义,因为他看到台上梅兰芳的"大气"(那时的梅兰芳还没有表现出霸气),看着台上的梅兰芳扮相俊美,嗓音圆润,吴菱仙真是看在眼里喜在心上,他知道,梅家有希望了,他的努力没有白费,当然,吴菱仙更希望梅兰芳健康成长。因此散了场后,他便开始分析第一次演出的得与失,要求梅兰芳到了台上之后一定得做到一丝不苟,那样的话,才能早日成角,早日成才。吴菱仙师傅当时仍不敢肯定梅兰芳将来会大红大紫,他只是不想看到梅兰芳骄傲,他希望梅兰芳能够成名,可以成才,可能的话,成为一代名伶,如同梅家祖先那样,扬名京师。

2. 搭班

13岁那年,在众人的帮助下,梅兰芳正式搭班"喜连成",参加日场演出。当时梅家的状况并不理想,就在这年,梅家由百顺胡同迁至芦草园。芦草园这边的房子既小又简陋,梅兰芳身上的担子很重。但这次的搭班,只能属于借台练习,并无包银,老板看情况,给一点辛苦钱。就是这点辛苦钱,对别人是无所谓的,可对长期生活在别人屋檐下的梅兰芳母子而言,已经是破天荒的事了。当梅兰芳手捧辛苦钱,回家郑重地交给母亲时,杨长玉哭了,但这次的哭不完全是痛苦,还有高兴。守寡近10年,儿子终于可以挣钱了,终于熬出头了!梅兰芳呢,豪气顿升,这是男子汉可以支撑家庭时表现出的必然情怀。

可是,杨长玉却没能尽享儿子之福。第二年夏,她就病逝了。14岁的梅兰芳成了无父无母的孤儿。

母亲病逝,对梅兰芳是一个不小的打击,但是,已经出台的梅兰芳,不可以长时间痛苦下去。就在14岁这年,他开始在喜连成附学,并上台演练折子戏,与老生雷喜福、王喜秀,武生康喜寿,花旦侯喜瑞、钟喜之以及搭班的同学周信芳、林树森、王文源等同台演出,白天参加演出,晚上继续师从吴菱仙学戏。梅兰芳还向姑父秦稚芬、伯母的弟弟胡二庚学花旦戏,向茹莱卿学武功,还向王瑶卿、陈德霖、李寿山等老前辈请教,有时间还喜欢坐在戏台旁边看戏,用心揣摩,吸收了许多京剧名家的艺术精华。多方面的学习,使梅兰芳的演技进步较快。

16岁时,梅兰芳身体发育,这对戏行的人来说,是次考验,因为变声期到了,行内称之为"倒仓"。倘若声音变得不好,少则数年,多则十余年的功夫就白费了,演戏生涯也就不得不中断。值得庆幸的是,梅兰芳安然渡过了这一关。

3.梅兰芳艺名由来

1908年(光绪三十四年)秋天,喜连成班主叶春善带班去吉林演出。一天早上,叶春善与开明绅士牛子厚到吉林北山散步,他们边爬山边闲谈演出筹备方面的事。走着走着,被一阵舞剑声所吸引,他们走上前去,一看究竟。只见此人体态轻盈,动作敏捷,剑舞得风声嗖嗖,牛子厚看呆了。此人酷爱京剧,观赏过不少高手的表演,但这样绝伦的剑技,还是不多,于是拍手叫好。舞剑人听到有人喝彩,连忙收剑,向牛子厚躬身施礼:"牛老板,喜群献丑了。"牛子厚问:"你可曾有艺名?"叶春善抢着答:"我给他起了个艺名叫'喜群'。"牛子厚沉吟一阵,这才说:"这孩子相貌举止不俗,久后必成大器,给他更名'兰芳'如何?"叶春善师徒欣然同意,从此,"梅兰芳"这一艺名成为畹华一生的大名。

4.成名

不到20岁的梅兰芳,已经在北京唱红。梅兰芳在上海走红,跟王凤卿密不可分。1913年,梅兰芳与须生王凤卿一起,首次应邀到上海演出。当时,王凤卿驰名南北,梅兰芳乃初出茅庐。王凤卿在戏院老板面前极力提携梅兰芳,推荐梅兰芳演压轴大戏。梅兰芳熟悉的全是青衣折子戏或生旦对戏,单挑大轴是困难的。在王凤卿的支持下,梅兰芳临时向琴师茹莱卿学了刀马旦戏的代表作《穆柯寨》,这出戏人物鲜活,色彩丰富,他甜润大方的唱腔、俊美的扮相和细致的表演,受到观众的赞扬。许多人到戏园子看戏,就是冲着他来的。梅兰芳在上海声名大噪,以22万多张票当选为"伶界大王"。1914年秋,梅兰芳再次应邀赴沪,演了《五花洞》《真假潘金莲》《贵妃醉酒》等拿手好戏,场场爆满,盛况空前,还吸引了不少外国观众,直到年底才返回北京。梅兰芳的声望超过了前辈人,连当时的"京剧大王"谭鑫培也感慨地说:"如今胡子(老生带胡子)唱不过旦角啦!"男旦艺术虽然不是梅兰芳所创,但在梅兰芳手上超过了老生,自此,人们将梅兰芳的演技称之为"梅派",梅兰芳青出于蓝而胜于蓝,终于成为京剧艺术大师。

5. 成名苦恼

时装新戏的产生，发端于上海的京剧改良运动。一股清新的风吹到北京，"玉成班"班主田际云立即尝试，创排了《天上斗牛宫》等时装新戏，开了戏剧表演现代生活题材的先河。随后，他又联合谭鑫培将杭州贞文女校校长惠兴女士因在筹措办学经费时备受侮辱愤而自尽的真实事件编成《惠兴女》搬上舞台。那时的梅兰芳只有11岁，但对田际云已有了好感，这也是其后梅兰芳为什么要搭"玉成班"的原因所在。

1914年年底，梅兰芳结束了在上海的又一次演出，正准备回京，意外得知京城著名戏班"双庆社"老板俞振庭从北京来"邀角儿"，所邀之角正是梅兰芳。此人势在必得，不仅等不及梅兰芳回京，还特地将其嫂子（梅兰芳夫人王明华的姑母）一同带来。但梅兰芳有点为难，因为离京前，他是"翊文社"的人。一面是翊文社的田际云，一面是亲情之俞振庭，怎么办？最后，梅兰芳还是倾向于亲情，勉强答应了俞振庭，但又对俞振庭说："田际云那边，也得有个交代，我们慢慢地想一个两全的办法才行。"

梅兰芳走红，对田际云来讲，是抢得了先机，当然不肯梅兰芳"跳槽"。这不，梅兰芳没回北京，田际云的邀请信就到了，田当然希望梅兰芳继续留在"翊文社"。显然，田际云听到了风声，但还是晚了一步。俞振庭深知梅兰芳从不得罪人的个性，担心回京后架不住田际云的好说歹说而反悔，于是一直伴着梅兰芳回京。刚走出火车站，梅兰芳就遭到"翊文社"及其他班社的争抢。俞振庭紧拉着梅兰芳一路狂奔至"双庆社"事先停在站外的马车边，然后一把将梅兰芳推上了车，马车直驶鞭子巷梅宅。

田际云当天派管事赵世兴赶到梅宅放话："梅兰芳不许搭别的戏班，否则就打断他两条腿，让他永远无法登台。"梅兰芳无言以对，姑父秦稚芬一听火了，决定出面保护梅兰芳。田际云得知梅兰芳去意已决，便让赵世兴带了36个手下手持舞台上用的刀枪棍棒，打向梅宅。好一个秦稚芬，1个对36个，田际云一方居然败下阵去。

武力对付不了，田际云也不想再强硬下去，留人先得留心啊，梅兰芳的心不在你这里，再强留也无用。双方心平气和地坐下谈判，达成协议：梅兰芳再在"翊文社"唱几天，然后转"双庆社"，一场风波就此平息。

三、与梨园名家合作

"且遇酒高歌,逢场戏剧,莫作皱眉事。"(吴泳《摸鱼儿》)梅兰芳之于梨园,首先是博采众长,然后才是"伶界大王"。虽然梅兰芳头上顶了个"四大名旦之首"的名号,但他却从不以此作为噱头,而是诚心对待梨园各家,这种作为,真有乃祖之风。

1. 梅兰芳与谭鑫培及梅家与谭家

谭鑫培规范了老生体系,奠定了整个京剧格局。他的谭派在京剧史上,一直被尊为主流,后来的老生名角余叔岩、马连良、言菊朋、杨宝森等,都是从谭派衍化出来的。谭、梅或说梅、谭,都是京剧界的"望族"。

据史料记载,1879年(光绪五年),谭家先祖谭鑫培与梅家先祖梅巧玲这两位"同光十三绝"中的人物就开始同台演出。当时谭鑫培一度到梅巧玲掌班的四喜徽班搭班演出,后梅巧玲41岁早逝,其长子梅雨田长期为谭鑫培操琴伴奏(载于1905年灌制的《卖马当锏》和《洪洋洞》唱片)。谭鑫培同时又与梅巧玲之次子梅竹芬同台演出,梅竹芬不幸26岁早逝,谭鑫培又与梅竹芬的儿子梅兰芳同台唱戏。梅兰芳心里明白,谭鑫培与梅竹芬、梅兰芳父子演出是照顾故友遗孤,提携新人。对此,梅兰芳是非常感动的。当有人说谭鑫培在舞台上拿梅兰芳开玩笑,梅兰芳连忙解释,"其实像这种即景生情,随话答话,有舞台经验的老演员都能够随机应变,从容答对,不算什么新鲜事","是说不到有跟我开玩笑的意思的"。有人说老谭与梅兰芳合演《汾河湾》闹窑时"杀过河",二人里外走错,梅兰芳说:"这个问题却未免冤枉这个老头儿了,第一这里不可能出错,第二所谓事先托人关照,也没有这一回事,谭老板跟我祖父很有感情,我伯父又替他操琴,我们的关系不算疏远,用不着外界朋友从中再来请托了。这两点大概是他听了旁人的误传来写的。"

在自传中,梅兰芳详细谈到他观摩谭鑫培演出《捉放曹》时的震撼;谈到谭爷爷陪他两次演出《四郎探母》后的感动和感激;谈到他一生最敬佩的人只有两个,一个是谭鑫培,一个是杨小楼,而且郑重宣告,只有这老二位才是京剧艺术体系的代表,他们的名字就代表着京剧。谭鑫培逝世后,梅兰芳又与谭小培、谭富英、谭元寿三代人同台演出。特别是谭富英出科后,长期给梅兰芳、尚小云、程砚秋、荀慧生、徐碧云五大名旦挎刀(即在五大名旦的戏班中搭班演出),由于当时的谭富英已大红大紫,具备了自己的基本观众,有谭富英来搭班对营业大为有益。但1935年汉口演出时,梅兰芳诚恳地对谭小培说:"五叔,我看富英兄弟完全可以独当一面了,跟着我也太委屈了他。您就让他自己闯一闯吧。"谭小培知道梅大爷是为谭家着想,才开始让谭富英自组"同庆社"挑班唱戏。①

1950年,梅兰芳迁居回京,便让23岁的谭元寿陪着17岁的梅葆玖连续演出了10场戏,为的是锻炼梅葆玖。谭元寿与梅葆玖合演《打渔杀家》前,梅兰芳特意让谭元寿到护国寺1号的家中亲自给他们指导,梅兰芳不厌其烦地给谭元寿说明当年谭鑫培、余叔岩、谭富英分别是怎么表演,三者有哪些不同,整整在梅家的院子里排练了一整天。演出那天不但梅兰芳在台下看戏,还特别请来早年陪谭鑫培演出《打渔杀家》的老搭档、曾经给梅兰芳传授这出戏的王瑶卿老先生亲临指导。算起来,梅谭两家的情意,长达140余年。梅葆玖曾说:"当年谭老祖陪我们梅家唱了三代,父亲梅兰芳陪谭家唱了四代,我父亲逝世周年的时候,一年多因病没唱戏的谭富英先生,破例带病陪我唱了一场《大登殿》,我这辈子也忘不了。咱们哥俩合作快60年了,我也陪孝曾唱过,今儿个又陪正岩唱,我也算是谭家四代老臣了。谁让咱们两家过得着呢!"

2. 梅兰芳与杨小楼

1917年,谭鑫培病逝,在生行舞台上独领风骚的便是后来被尊为"国剧宗师"的杨小楼。这时,梅兰芳是旦行翘楚。于是在戏曲舞台上,便形成了"梅、杨并世"的局面。

梅兰芳幼时是个逃学的孩子,杨小楼已经成名。他将小梅兰芳扛在肩头送去学堂。

梅兰芳刚刚有点名气,一次义演,谭鑫培被安排演大轴,压轴戏由杨小楼担当,梅兰芳和王惠芳的《樊江关》被安排在倒数第三出。由于那天

---

① 梅兰芳:《梅兰芳回忆录》,东方出版社,2013年版,第511—514页。

晚上梅兰芳另外还有几出堂会戏,一时未能赶回来,杨小楼的压轴戏便顺理成章地提前上演,却引来观众的强烈不满,他们大声责问戏院老板"梅兰芳为什么不来",并纷纷表示"梅兰芳不来,我们要求退票"。杨小楼的整出戏就在满场喧嚷声中草草收场。这时,梅兰芳匆匆赶到。他一出场即引来喝彩声一片,然后全场安静下来。杨小楼面子一时磨不开,下台后一句话没说转脸就走。

1916年,梅兰芳与杨小楼有了第一次合作。他们同时被朱幼芬的"桐馨社"邀请,搭班演出。

"崇林社"是梅兰芳和杨小楼合组的一个戏班,成立于1920年冬。因两人的姓都是木字旁,两"木"合而为"林",所以取名"崇林社"。虽然"崇林社"因杨小楼生病而只维持了短短1年多,但却成就了一部传世名剧《霸王别姬》。有人曾评:"只有梅兰芳与杨小楼合演,才是真正的霸王别姬。"

"九一八"事变后,梅兰芳迁往上海,4年后返回北平在能容纳3000余人的最大剧场"第一舞台"演出。在正式演出之前,他听说杨小楼在"吉祥戏院"演出,每场最高票价为每张1.2元。有人劝他一定要将票价定在每张1.2元以上。梅兰芳不由想起多年以前与谭鑫培打对台的事。如果说上次他事先不知情而错不在他的话,那么此次他若再打一次对台的话,就不免是故意为之了。况且他觉得杨小楼与谭鑫培一样是自己的长辈且关系非同一般,所以无论如何也不能让杨小楼下不来台,于是他坚持票价只能定在每张1.2元。

1936年春,梅兰芳在短暂回北平期间,前往探望杨小楼,劝他说:"您现在不给汉奸唱戏还可以做到,将来北平也变了色怎么办,还不如趁早也往南挪一挪。"杨小楼很从容地说:"很难说躲到哪儿去好,如果北平也怎么样的话,就不唱了。我这么大岁数,装病也能装个十年八年,还不就混到死了。"1年后,北平沦陷,杨小楼果然称病不再登台。又一年,杨小楼去世了,梅兰芳闻此噩耗悲痛不已。

3. 梅兰芳与王瑶卿

王瑶卿是皮黄"后三鼎甲"活动后期青衣行当内一位承前启后的关

键人物。他从陈德霖那里,继承了昆曲经200年的历史而积累下的丰厚学养;他开启了梅兰芳后来变革青衣行当的历史先河;他史无前例地创造了"花衫"表演手法,极大丰富了京剧旦行的艺术手段。可惜王瑶卿正当壮年时嗓子坏了。梅兰芳学艺时,受到王瑶卿的濡染,并且直接从他那里得到了好处。梅兰芳因为伯父梅雨田的关系,向他学了《儿女英雄传》《二本虹霓关》等戏,平时也常向他请教。王瑶卿虽说愿收梅兰芳为徒,但却坚持不行拜师礼,理由是论行辈,他和兰芳是同辈,理应兄弟相称。于是,他俩亦师亦友。王瑶卿教演戏又教做人,他将他的拿手戏《虹霓关》毫无保留地传授给了梅兰芳,而在梅兰芳学会此戏并上台演出后,王瑶卿却再也不唱这出戏,表现了艺术家"让戏"的高尚品德。受恩师影响,梅兰芳日后收徒教戏,也是如此。

"花衫"由王瑶卿首创,将"花衫"发扬光大并赋予新内容的是梅兰芳。王瑶卿称得上是梅兰芳的引路人。

4. 梅兰芳与荀慧生

荀慧生戏名叫白牡丹,善演花旦小戏,如《小放牛》《胭脂虎》。因为捧他的观众太多,还分为两派,互相竞争,白牡丹一出台,台下立刻大乱,甚至飞茶壶。荀慧生大放异彩在1925年,他在王瑶卿、陈墨香的帮助下,完成了《玉堂春》的改编,其在下层观众中受到的欢迎一度超过了"四大名旦"的其他三位。但就总体实力而言,荀慧生比不上梅兰芳。梅兰芳跟荀慧生、程砚秋、尚小云都是京剧界的名角,人称"四大名旦",梅兰芳位列第一位。梅兰芳在其成长的过程中,并不是一帆风顺的,对手不少。民国初年是王蕙芳、1923年起则是尚小云,程砚秋在1922年、1923年两赴上海,风靡沪上,但真正成为梅兰芳的对手则是在1933年。私下里,梅兰芳跟荀慧生来往虽然不多,但交情尚在。

5. 梅兰芳与程砚秋

程砚秋原名艳秋,同仁堂乐十三爷和罗瘿公力捧而出,经老青衣陈德霖提拔才露头角。但他往往不肯与梅兰芳同台出演。

跟尚、荀不追梅兰芳相比,程砚秋却总想胜过梅兰芳,虽然他曾拜梅兰芳为师。罗瘿公知道梅兰芳的"人缘"好,"党徒甚胜",特别提醒程砚秋注意谦虚有礼，所以"梅、程之间尽管激烈竞争，彼此一争高下，却都是不露声色，不动肝火，一副温良恭俭"（章诒和语）。程砚秋有着典型的男子汉大丈夫的气派，吴祖光导演曾回忆说："他抽烟抽的是粗大的烈性雪茄烟，喝酒也喝烈性的白酒，而且酒量很大，饮必豪饮。"

1927年，程砚秋只是四大名旦中的老四，到1931年却连推《荒山泪》和《春闺梦》，以影射政治时事，与国民党元老李石曾对中原大战和蒋桂之战的批评互相唱和，一时反响极大。当时的戏评家将他捧上了天。他跟中国银行总经理张嘉璈抓住退还庚子赔款的时机，在南京成立戏曲音乐院，李石曾任院长，程砚秋任副院长兼北平分院院长，笼络了许多名流担任教师，又频频让戏给学生，使其忠诚于"程派"路子。梅兰芳美国之行可谓声势浩大，程砚秋独辟蹊径，1931年深秋只身游学欧洲，在法国发表了《中国戏曲与和平运动》的演讲。能用法语公开演讲，并筹备下一步去欧洲演出，目的都是为了赶超梅兰芳。

1936年，当梅兰芳坚持不与杨小楼打对台时，程砚秋却实实在在地与师傅打了一场对台。当时，梅兰芳是久别北平后的首次露面，与之配戏的有老生王凤卿、王少亭等，还有老生杨盛春，小生程继仙、姜妙香，丑角萧长华等，阵容十分强大，且票价又仅为每张1.2元，演出剧目多是梅派名剧，自然引得观众蜂拥而至。在这种情况下，其他名伶自知敌不过而暂时歇演，就连杨小楼，也不过每周日露面演一次。程砚秋却不避师傅锋芒，执意在前门外的"中和戏院"每周演出两场。到底还是梅兰芳的影响力强，徒弟终没有敌过师傅。支持程砚秋者也有不少，他们觉得他能够不惧师傅声威，勇于接受挑战的精神着实令人敬佩。10年以后，在上海，梅兰芳与程砚秋无意间又遭遇了第二次对台。当时，有人拭目以待，有人想看热闹。跟前一次相比，担心梅兰芳的人多了许多。原因是相对来说，程砚秋此次的演出阵容要强于梅兰芳。从年龄这个角度来说，虽然两人都于抗日战争期间罢演，但梅兰芳已年届五十，而程砚秋则刚满四十，正值盛年。程砚秋也预感到此次对台对师傅有诸多不利，便特别到梅宅向师傅致歉。梅兰芳却很大度地安慰弟子，让他放心去演。对台结果是：打了个平手。

1942年9月,在前门火车站被日伪铁路警宪便衣搜身,程砚秋把他们全部打翻在地,此后宪兵和特务一直盯着他。第二年3月,程砚秋在北京海淀青龙桥、红山口、黑山扈等处购地务农,闲来读史书。周恩来总理对程砚秋极为欣赏,解放北平刚进城时,就亲自造访他在报子胡同的家。1957年入党时,周恩来和贺龙是其介绍人。并提出了要求:"你在旧社会中孤芳自赏,不与恶势力同流合污,是很可贵的;但是在新社会中仍然这样做,就容易脱离群众,走向反面……"

梅、程同为花旦,一柔一刚。台湾戏曲研究家齐崧说:"如果听梅兰芳的戏是等于吃鸦片,那么听程砚秋就等于是打吗啡。因为吃鸦片尚有戒除的可能;而一旦打上吗啡,则很难了,最后唯有以身相殉。"

程砚秋1958年3月去世。

6. 梅兰芳与齐如山

齐如山(1875—1962),戏曲理论家。河北高阳人,世居北京。齐如山的祖父齐竹溪和父亲齐禊亭,两代都是进士。齐如山自幼即受到良好的文化教育,早年留学欧洲,曾涉猎外国戏剧。齐如山尽其毕生心力研究中国戏曲。将近40年的时间内,他曾访问过京剧界老角名宿达三四千人,记录下丰富生动的原始材料,并从古代经籍、辞赋、笔记、风土志以及西方有关的心理学、戏剧理论著作中寻找线索和印证,最后整理归纳为著作,主要有《说戏》《观剧建言》《中国剧之组织》《京剧之变迁》《脸谱图解》《梅兰芳艺术之一斑》《梅兰芳游美记》等30余种。齐如山提出"无声不歌,无动不舞"的论点,是对中国传统戏剧精练、准确的概括,他晚年的著作《国剧艺术汇考》内容丰富,考据周详,将有关京剧艺术的种种问题,擘肌分理,予以客观精审的考证,为京剧研究提供了一部充实完备的参考书。

人称齐如山是梅兰芳的"幕后高参"。1913年的一天,他听说梅兰芳、谭鑫培在天乐茶园演出《汾河湾》,就慕名去看。可是看完之后,他觉得很不满足,心想像梅兰芳这样嗓音圆润、扮相俊美、身段灵活的旦角不可多得,然而剧本的硬伤却影响到梅兰芳才艺的发挥。回家后,他给梅兰芳写了封长信,指出饰演薛仁贵的谭鑫培在寒窑外述说当年与柳迎春结合的经过时,而梅兰芳饰演的柳迎春却无动于衷,没有动作,没有反应,这是不符合当时的情景的。这样处理损害了剧情,也损害了人物创造。梅兰芳收到他的信,仔细阅读,觉得这位陌生观众说得很有道理,下次演出时,就在寒窑一场戏里加了些与薛仁贵相应的动作,立刻引起了一片掌声。饰演薛仁贵的谭鑫培听到掌声觉得很蹊跷,心里很纳闷:这出戏我不知唱了多少遍了,以前没有过掌声,这回是怎么回事?侧目一看,原来是梅兰芳在做动作,与他相呼应。

此后不久,梅兰芳将齐如山请到家里,畅谈戏剧的剧本和演出,并请他介绍欧洲的戏剧信息。由此他们成了好朋友,经常聚会与往来。每逢梅兰芳排演新戏都要请齐如山来观赏和提意见。1935年夏天,梅兰芳找到齐如山,请他编出新戏,参加中秋节会演。齐如山与李释戡一起为他编了出《嫦娥奔月》,并且根据剧情重新设计服装和演出动作,还突出了歌舞的特点,做到唱、做并重。这对于传统的青衣是个大跨度的进步。这出戏在中秋节会演时,获得震撼性的好评。从此,梅兰芳与齐如山的合作更为密切,从1915—1925年的10年间,齐如山为梅兰芳创作或改编了二十多出剧目,如《黛玉葬花》《千金一笑》《天女散花》《麻姑献寿》《上元夫人》《木兰从军》《红线盗盒》《霸王别姬》《西施》《洛神》等都是出自齐如山之手。这些剧目对帮助梅兰芳形成雍容华贵、清新典雅的演出风格至关重要,因此1928年4月15日的北平《晨报》刊登了剧作家罗瘿公的一首《俳歌调齐如山》,诗中写道"梅郎妙舞人争羡,苦心指教无人见",赞颂了齐如山这位幕后英雄。齐如山曾在北平女子文理学院任教。

民国初年,齐如山为刚刚崭露头角的梅兰芳编写了大量新戏,如《天女散花》《廉锦枫》《洛神》《霸王别姬》《西施》《太真外传》《凤还巢》等,并进行排演。在舞蹈动作、服饰化妆、剧本文学性各方面皆卓有创造,开一代新风,为梅兰芳创建独树一帜的梅派艺术打下了牢固的基础。

1930年齐如山精心策划了梅兰芳访美演出。梅兰芳带领演出团在美国的纽约、华盛顿、旧金山、洛杉矶、西雅图等大城市演出72天。每场演出都赢得暴风雨般的掌声,每次梅兰芳谢幕都多达15次以上。

1931年与梅兰芳、余叔岩等人组成北平国剧学会,并建立国剧传习所,从事戏曲教育。

1948年齐如山定居台湾。1961年夏天,在台湾的齐如山得知梅兰芳去世的噩耗,不顾已经85岁的高龄,撰写了《我所认识的梅兰芳》,来怀念老友。

1962年齐如山因在看戏时突发心脏病,逝世于台湾。

7. 梅兰芳与卢文勤

卢文勤(1928—2000),著名戏曲声乐研究专家、京剧梅派研究专家、梅兰芳晚期琴师。泰州城区人,中国戏曲声乐研究的奠基人。

> 1948年秋,梅兰芳的演出季,但王少卿却生了病。卢文勤受梅兰芳安排,进入梅兰芳剧团伴奏乐队,专门为梅兰芳操琴。第一次为梅兰芳演剧操琴是在上海中国大戏院,梅兰芳唱《霸王别姬》。卢文勤的琴技,吸收了王少卿飘逸潇洒的演奏特点,"手法细腻而刚劲,托腔千变万化,单双弓交替使用,随腔则若即若离,与锣鼓配合尤为紧凑",下场间隙,梅兰芳特意去看望卢文勤,鼓励他说,别害怕,沉住气。散场后,梅兰芳摸了摸卢文勤的头发轻声说,真不错呀,台下一点没有感到"场面"换人了。①

卢文勤为梅兰芳台下吊嗓操琴,为梅兰芳台上演出伴奏,很快成为当时国内著名的"四大琴师"之一。

为了京剧梅派艺术的继承和发展,卢文勤不遗余力。他撰写的《梅兰芳戏剧美学观》《梅兰芳京剧表演艺术之探讨》《梅兰芳与美》等梅派艺术论文,都以其鲜明的论点,在京剧界产生了很大的影响。

1979年,卢文勤参与了"上海梅兰芳艺术研究小组"的筹建,后与吴迎合作整理出版了《梅兰芳唱腔集》等梅派艺术专著,被认为是梅派艺术研究工作的重要成果。

1984年,卢文勤的专著《京剧声乐研究》由上海文艺出版社出版。京

---

① 卢文勤:《戏曲声乐教学谈》,北岳文艺出版社1991年版。

昆表演艺术家俞振飞在其书序中写道：

> 京剧的历史已有200余年矣，前辈艺术家们在用嗓、行腔吐字等方面积累了丰富的技巧和手段，在过去许多记载中也谈到过这些经验，但是，科学地系统地整理成为专门著作，迄今为止，确还没有见到过。特别是如何把中外歌唱艺术结合起来，加以融会贯通，升华为理论，更是鲜见成书。
>
> 卢文勤同志从事京剧音乐工作30余年，熟悉京剧各个行当和各种流派的行腔、唱法，同时对声乐理论如何使用头腔、口腔、胸腔等共鸣发音部位，进行过多年的探索与实践。他发现我国民族戏曲和西洋歌唱的发声方法，有不少是相同或相通的。

1991年，卢文勤的又一部专著《戏曲声乐教学谈》由北岳文艺出版社出版。卢文勤把自己的一生全部奉献给了我国的戏曲事业，他在晚年曾准备再写一本《中国戏曲声乐美学》，并与他人合作编撰一本《中国戏曲声乐概论》。作品未成，他却因病过早地离开了人世。

8. 梅兰芳与俞振飞

20世纪20年代，梅兰芳已经是誉满大江南北的红角，也是俞振飞心仪已久的偶像。梅兰芳每次来沪演出，俞振飞每场必看。不仅看，还要"偷"——"偷戏"。俞振飞演出的《贩马记》，就是"偷"的梅兰芳和姜妙香演出的版本。梅兰芳在演出方面敢于大胆革新，这给俞振飞留下了极好的印象。有一天，上海海关监督姚文甫请梅兰芳吃饭，邀请俞粟庐、俞振飞父子作陪。从那以后，梅兰芳与俞振飞的交往便多了起来。后来，俞振飞干脆加入了梅剧团，成为梅剧团重点骨干人物之一。

9. 梅兰芳与姜妙香

姜妙香（1890—1972），京剧演员，中国共产党党员，直隶献县（今属河北）人。幼年从田宝琳习青衣，出师后常与王凤卿、贾洪林同台合演。后因病嗓音转暗，遂拜冯慧林、陆杏林为师，改习小生。演戏认真，一丝不苟。《四郎探母》之杨宗保巡营一场，一般只唱两句摇板，姜恪守成规，坚持唱足整段"娃娃调",后来演唱者也竞相仿效。1916年前后,姜妙香与梅兰芳合作演出《玉堂春》,二人珠联璧合,倾倒观众,传为佳话,自此也开始了他们二人长达46年之久的艺术合作之路。姜妙香长期为梅兰芳配戏(其小生角色均由姜充任),如红楼戏中之贾宝玉、《玉堂春》之王金龙、《白蛇传》之许仙等,姜配合严密,与梅兰芳默契很深,成为梅的得力助手。姜妙香爱好绘画,擅画牡丹。姜妙香为人正直,有"姜圣人"之誉。

10. 梅兰芳与徐兰沅

徐兰沅(1892—1977),京剧琴师,曾被梨园界誉为"胡琴圣手"。原籍江苏省苏州吴县。生于北京。父徐宝芳,工小生,与名小生朱素云为同时期的演员,唱做尚可,因身体矮小,未享盛名。徐宝芳之妻是"四喜班"吴巧福之长女,婚后生五子三女。徐兰沅为长子。

1908年(光绪三十四年),17岁时的徐兰沅,经杨小楼先生介绍,拜南府著名音乐教习方秉忠为师,以后又向名鼓师沈宝钧、王景福、刘顺等学习武场。1911年(宣统三年),他正式登台为名旦吴彩霞操琴。1911—1912年加入俞振庭的春庆社拉胡琴,为何桂山、刘永春、俞振庭等操琴。1913年又到富连成拉胡琴。徐兰沅还为高百岁、马连良、侯喜瑞、筱翠花等伴奏过。1914年秋正式为伶界大王谭鑫培操琴,直到谭老病逝为止。1921年梅兰芳赴香港演出之前,琴师茹莱卿忽然患病,不能相随南下。茹先生来求徐兰沅替他去一趟,就这样徐兰沅陪梅兰芳赴港。演毕回京,茹先生的病仍不见好,从此包括赴美、赴苏,徐兰沅正式为梅兰芳操琴,二位合作长达28年之久。由于徐兰沅长期为梅兰芳操琴,对梅派唱腔特点了如指掌,因此不少梅派传人请他说腔,如言慧珠、陆素娟受徐兰沅指授不少。在京剧音乐研究创作之余,徐兰沅还经营了京胡制造销售的老字号——"竹兰轩",地点在和平门外南新华街路东。1977年1月8日,徐兰沅病故于北京宣武区(现西城区)永光寺中街寓所,终年85岁。

张伯驹《红毹纪梦诗注》有七绝云:"腔调谭梅知最深,戏材积似等身金,不来兰竹轩中看,谁解胡琴是八音?"说的就是曾经与谭鑫培、梅兰芳两代伶王合作过的名琴师徐兰沅。"伶界大王"梅兰芳"梅派唱腔"以"中正平和,淑丽典雅"流行于世,便是得自两位琴师徐兰沅的京胡、王少卿的京二胡的助力与衬托。徐兰沅常说:"人主我配,一定要让角儿唱得舒坦如意,所以对于尺寸、垫头托腔、气口、过门都要细心琢磨、因人而施,才够得上是把胡琴。"

四、梅兰芳改革京剧

《辞海》对"戏剧"一词的解释是:综合艺术的一种,由演员扮演角色,当众表演情节,显示情境的一种艺术。"无声不歌,无动不舞"是中国戏曲的特色,梅兰芳的成功,取决于他在艺术上的创造。

戏剧性指的就是离奇与不平常。梅兰芳特别注意舞台演出效果及舞台的布景。舞台美术泛指在以演员为主体的演出艺术中,创造出角色和环境空间的视觉形象的造型。剧场是一个提供戏剧表演场所的建筑物,它主要包括舞台、后台、观众席以及必要的舞台附属设施。舞台作为演出场所,是艺术家和观众进行审美交流的共享空间。近现代舞台一般可以分为镜框式、伸出式、中心式等几大类。写意舞美是戏剧的重要组成部分,是一种综合艺术形式,它包括舞台美工、灯光、音响、服装、道具、化妆、特技及舞台技术管理等,是戏剧及其他演出艺术中除表演以外的各种造型因素的统称。它通过视觉传达的方式来表现戏剧的内容。梅兰芳之于京剧的改革,是从舞台开始的。

舞美视觉传达情感,从唐代的"露台"到宋朝的"瓦舍",戏剧舞台雏形初显,在19世纪20年代西方"镜框"舞台引入之前,与西方写实主义的戏剧不同,中国戏剧舞台始终是一个空灵写意的结构,表演强调"得意忘形",不刻意创造逼真的戏剧布景,通常只有空台、庭院、上下场门、座椅、伴奏乐队等简单道具,从某种程度上说,中国传统戏剧的情感写意是被动依赖于演员表演的。

因为梅兰芳对戏剧的贡献,有人把他的演出及想法概括为世界三大戏剧理论体系之一。1981年8月12日的《人民日报》,发表了著名导演黄佐临的《梅兰芳、斯坦尼斯拉夫斯基、布莱希特戏剧观比较》一文,立即引发了一场历时数年的有关"戏剧观"的争鸣,影响深远。1982年年初,上海戏剧学院教授孙惠柱在《戏剧艺术》上发表题为《三大戏剧体系审美理想新探》的长文,认为"斯氏体系""特别着意于真","布氏体系""特别着意于善",而"梅氏体系"则"主要着意于美"。之后,"三大戏剧体系"沿用成一种通用话语,作为"常识题"。布莱希特在莫斯科第一次观看梅兰芳的演出后,极其兴奋,认为发现了他梦寐以求的"特殊效果",还专门写了《中国戏曲表演中的陌生化效果》一文,就在这篇文章里,布莱希特第一次提出了他最著名的戏剧思想——"间离效果"。1930年,梅兰芳带着《汾河湾》《刺虎》等京剧赴美演出获得空前的成功。七尺须眉,竟然能演得比女人还女人,这让西方艺术家惊讶万分:"戏还可以这样演。"之后,美国剧作家桑顿怀尔德撰写的剧作《我们的小镇》,便借鉴京剧的演出方式,模仿中国戏曲"景在身上"的特殊艺术效果,舞台上空无一物。

　　梅兰芳之于中国戏剧的改革,正是建立在歌舞方面。初次去上海演出即获得巨大成功,但那回演出最大的收益不是经济,不是名誉,而是对戏剧发展的认识。从上海回到北京,他开始创作《一缕麻》等反对封建包办婚姻、揭露官场黑暗的时装新戏,推动京剧艺术的革新。不久,又尝试排演古装新戏《黛玉葬花》等,刻画追求自由和幸福的妇女形象,创新妇女装束和扮相,丰富了京剧舞台服装,使古装新戏为观众喜闻乐见。同时,他综合青衣、花旦、刀马旦的表演特点,创造出特有的表演形式和唱腔——梅派。

　　"梅派"的特点是从没有特点中体现出来的。但梅兰芳并不是随便改戏,在改革戏剧时,他十分小心。

> 正是这种谨慎小心,在继承中求发展的创造精神,使梅兰芳在师承方面,将陈德霖的刚健和王瑶卿的柔婉结合在一起,形成了自己刚柔兼济的风格;在演技方面,集唱、念、做、舞于一身,使之成为一个有机的整体,从而完善了花衫行的创造;在剧目方面,既演京剧、昆曲等传统老戏,又演"老戏装的""时装的"以及"古装的"新戏,但在实践中他很快纠正了不顾自身特点上新剧目的盲目,停止了对当时被人视为时髦的时装戏的演出。也正是这种精神,使梅兰芳最大程度上赢得了他的观众,成为整个京

剧的代表人物。与梅兰芳合作多年的徐兰沅对此深有体会,他说梅兰芳的艺术是"曲高和众",因为它"平易近人",简单易学。当然,真正学好也不容易,可谓"易学难精"了。①

对于戏曲规律的把握和终身履行不二,是梅兰芳成功的一个极其重要的因素。

1. 唱念做打的改革

梅兰芳嗓音脆、亮、甜、润,宽圆具备,难得的是又甜又亮,甜而不宽,恰到好处。梅兰芳精通音律,五声尖团用而不混。成名之后,梅兰芳无腔不新又无腔不似旧(传统),其打破藩篱的"南梆子"唱腔,前所未有。如在"南梆子"中加"哭头"(《春秋配》),"南梆子"转快流水以及反四平调(如《太真外传》的"盘舞""出浴"等),是梅派创新板腔。梅的唱法,革新之处在于柔化无痕,结合人物思想感情,做不同的处理。如同样一句"哎呀儿的娘啊",《春秋配》里的姜秋莲使高腔如绛去在霄,《御碑亭》里的孟月华则唱低腔似落花委地、摇曳纡折,盘而后出。一个是少女,一个是少妇,同样的一句"哎呀儿的娘啊",身份不同、情况不同,唱法也就不同。在《生死恨》《凤还巢》《洛神》等很多梅派剧目中,梅兰芳所创造的优美动听的二黄和西皮的慢板、原板、二六、快板及二黄的唱腔,都给旦行声腔的丰富和发展,起到了承前启后的作用。

梅兰芳的念白,抑扬顿挫,句读分明,越是高音越甜润。如《女起解·会审》"苦哇",好像甜菜的"拔丝山药"之类,拔得越高则越细而长,不但袅袅不断,而且显出金色的光彩。《宇宙锋》金殿骂秦二世一段,能从念白中分出喜、怒、忧、思、悲、恐、惊来,不但字字珠玑,而且口、眼、身、手面面俱到。

在总结编演时装戏的经验教训时,梅兰芳说:

---

① 徐兰沅:《略谈梅派艺术的"神""味""美"》,《梅兰芳艺术评论集》,中国戏剧出版社1994年版,第417页。

> 京剧表现现代生活，由于内容和形式的矛盾，在艺术处理上受到局限……吊眉眼、贴片子、长水袖、宽大的服装……一举一动，都要跟着音乐节奏，做出舞蹈身段，从规定的程式中表现剧中人的生活。时装戏一切都缩小了，于是缓慢的唱腔就不好安排，很自然地变成话多唱少。一些成套的锣鼓点、曲牌，使用起来，也显得生硬，甚至起"叫头"的锣鼓点都用不上。在大段对白进行中，有时只能停止打击乐。而演员离开音乐，手、眼、身、法、步和语气都要自己控制节奏。创造角色时，必须从现实生活中吸取各种类型人物的习惯语言、动作，加工组织成"有规则的自由动作"，才能保持京剧的风格。①

这是从长期舞台实践中得出的认识。梅兰芳不是反对上演现代内容戏，而是认为不应草率地用未经研磨的传统京剧手段去勉强表现现代生活，这样只会对京剧的艺术性有所挫伤，因而他毅然停止时装戏的演出，把精力集中到古装歌舞戏的创作上来，获取了极大的成功。

梅兰芳曾用非常平实的语言将他渐近创造的精神总结为具体的改革原则。他是这样说的：

> 因为京剧是一种古典艺术，有它千百年的传统，因此我们修改起来也就更得慎重，改要改得天衣无缝，让大家看不出一点痕迹来，不然的话，就一定会生硬、勉强，这样，它所得到的效果也就变小了。②

梅兰芳还谈到演员在舞台上的表演，心中要有自己明确的度数把握，他反对"矫枉过正"的做法，认为那样只会错误引导观众的审美情趣和欣赏习惯，但却会对戏曲艺术本身造成不可弥补的伤害。他说：

---

① 梅兰芳：《舞台生活四十年》，中国戏剧出版社1987年版，第299页。
② 徐兰沅：《略谈梅派艺术的"神""味""美"》，《梅兰芳艺术评论集》，中国戏剧出版社1994年版，第417页。

演员在表演时都知道，要通过歌唱舞蹈来传达角色的感情，至于如何做得恰到好处，那就不是一件容易的事情了，往往不是过头，便是不足。这两种毛病看着好像一样，实际大有区别。拿我的经验来说，情愿由不足走上去，不愿过了头返回来。因为把戏演过头的危险性很大，久而久之，你就会被台下的掌声所陶醉，只能向这条歪路挺进，那就愈走愈远回不来了。①

梅兰芳之做工身段，如《长坂坡》的"跑箭"、《汾河湾》的"进窑"、《御碑亭》的滑步及《攀江兵》等，都是学王瑶卿。但梅兰芳糅进昆曲的表演身段，令人感觉到花团锦簇外，照眼皆迷。《宇宙锋》中"脱绣鞋"的蹲身做工以及"摆摆摇"身段，就有了昆曲《南柯记》中《瑶台》的身段。演《生死恨》，尼姑庵逃走有个滑步，臂上搭的包袱眼看落到台上，他忽然来了个挺身突起大转身舞姿，翩似惊鸿，宛若游龙，这是取自《思凡》的身段。从舞姿身段看，《宇宙锋》和《瑶台》，《生死恨》和《思凡》，腰肢步伐之美，看似相同，而神韵意境运用皆有春秋。梅派古装歌舞剧《天女散花》《嫦娥奔月》则创造了各式各样的舞蹈，有绸舞、镰舞、剑舞、盘舞、佾舞、袖舞、拂尘舞等。这些舞蹈，很多脱胎于昆曲，如盘舞昆曲《长生殿》中的"杨妃舞盘"。梅兰芳演戏的身段所以美不胜收，都因为他糅进了大量的舞蹈动作。但他绝不生搬硬套，而是根据历史人物的生活，合情合理地把舞蹈动作糅合进身段。

京剧花衫打法，和武旦、刀马旦不同，主要以干净、准确、漂亮为主。梅兰芳演《虹霓关》，武中寓舞，不以勇猛取胜。《抗金兵》和一般的刀马旦不同。从前单演《战金兵》曾有女《挑滑车》的说法，梅兰芳在《抗金兵》中"起霸""水战"等到场面的舞、打身段，更能融昆、京、舞、武于一炉。梅兰芳的武打戏，虽以"率""美"为主，但分寸把握很准，根据人物的思想感情、身份、地位不同而不同。他师从茹莱卿练武工，曾打下较好的功底，在

---

① 梅兰芳：《舞台生活四十年》，中国戏剧出版社1987年版，第175页。

《花木兰》中加上了"走边"舞蹈,在开打上吸取武小生的打法。梅派武打以舞、武结合,是在"王派"(王瑶卿是把花衫、刀马、武旦的打法糅合而创造的)基础上发展为舞多武少的打法。

2. 形体的改革

梅兰芳一生坚持的、流传最广的戏剧观点,是"移步不换形"。梅兰芳对于京剧的最大贡献是在表演方面,他将人们听戏的习惯改为"看戏",看什么,看他的装备、打扮外,主要还是看他华美的表演。

在其自传里,梅兰芳也曾述说过他在这方面的甘苦:

> 我这四十年来,哪一天不是想在艺术上有所改进呢?而且又何尝不希望一下子就能改得尽善尽美呢?可是事实与经验告诉了我,这里面是天然存在着它的步骤的。①

梅兰芳所尊重的,正是这种千百年的传统和天然的步骤,即戏曲发展的内在规律。基于此,他在《梅兰芳文集》中讲,他"不喜欢把一个流传很久而观众已经很熟悉的老戏,一下子就大刀阔斧地改得面目全非,让观众看了不像那出戏。这样做,观众是不容易接受的"。即使是一个面部化妆的改革,也"首先必须考虑到戏曲传统风格的问题"②。

1949年11月初,梅兰芳在天津进行短期演出期间,接受了天津《进步日报》(前身即《大公报》)记者的专访。他第一次提出了自己对于京剧改革"移步不换形"的主张。

> 因为京剧是一种古典艺术,有几千年的传统,因此我们修改起来,就更得慎重些。改要改得天衣无缝,让人家看不出一点痕迹来,不然的话,就一定会生硬、勉强,这样它所得到的效果也就

---

①② 梅兰芳:《移步不换形——梅兰芳谈旧剧改革》,《进步日报》(天津),1949年11月3日。

变小了。俗话说'移步换形',今天的戏剧改革工作却要做到"移步"而不"换形"。①

梅兰芳不仅在唱、念、做、打方面有所创造与发展,在表情、服装、音乐舞台等方面,也有改革与创新。

由听戏到看戏再到品戏,梅兰芳牵引着京剧走向辉煌。梅兰芳改革旦角的化装,制作出新的服饰,这些新的服饰成为京剧优伶的"私房行头"。他打破以往京剧舞台上的"大白光"的照明,开始尝试使用"五彩电光",给一些神话戏增添奇异气氛。梅兰芳所做的一切都是那么"好看"。戏园子也跟着梅兰芳动了起来,喝茶的长桌撤了,变成一排排座椅,每张椅子都正对舞台。进戏园子不再是"听戏",变成了"观众"。"品戏"又上了一个台阶,属于双向交流(场内与场外,快感与美感,微观与宏观,艺术技巧与文化,古典与现代)。

3. 人物表情

王国维在《人间词话》中说过:"境非独谓景物也,喜怒哀乐亦人心中之一境界。故能写真景物、真感情者,谓之有境界,否则谓之无境界。"这虽是对词作的一种分析,但用之于戏剧表演也很适合,特别是在表达人物情感时的表演,就有境界方面的要求。

梅兰芳善"借"表情。如《贵妃醉酒》的身段和表情,是取之于《长生殿》;《宇宙锋》的装疯,朝着哑奴就真,朝着赵高就假,脸上乍阴乍阳,有真有假,真真假假、虚虚实实,把赵艳容的机智和坚强性格,表现得非常真实生动,这运用了《刺虎》的表情。梅兰芳的人物表情所以能入化境,是因为取精用宏、融会贯通。其晚年排演的一部新戏《穆桂英挂帅》,在"托印"一场戏里,不但撷到了杨小楼在《青石山》中关平"托印"的身段表情,还吸收了《铁笼山》姜维"观星"的动作。通过一系列表演动作,深刻表达出穆桂英复杂的心理活动和爱国女英雄的精神面貌。

---

① 梅兰芳:《赣湘鄂旅行演出手记》,《梅兰芳文集》,中国戏剧出版社1962年版,第110页。

梅兰芳将师傅们教给他的演出技能不断演变,化成不险不怪,看似无圭角,骨子里处处和别人两样。在咬字、念白、舞蹈、音乐、化妆、服装等方面也都做了大胆的改进与创新,青衣、花旦、贴旦、闺门旦、刀马旦等行当类型,从梅兰芳开始,有机而自然地结为一个整体。无论是唱、是念、是做还是打,梅兰芳都已形成了自己独特的风格和特点。再后逐渐形成了自成一体的梅派风格。

他的唱工力求切合剧中人物的思想感情而不过分追求腔调的新奇,所以显得腔圆字正,明快大方;他的做工以细腻熨帖、恰合身分见长;他的道白感情饱满,柔和而响亮;他的武工,不但步法严整、节奏准确、姿态优美,而且透示出一种内在的含蓄。①

4.服装扮相

梅兰芳有很多创新,除化俗为雅、化浊为秀、化板为灵的随时翻新外,他改用古装头面(发髻头饰)和古装褶、裙、帔服等,是参考了中国古代仕女画和女神像、雕塑等。如"拂尘舞""绸舞"等,都是根据古代妇女生活创造出来的适应戏曲特点的古装服饰。"以歌舞演故事"本是中国戏剧的一大特色。"必合言语、动作、歌唱,以演一故事,而后戏剧之意义始全"。因此,全方位的表演尤为重要,那里面包括了形象和意象。《辞海》这样表述"形象":文学艺术是把握现实和表现作家、艺术家主体思想感情的一种美学手段;是根据现实生活各种现象加以艺术概括所创造出来的负载着一定思想情感内容因而富有艺术感染力的具体生动的图画。社会生活和自然界都是文艺作品的描写对象,但文艺作品中的形象主要是指人物形象。文艺作品是通过人与人以及人与环境的关系来描写人物形象的。《辞海》给"意象"的定义是:表象的一种,即由记忆表象或现有知觉形象改造而成的想象性表象。文艺创作过程中意象亦称"审美意象",

---

① 徐兰沅:《略谈梅派艺术的"神""味""美"》,《梅兰芳艺术评论集》,中国戏剧出版社1994年版。

是想象力对实际生活所提供的经验材料进行加工生发,而在作者头脑中形成的形象显现;中国古代文艺理论术语,指主观情意和外在物象融合的心象。"形象"与"意象"来自于不同的审美观照,便产生不同的审美效果。描绘形象应追求"能"与"妙"的"形似"效果,精妙入微地创造出生动的艺术形象,以表现客观物象的惟妙惟肖。而意象表现则讲求"神与逸"、"思与神合"而"臻于化境"的效果,更乐于用"象外""尽意"来表达自己的"内心观照"。

别林斯基曾形象地概括戏剧的形与意:

> 他已经不是那集中于自身感觉着和直观着的内心世界,已经不是诗人自己,他走了出来,在自己的活动所造成的客观现实世界中自己就成了直观的对象;他分化了,成了许许多多人物的生动的总和,戏剧就是由这许许多多人物的动作和反应所构成的。

梅兰芳编演的古装戏,在发式、服装、扮相上都有突破。如他扮演的古代妇女,头饰变了,服装变了,扮相也十分美观。早年,梅兰芳在创编《太真外传》时,在唱腔里留下了可以添加和声的空间,让今天为这些唱段进行交响化编曲的作曲家们能非常自然地填进空间。

在实践过程中,梅兰芳总在不断地提高自己的思想认识,他曾说过:

> 京剧表现现代生活,由于内容与形式的矛盾,在艺术处理上受到局限。比如音乐与动作的矛盾,京剧的一举一动,都要跟着音乐节奏。时装戏一切都缩小了,于是缓慢的唱腔就不好安排,很自然地变成话多唱少。

京剧涵盖了唱、念、做、打,而唱又是其中至为关键的,如果话多唱少,又岂能称得上是京剧?而古装新戏既能完成他创新的梦想,又比较容易解决内容和形式的矛盾。是故,他在《童女斩蛇》后彻底放弃了时装新戏的尝试,转而致力于古装新戏。

5. 词的改革

王国维在《宋元戏曲史》中鲜明地指出:"元剧最佳之处,不在其思想结构,而在其文章。其文章之妙,亦一言以蔽之,曰:'有意境而已矣。'"王国维的解释是:"写情则沁人心脾,写景则在人耳目,述事则如其口出是也。"

可见,戏曲的词句,是需要精心创作的。历史上一些下作的戏子歪曲戏的做法损伤了戏剧本身,但中国古戏的那些高雅词句,就是摆在今天,仍然是值得肯定的优秀文化。梅派戏剧的一个显著的特点就是其戏词的文学性很高。

戏剧产生之初,戏词与诗文是有区别的。经过无数代艺人和文学家们的共同努力,中国传统戏剧的唱词一般都具文学性,而且,越是跟文学家组合得较密切的艺人,其戏剧成果越大。元人罗宗信《中原音韵序》:"世之共称唐诗、宋词、大元乐府,诚哉!"明何良俊《曲论》:"夫诗变而为词,词变而为歌曲,则歌曲乃诗之流别。今二家之辞(指王实甫《西厢记》、高明《琵琶记》),即譬之李杜。"

又如王世贞《曲藻》:"马东篱、贯酸斋、王实甫、关汉卿……辈,遂擅一代之长,所谓宋词、元曲,信不诬也!"

清人邹式全《杂剧三集小引》则谈道:"诗之后而有骚,骚之后而有乐府,乐府而后有词,词亡而后有曲,其体虽变,其音一也!"杨恩寿在《词余丛话》中更是强调:"诗、词、曲固三而一也,诗、词、曲界限愈严,本真愈失!"

戏剧要求在有限空间和时间里反映矛盾冲突更加尖锐突出,戏剧这种文学形式是为了集中反映现实生活中的矛盾冲突,所以说,没有矛盾冲突就没有戏剧。剧本受篇幅和演出时间限制,对剧情中反映的现实生活必须凝缩。梅兰芳在戏曲创作和艺术理论上的精进,完全依靠一批文化朋友的帮助,与文化人的优化结合使梅兰芳一生受益无穷。

梅兰芳结识的最重要的文化朋友是齐如山。甚至有人说,没有齐如山,就没有现在意义上的梅兰芳。齐如山的到来,使梅兰芳如虎添翼。齐如山使梅兰芳逐渐革除了传统舞台上青衣表演的一些陈规陋习,开辟了青衣行当的崭新天地,并以此确立了梅兰芳在旦角表演中的特殊地位。齐如山先后帮助梅兰芳编排了《牢狱鸳鸯》《嫦娥奔月》《黛玉葬花》《木兰从军》《西施》《太真外传》等新戏,在梅兰芳的艺术生涯中发挥了不可替代的作用。

曲词在戏剧中是至高无上的,因此中国古代戏剧理论家的曲本位观念,实质强调戏剧创作的抒情意味,把戏剧纳入诗歌范畴,突出演员演唱诗(曲词)的独立文学意义,这便具备了独特的欣赏价值。《汇苑详注》云:"曲者,词之变。金元所用北乐,缓急之间,词不能按,乃更为新声以媚之。"

在《舞台生活四十年》里,梅兰芳曾深有体会地说过:

> 从前教戏的,只教唱、念、做、打,从来没有听说过解释词意的一回事。学戏的也只是老师怎么教,我就怎么唱,好比猪八戒吃人参果,吃上去也不晓得是什么味。我看出这一个重要的关键,是先要懂得曲文的意思。但是凭我在文字上这一点浅薄的基础,是不够了解它的。这个地方我又要感谢我的几位老朋友了。我一生在艺术方面的进展,得到外界朋友这种帮助的地方实在多得数不清。①

剧本是舞台演出的依据和基础。剧本不像小说、散文那样可以不受时间和空间的限制,它要求时间、人物、情节、场景高度集中在舞台范围内。小小的舞台上,几个人的表演就可以代表千军万马,走几圈就可以表现出跨过了万水千山,变换一个场景和人物,就可以说明到了一个全新的地方或相隔多少年之后……相隔千万里,跨越若干年,都可通过幕、场变换集中在舞台上展现。剧本中通常用"幕"和"场"来表示段落和情节。"幕"指情节发展的一个大段落。"一幕"可分为几场,"一场"指一幕中发

---

① 梅兰芳:《谈不演坏戏和反右派斗争问题》,《梅兰芳文集》,中国戏剧出版社1962年版,第115页。

生空间变换或时间隔开的情节。剧本一般要求篇幅不能太长,人物不能太多,场景也不能过多地转换。剧本中的矛盾冲突大体分为发生、发展、高潮和结尾四部分。演出时从矛盾刚发生就应吸引观众,矛盾冲突发展到最激烈的时候称为高潮,这时的剧情也最吸引观众,最扣人心弦。高潮部分也是编写剧本和舞台演出的"重头戏",是最"要劲"、最需要下功夫之处。梅兰芳之于戏词改革,跟当时的社会环境有关。有关资料载:

> 梅兰芳得天独厚地得到了许多的文化人的帮助,这首先是时代为他打开了大门。以往的历史中,戏曲艺人都是不能与文人平起平坐的,明代藩王朱权说演员都是为了体现我等文人们的创作情怀而在舞台上从事"奴隶之役"的,即使是晚清皮黄巨擘谭鑫培,也只不过被文士们称作"小友"而已。梅兰芳所处的时代,已是"五四"倡导自由、平等、民主、博爱的时代,人们尤其已经从西方视演员为艺术家的观念中得到了反省,因而梅兰芳才有可能平交文化人。其次,文化人对于艺人的态度也改变了。自古以来,文人对于戏子通常只是赞誉声色,品评容貌,少有从技艺上对之进行帮助的。梅兰芳所接触的这些文化人,尤其一些留学西方的学者,他们的平等意识和知识结构都已今非昔比,使他们得以对梅兰芳进行了多方面的帮助。梅兰芳历史地位的确立确实离不开他们的助力。①

6. 音乐方面的改革

节奏、节拍、时值、织体、音色、力度、演奏法等不同的技术参数之变化,会直接影响到表演的效果,因此会衍生出多种多样的变化可能与结合方式。在结构布局中,体现出由少到多、由简到繁、由单一到综合的增长过程。梅兰芳除继承传统唱腔外,还在古装戏与传统剧目编制过大量新

---

① 梅兰芳:《移步不换形——梅兰芳谈旧剧改革》,《进步日报》(天津),1949年11月3日。

颖的、在艺术上具有独特个性的唱腔。某些罕用的传统唱腔板式，如"反四平"等，由于梅兰芳的创新，在舞台上广为流行。为丰富传统京剧乐队的伴奏，梅兰芳也曾做过大胆的尝试，他用二胡辅以京胡伴奏旦角的唱腔，这是梅兰芳与琴师徐兰沅、王少卿合作实验的成果。

7. 舞台效果方面的改革

1913年10月31日，梅兰芳接受许少卿邀请首次赴上海演出，观察到上海的京剧舞台上竞演新戏，深受震动，他曾说：

> 我初次由沪返京以后，开始有了排新戏的企图。过了半年，对付着排出了一出《孽海波澜》。等到第二次打上海回去，就更深切了解戏剧前途的趋势是跟着观众的需要和时代而变化的。我不愿意还是站在这个旧的圈子里不动，再受它的拘束，我要走向新的道路上去寻求发展。[1]

在上海演出期间，梅兰芳发现上海不仅仅是舞台，包括灯光、布景、舞美等都比北京现代化。上海既有纯对白的话剧，更有改良了的京剧。这些改良了的京剧突破了传统模式，吸收了话剧写实的布景与灯光，服装和造型方面多根据生活真实。梅兰芳感悟到传统京剧舞台上的老旧故事，已经不能满足人们的需要，而社会变革引发的混乱，让许多人愤懑且迷惘，他们更愿意通过演员表演宣泄情绪。因而，新戏颇受欢迎。

梅兰芳在《上元夫人》《俊袭人》两目剧中，打破传统舞台装置，结合了时代潮流。

《怀念父亲梅兰芳》一书中，梅葆琛于《绘画艺术与戏曲艺术息息相通》一文中写道：

> 父亲接着对我说："从此，我把绘画与人物造型有机地联系

---

[1] 梅兰芳口述，许姬传、许源来整理，《梅兰芳回忆录：舞台生活四十年》，团结出版社2005年版，第235页。

在一起，进行了一系列的改革。记得我初次排练《天女散花》是在1917年的冬天，演出地点是在北京吉祥剧院，我设计的布景是在舞台的后面设一幅云景，并在舞台的后半部拼摆着15张方桌子，形成了一个小舞台，后面的云景一直拖到小舞台上，并一直覆盖到前面，从台下观看犹如在云端之中。仙女的服装、头饰是参照古代的仕女像及古代'天女散花'图的形象。我创作的舞蹈是用两条风带，这是我在绘画时看到的敦煌飞天在天空中御风而行，身上的带子被风吹得飘飘然的姿态。两条风带是用4种不同颜色的小绸子缝制而成。我还研究出空手舞绸带的舞蹈动作，因为我想如果手执两根小木棍，将绸带系在木棍上，这样舞起来虽然不用费力气，但不能表现出飞在天空中的轻盈的舞姿。但是采用空手舞绸，并不是轻而易举的事，手腕和手臂得特别用力，否则轻薄的绸子会裹缠在身上无法抖开的，这就需要有扎实的基本功才行。"①

梅兰芳首赴上海时的"压台戏"《穆柯寨》是听从了冯幼伟、李释戡的主张。新赶排的戏，难免有不尽如人意之处。于是，在演出期间，"梅党"中人每晚必到戏院，为的就是"挑毛病"。如梅兰芳在台上常不由自主地低头，坐在包厢中的冯、李等朋友一旦看见梅兰芳又低了头，就轻声击掌。如此三番五次，总算帮助梅兰芳克服了缺憾。

梅兰芳排演新戏可分为两个阶段：第一个阶段是从1913—1921年，主要有1913年排演的时装新戏《孽海波澜》。1915年4月—1916年9月，集中排演了老戏服装的新戏《牢狱鸳鸯》，时装新戏《宦海潮》《邓霞姑》《一缕麻》，古装新戏《嫦娥奔月》《黛玉葬花》《千金一笑》。1916年排演了古装新戏《春秋配》。1917年排演了古装新戏《木兰从军》《天女散花》。1918年排演了古装新戏《麻姑献寿》《红线盗盒》，时装新戏《童女斩蛇》。1921年排演了古装新戏《霸王别姬》。梅兰芳在1915—1916年

---

① 梅葆琛：《怀念父亲梅兰芳》，中国社会出版社2005年版，第110页。

间集中排演了多部新戏,除一部"老戏服装的新戏"外,"时装新戏"3部,"古装新戏"3部。第二个阶段是从1923—1928年。在这一阶段中,梅兰芳将全部精力集中于古装新戏的创排,以及对传统剧目的整理加工。主要剧目有8部,分别是:《西施》《洛神》《廉锦枫》,四本《太真外传》《俊袭人》,全本《宇宙锋》《凤还巢》《春灯谜》。其中,《太真外传》在1927年《顺天时报》举办的"五大名伶新剧评比"中一举夺魁。

梅兰芳十分顾及观众对完美的心理要求,他说:

> 旦角戏的剧本、内容方面总离不开这么一套,一对青年男女,经过无数惊险的曲折,结果成为夫妇。这种熟套,实在腻味极了。我的观众就对我说,我们花钱听戏,目的是为找乐子来的,不管这出戏在进行的过程当中,是怎样的险恶,都不要紧。到了剧终总想看到一个大团圆的结局,把刚才满腹的愤慨不平,都可以发泄出来,回家睡觉也能安甜,要不然……花钱买一个不睡觉,这又图什么呢?

五、梅兰芳的京剧成就

梅兰芳的京剧成就,一方面是梅兰芳锐利创新赢来的;另一方面,则跟京剧的发展有关。有一个词叫"老生常谈",这里的老生指的就是京剧里的老生。京剧的大量剧目主角都是由老生应工的,所以一段时间里老生行一枝独翘,成为梨园的领衔。在演出经营活动中,老生又多兼任戏班的领班,更由于清宫委任的统管北京梨园行事宜的精忠庙首,也由老生承担,如程长庚、谭鑫培等,老生行便义不容辞地成为京剧的统领。那时的青衣,满足于抱着肚子干唱,只能在舞台上成为老生陪衬。民国时期,老生常演的剧目已经成为熟套,技艺也极难重新超越,人们不再追捧。那时,以梅兰芳为代表的一批旦角演员开始创新,把青衣的唱工和花旦、刀马旦的做工结合起来,开辟出旦行表演新路子。同时借助观众喜新好奇心理,大量编演新戏,利用当时受西方影响的新式剧场灯光和设备,使舞美设计焕然一新,吸引了社会的注意力。于是,以往作为老生陪衬物的女主角——青衣,便压倒了老生,成为京剧舞台上新的领衔。

梅派艺术符合中国传统的中正平和的审美观,梅氏对京剧艺术的不懈追求的背后,是道家艺术精神,在此基础上求发展、求创新,并结合自己多年的艺术实践提出了移步不换形的艺术理念。有的资料把梅派艺术概括为"贵、雅、大,三气合一",对此,我们认为,"贵、雅、大"都是在谈梅兰芳的舞台气质,并不能完全概括梅兰芳的艺术特色。梅兰芳在《舞台生活四十年》里说:

> 我对于舞台上的艺术,一向是采取平衡发展的方式,不主张强调出某一方面的特点来的。这是我几十年来的一贯作风。

梅兰芳姨夫徐兰沅拿了一副对子给梅兰芳看:看我非我,我看我,我也非我;装谁像谁,谁装谁,谁就像谁。梅兰芳对"看我非我,装谁像谁"八字是十分在意的,说明梅兰芳最关注的还是演。从这一方面看,"贵、雅、大"似乎也不能说明梅兰芳的艺术特色。

1. 梅兰芳的京剧艺术特色

梅兰芳的表演,动作稳重、圆熟、精确、自然,无论身段、台步、眼神、指法、水袖,一举一动,不仅姿势美观,且与剧中人物感情融为一体。他的唱腔,悦耳动听,清丽舒畅,并不以花哨纤巧,变化奇特取胜,但无论是柔曼婉转之音抑或昂扬激越之曲,无不出自心声,感人至深。梅兰芳的表演,无论"文、武、昆、乱",并没有什么奇突特殊的身段动作,也没有什么绝艰奇险的吐字行腔,却无处不显出深厚的功力。梅兰芳的表演,从来不在一枝一节上显露锋芒棱角,而是自始至终都达到人物的灵魂深处,生动、准确、鲜明、含蓄而又蕴含着深厚丰富的内容,处处闪烁着艺术的光芒。梅兰芳塑造的艺术形象,是思想与技术的高度结合。平中显奇,易中见难,淡中有浓,熟中出新;处处与众不同,但又处处难以讲出有什么特点。

梅兰芳生活在京剧独领风骚的时代,也是政治界和思想界相当动荡的时代。新中国成立前他受到各种舆论的影响,新中国成立后接受了共产党的领导,再加上他多次出国大开眼界,这些都会刺激他去思考中国戏曲,特别是对于表演心理、观众心理、审美心理、剧目和角色心理等方面的诸多问题,使他不自觉地进入了戏曲心理学的领域。

我们认为,梅兰芳的艺术特色在于精、美、新、文。

(1)精

梅兰芳的"精",是艺术之精,非为人之精。他的精主要表现在他所塑造的一些艺术形象上。《抗金兵》中的巾帼英雄梁红玉;《花木兰》中代父从军的花木兰,《宇宙锋》中忍恨装疯的赵艳容,《春香闹学》中天真无邪的小丫鬟,《凤还巢》中苦尽甘来的新嫁娘,《三娘教子》中抚孤教子的王春娥,《醉酒》中幽怨苦闷的杨玉环,《思凡》中大胆勇敢的尼姑,《天女散花》中神奇绝妙的天女,《断桥》中柔肠寸断的白娘子,《霸王别姬》中拔剑自刎的虞美人等,通过对这些女寨主、女将军、闺秀、贤妻、民女、良母、后妃、天女、仙姬的不同风格的表演,艺术地刻画各种不同类型的人物,梅兰芳提炼出了属于"梅派"的套路,梅兰芳的精,是通过"博"体现出来的。这一切跟梅兰芳青少年时期勤奋学戏、拜访名师有关。梅兰芳虽然对京剧有所创新,但从不破坏程式,程式是作为戏曲的艺术符号和表现手段,诸如水袖、翎子、台步、眼神、云手、山膀等,在演员据不同的人物情绪和各异的人物性格,创造性和艺术化地做排列组合,来展开情节、叙述事实和鼓荡情绪。在演《霸王别姬》一出戏时,梅兰芳的主要艺术特色是歌舞并重,除庄重、优美、感人唱腔外,他设计舞蹈,深化剧本主题,使思想性、艺术性不断得到升华,他把情绪舞蹈、武术舞蹈同表演舞蹈有机结合。到62岁高龄时,他演此剧的剑舞,仍然是身段干净利索,套路层次分明,神情表里如一,技艺娴熟程度令人赞赏,不减当年,美不胜收。梅兰芳的精,是勤的结果,是博的结果,是稳的结果。

京剧艺术大师梅兰芳一生演出的京剧、昆曲达数百出之多。梅兰芳第一次登台演出,是在1904年8月17日,当时梅兰芳才9岁。梅兰芳最后一次演出,那是在半个世纪之后的1961年5月31日。演出的剧目是新编的京剧《穆桂英挂帅》。演出地点并不在一般的剧场,而是在北京西郊中关村中国科学院的礼堂。

著名京剧作家景孤血在《"一个人演满台"——写在观摩梅兰芳的

〈穆桂英挂帅〉后》一文中称梅兰芳：

"一个人演满台"，就是说，梅兰芳以其那飒飒泱泱的演技，使整个舞台的每一个角落都笼罩在他的表演气氛之下。著名旦角演员于连泉(筱翠花)在《老当益壮》的文章中说："梅先生的艺术已到炉火纯青的地步，60多岁的人了，还是嗓子是嗓子，扮相是扮相，腰腿灵活，身上、脸上，一招一式，坦坦然然，水袖清清楚楚，跑起圆场来，脚下轻、稳、快，叫人看了舒服松心，确实难能可贵。"①

梅兰芳的精是博采众长的精，是从不自满的精，是精益求精的精。

(2)美

梅兰芳的演出，终生服从服务于观众美感，说白了就是"好听"和"好看"。

梅兰芳一生追求"以圆为尚"的文化理想，几十年的舞台生涯，他始终坚持"和"的原则，贵在圆融。如梅派的唱腔，嗓音脆亮圆润，柔中带刚，行腔婉转自如，余味不尽，吐字清晰有力，合乎音韵规范。梅兰芳唱戏时，高音有金石之声，响遏行云；低音如涓涓细流，连绵不断而充实内敛；中音区十分宽厚，膛音十足，共鸣打远。三个音区的谐和统一，完整而完美。梅兰芳在台上的举手投足、身段做表皆具美感。如《贵妃醉酒》中的"卧鱼""翻身衔杯"，《霸王别姬》中的"下腰""舞剑"，《穆桂英挂帅》中的"水袖""圆场"。文章强调可读性，戏剧则强调可看性。文章总在不断提升耐读性，戏剧则强调"美感度"，梅兰芳坚持艺术的真实不同于生活的真实。《贵妃醉酒》中的"醉态"，《宇宙锋》中的"疯

《贵妃醉酒》中饰演杨玉环

---

① 任子鹏：《梅兰芳最后的演出》，2011年2月10日《人民政协报》。

态",《惊梦》中的"梦态",在生活中皆为变态、丑态、怪态行为,人皆恶心,梅兰芳把这些生活之丑表演出了美态,使观众产生了美感,而不是厌恶。

梅兰芳的舞台艺术的新,跟他善于借鉴其他艺术精华并运用于京剧有关。《花木兰》中的"趟马",《天女散花》中的"长袖舞",《梁红玉》中的"涮翎子"等都有借鉴。最明显的例子是《霸王别姬》,梅兰芳饰演的虞姬有一段边行腔歌唱边舞双剑的段落,这一身段的设计既有其自己的创新,同时借鉴了武术中的太极拳和太极剑。你瞧,虞姬单手持双剑背在身后,另一手伸出两指,化用太极拳中的搂膝拗步,掌心向上从胸前划圈至身后,然后将力道贯于双指,发力向前方点去。再如《贵妃醉酒》杨玉环手中摇、荡、打、飘、转等,跟传统武术中的扇击术可谓一脉相承。这些都使观众有了美不胜收的感受。

(3)新

梅兰芳是一位大胆创新的艺术家,但在改革中,他极力注重各种艺术形式的完美融合。不仅大力抢救昆剧,从昆剧和其他地方戏剧中汲取了营养,还设计了很多载歌载舞的新戏,并与王瑶卿等创造了一个新的"综合行当"——把青衣、花旦和刀马旦的表演特点融为一体的"花衫"。

梅兰芳善于创新,以舞蹈来谈,剑舞、绸舞、盘舞、羽舞、袖舞,这些都是"梅派"经典的家当。化装方面的"古装发型",是梅兰芳钻研了中国古典绘画的仕女装束,精心设计出来的。弦乐伴奏加"二胡","吹腔"伴奏加"笙",乐队移入边幕,并复以纱屏,这些也是由梅兰芳首倡,皆打破了传统惯例。舞台布景方面,梅兰芳把灯光运用到京剧的表演之中。戏装方面,梅兰芳大胆地借用"时装",如《孽海波澜》《邓霞姑》《一缕麻》《童女斩蛇》等戏的服装创新,就向时装"借"了些东西。再如唱念做打方面,梅兰芳的身段、服装、扮相,都根据剧情、人物、生活场景而发生变化,却又把握分寸,让人感到熨帖、自然,本色当行,毫无生硬粗糙之感。

梅兰芳的创新是掌握了戏曲艺术规律的创新,是在适应的基础上发展和革新,让观众在不知不觉之中接受,他的继承、创造、革新都受到观众的支持。

(4)文

旧时的艺人是没有地位的,之所以没有地位,是当时处身于上流的儒生看不起戏子,说穿了,就是瞧不起戏子的"没文化"。梅兰芳彻底改变了人们对于艺人的看法,而这,跟梅兰芳"善文"有关。包括其京剧表演,也都体现出了"文"。

梅兰芳一生的艺术追求与艺术实践都是在"文化自觉"中实现的。"缀玉轩"(梅兰芳的书房名)中,梅兰芳跟诗人罗瘿公谈词、赋曲,与画家齐白石、徐悲鸿、陈半丁作画论艺,梅兰芳的书房是当时燕京著名的沙龙。无论是梅兰芳演出期间,还是无演出任务时,文朋画友诗友们都喜欢围着梅兰芳,交流丝竹管弦、书画琴棋,梅兰芳学诗学画学书,从当时那群文化名人的身上汲取文化的养料,并培养鉴赏能力,朋友们则指出梅兰芳演出中不足及需要改进的地方。于是,梅兰芳在自觉和不自觉中逐渐地形成了中正平和、宁静淡雅的艺术风格。

诗词、音乐、绘画、书法、雕刻、武术等,也在特定时期里帮助了梅兰芳,使他不致"受饿挨冻"。各种艺术门类的滋养与洗礼,也使梅兰芳保持住了较佳的精神状态。庄子在《庖丁解牛》一文中写:"臣之所好者道也,进乎技矣。"所谓的"文士"本来就跟戏文及曲艺之士属一个范畴,统属于文化艺术,但对于艺人及武者而言,缺文则虽有技而不厚重。

2. 梅兰芳的艺术之路

梅兰芳的艺术道路经历了三个不同的发展阶段:第一,充分地继承,从他开始演戏到1915年前后,是以继承传统为主,演出的剧目多为传统唱功戏。第二,侧重于大胆的改革和创新,从1915年到抗日战争前夕,是他创造精力最为旺盛的时期。他不仅连续排演了一些时装新戏,还致力于古装新戏的创造和传统剧目的加工整理,完成了京剧旦

《宇宙锋》中饰演赵艳蓉

角表演艺术上的重大革新,突破了传统正工青衣专重唱功、不很讲究身段表情的局限,将花旦和刀马旦的技巧融进青衣表演中。他还排演了一些歌舞成分较重的剧目,丰富了京剧的表演,并对舞台美术、布景、化妆和音乐进行了重大的有突破性的改革,一直为后人所继承。第三,把二者高度结合起来,用传统的程式化表演形式,把具有积极的现实意义的内容表现出来,达到美和善的统一。从抗日战争胜利重返舞台到逝世,是他艺术生涯的最后阶段。这一阶段他的演出虽然不多,但对人物塑造更富于内在魅力,艺术上达到炉火纯青的境界。

从事舞台活动开始到1915年前后,是他艺术活动的早期。这一时期是以继承传统为主,演出剧目多为传统唱功戏,如《祭江》《二进宫》《三娘教子》等。这时他在艺术上虽如同描红临帖,还不曾有自己的独立创造,却是一个重要的准备阶段,为他后来的杰出成就奠定了坚实的基础。梅兰芳学的是正工青衣,师承时小福一脉,兼容前辈各家之长。

1915年至抗日战争前夕,是梅兰芳艺术活动的中期,这是他创造精力最为旺盛的一个时期。由于辛亥革命以及时装新戏的深刻影响和一些文人的推动,他力图使自己的舞台艺术能符合时代潮流。梅兰芳连排了一些时装新戏,对京剧表现当代题材进行初步的探索。此后,他致力于古装新戏的创造、传统剧目的整理和历史剧的编演。在这期间,他完成了京剧旦角艺术的重大革新。从不同人物出发,把青衣、花旦、闺门旦以至刀马旦的表演技巧、风格融化运用,完成了前辈旦角演员特别是王瑶卿的未竟之功。他还排演了一些歌舞成分较重的新剧目,并在其中创作了与剧情适应的舞蹈,这些舞蹈,或取材于武功,或取材于旦角舞蹈身段,或取材于其他剧种和姊妹艺术,或直接从生活中提炼而成。他把唱、做、念、打、舞结合成有机的整体。他的唱工,力求切合人物感情而不过分,追求腔调的新奇,所以显得腔圆字正,明快大方,他的做工以细腻熨帖恰合身份见长;他的道白脆甜圆润,独具特色;武工不仅步伐严整,节奏准确,疾徐多变,姿态优美,而且有一种特有的内在含蓄,把原有的"把子"加以提炼,成了美丽的舞蹈。抗日战争期间,梅兰芳蓄须明志,近8年没有唱戏。这个8年,是梅兰芳"从文"的8年,也是其生活较为困难的8年。但梅兰芳并没有荒废戏剧,仍然坚持练功,这为此后的复出,做好了准备。

抗战胜利后,沉默了8年的梅兰芳先生重新登台,他在《登台杂感》

一文中写道：

> 然而当胜利消息传来的时候，我高兴得再也沉不住气，我忽然觉得反而年轻了，我的心一直往上飘，浑身充满着活力，不知从哪儿飞来了一种自信：我相信我永远不会老，正如我们长春不老的祖国一样。前两天曾蒙外籍记者先生光临，在谈话中问我还想唱几年戏，我不禁脱口而出道："很多年，我还希望能演许多年呢。"①

抗日战争结束重返舞台，到梅兰芳去世，这是梅兰芳艺术活动的晚期。这个时期他着意重点加工一些优秀剧目和从事著述，总结艺术经验。梅兰芳《舞台生活四十年》是他晚期的重要著作。晚期常上演的是《宇宙锋》《贵妃醉酒》《断桥》《奇双会》《战金山》《霸王别姬》《游园惊梦》等最具有梅派特色的剧目，曾拍成艺术影片。《穆桂英挂帅》是他晚期唯一的一部新戏，当时是考虑排演新剧目须与他的年事相称，易收事半功倍之效，才组织力量根据豫剧《穆桂英挂帅》改编为京剧的。梅兰芳饰演的晚年穆桂英，气度凝重，感情深沉，唱、做艺术登峰造极，令人叹为观止。他晚年的艺术风格不似中期那样色彩浓艳，而趋于清淡含蓄，更富有内在的魅力。这标志着他的舞台艺术达到了炉火纯青的境界。

3. 梅兰芳的京剧地位

梅兰芳的京剧地位是在博采众家、自建梅派的基础上形成的，从目前的京剧状况看，无人能及梅兰芳，这就是梅兰芳的地位。

梅兰芳集京剧旦角艺术的大成，综合青衣、花旦、刀马旦的表演特点，创造出自己特有的表演形式和唱腔——梅派。梅兰芳先生在促进我国的国际文化交流方面做出了卓越的贡献，他是我国向海外传播京剧艺术的先驱。他曾于1919年、1924年和1956年三次访问日本，1930年访问美国，1935年和1952年两次访问苏联并进行演出，获得盛誉，并结识了众

---

① 梅兰芳：《登台杂感》，1945年9月7日至9日《文汇报》。

多国际著名的艺术家、戏剧家、歌唱家、舞蹈家、作家和画家,同他们建立了诚挚的友谊。他的这些活动不仅增进了各国人民对中国文化的了解,也使我国京剧艺术跻入了世界戏剧之林。中国戏剧为世界三大戏剧表演体系之一之说,将梅兰芳与斯坦尼斯拉夫斯基、布莱希特相并列。这是梅兰芳之于戏剧的世界地位。

京剧最初是以生行为主,随着舞台艺术手段的增加和观众中女性的增多,服装扮相丰富多彩、戏文内容更贴近百姓生活的旦行逐渐兴盛起来,涌现出了一批演技出色的旦角演员。1927 年,北京《顺天时报》举行名伶新剧夺魁投票活动,引来众多观众参与投票,梅兰芳一举夺魁,尚小云、程砚秋和荀慧生排名其后,此后,这四位京剧演员并称"四大名旦"。

梅兰芳功底深厚、成名最早,名列"四大名旦"之首实至名归。1927 年 6 月 20 日,《顺天时报》在第五版上刊登了一则"征集五大名伶新剧夺魁投票"启事:为鼓吹新剧,奖励艺员,举行征集五大名伶新剧夺魁投票。在投票规定中,注明名伶为梅兰芳、尚小云、荀慧生、程砚秋、徐碧云五人,要求从这五人所演新

四大名旦(左起):程砚秋、尚小云、梅兰芳、荀慧生

剧目中选出最佳者各一出。选举历时一月。1927 年 7 月 23 日,《顺天时报》披露了选举结果。据统计,共收到选票 16 150 张。梅兰芳当选剧目为《太真外传》,得票总计 1 774 张。尚小云当选剧目为《摩登迦女》,得票总计 6 628 张。荀慧生当选剧目为《丹青引》,得票总计 1 254 张。程砚秋当选剧目为《红拂传》,得票总计 4 785 张。徐碧云当选剧目为《绿珠》,得票总计 1 709 张。五大名伶皆为旦角演员,故而又称"五大名旦"。五人中,徐碧云较早地离开了舞台,于是便有了"四大名旦"的提法。这一次,梅兰芳的新戏得分只居第三位,但梅兰芳年龄稍长,得名最早,就其整体艺术造诣来讲,他在当时人们心目中地位最高。因而,当人们指称"四大

名旦"时,四人的排名顺序,总是梅兰芳在第一位。1931年,为庆祝上海帮会头目杜月笙的杜氏祠堂落成,梅兰芳、程砚秋、荀慧生、尚小云通力合作演出《四五花洞》,长城唱片公司老板张啸林为之专门灌制了一张唱片,从此,"四大名旦"为世人所公认。之后,"四大名旦"各成一派,这就是梅派、程派、荀派、尚派。

"四大名旦"的脱颖而出,标志着旦角占据京剧统治地位。1931年,《戏剧月刊》举办了关于"四大名旦"的有奖征文活动。在参评的70余篇文章中,有三篇因言论持平、文笔精练而列为魁首,文章发表在《戏剧月刊》1931年的第三卷第四期上。三篇文章所据标准不同,对每位艺术家的评价不同,其排列顺序也不同,但梅兰芳始终排在"四大名旦"之首。由此确立了梅兰芳在"四大名旦"中首屈一指的地位。梅兰芳终于走到了其艺术生涯的巅峰期,成为梨园内外公认的"伶界大王"。

吴晓铃在《应该有一部〈梅兰芳传〉》一文中提出:

> 我们是多么企盼着能够出现一部《梅兰芳传》,一部《梅兰芳论》,一部《梅兰芳表演艺术体系》,一部或多部这类的著作呀!哪怕是一部或多部《梅兰芳文献长编》《梅兰芳年表》《梅兰芳年谱》以及《梅兰芳身段谱》《梅兰芳扮相谱》《梅兰芳指法》《梅兰芳歌曲谱》和《梅兰芳演出剧本全集》之类的异乎先路的资料性编纂工作呢,都是迫切需要的,而且这与个人树碑立传毫无关系,这是关系我们民族文化的大事因缘,包括精神文明和物质文明。①

六、文化名人梅兰芳的别样人生

"寒梅傲骨身,翠竹乐仙神。芳兰天奇香,凌菊血冷根。"中国传统文化人喜欢"梅兰竹菊",人称"四君子"。梅兰芳似乎就是为中国文化而生的,他名字中的这三个字,都跟"四君子"相切。事实上,梅兰芳通过一生的努

---

① 梅绍武:《我的父亲梅兰芳》,百花文艺出版社1984年版。

力,完善了"君子"内涵。21世纪初,梅先生被列入中国五千年文化发展史上40位卓有贡献的历史名人之一,其塑像将永远屹立在中华世纪坛上。因为其在京剧方面的成就,人们已经习惯地将其定位。其实,梅兰芳在艺术方面的成就不仅在戏剧方面,梅兰芳的画也得美术之神韵,单就书画而言,他的成就并不落俗,且差点"误入歧途",与近代其他名家争席。武术方面,梅兰芳亦得真传,只是人们更多地把那看成戏剧功底。

大凡出名的艺术家,其艺品与人品往往互为表里。梅兰芳便是一位将艺品和人品结合得较"得意"的艺术家。

善于学习、爱学习、刻苦学习,是梅兰芳有别于一般艺术家的地方,也是他能够成功的主要内因。有人说,家风不重要,但我们要说,一个好的家风,可以养出数代甚至数十代的谦谦君子。中国文化强调诗礼传家,厚道养家,老实做人,那其实是很好的传统。可惜的是,现在社会上有相当一部分人不懂得这一道理,很多人"唯钱是问",成了财奴,到头来众叛亲离,弄得家不成家、人不像人,十分可悲。梅兰芳不一样,他的那个家庭给予他的,不仅仅是京剧的传承,还包括了做人。常言道,做事先做人,梅兰芳一生律己甚严,待人彬彬有礼,诚恳谦虚,这是他最大的成功。至今,人们还在赞扬他的民族精神、他对艺术的忠诚、他为人的素朴,相信以后还会被后世人继续称赞。

梅兰芳善于京剧,尤其善于京剧男旦,且将中国的京剧表演艺术介绍到了海外,被戏剧理论家们肯定为世界三大表演体系之一(斯坦尼斯拉夫斯基戏剧观、梅兰芳戏剧观、布莱斯特戏剧观)。也许是因为梅兰芳在戏剧方面贡献太大的缘故,人们把他其他的艺术才能"忽视"了。我们在评传梅兰芳的过程中觉得还是有必要将梅兰芳各项艺术成就综合起来考察,因为只有这样才能全面地展示出梅兰芳的成就,也才能"摸到"梅兰芳成功的秘诀。勤奋而多才的梅兰芳的艺术才华,是融戏、画、诗、舞、武术等为一体的,是诸多艺术元素相交之后的必然成果。

1. 画家梅兰芳

当下的文物市场上,梅兰芳的画每每拍得高价,说明人们喜欢梅兰芳的同时,也比较喜欢他的画作。但是,很少有人称梅兰芳是画家,这是因为梅兰芳在戏剧方面的成就太高的缘故。文物市场,国家有关博物馆都收藏有梅兰芳的书画作品,这已经证明:梅兰芳是近代著名的画家。

把梅兰芳带进北京绘画圈的第一人是与其有深交的罗瘿公。罗瘿公青年时期就读于广雅学院,是康有为的弟子,早年以诗文与陈散原等齐名当世。还编纂有历史笔记《太平天国战记》与《庚子国变记》。正是罗瘿公为梅兰芳介绍了第一位绘画老师王梦白。通过王梦白的引荐,梅兰芳结识了北京画界中的顶尖人物,如并称"京师四大家"的陈师曾、齐白石、凌文渊与陈半丁,"四大家"都与梅兰芳交往甚厚。值得一提的是,梅兰芳曾专门拜齐白石为师。

除了北京画坛,梅兰芳与上海画坛的交际也很深。他的第一位绘画老师王梦白,本人即宗海派大师任伯年,并得吴昌硕的亲传。1914年12月,也就是梅兰芳上演"古装新戏"与正式拜师学画的前一年,吴昌硕将一幅于右任题诗的红梅图赠予来沪演出的梅兰芳。此后,梅兰芳便与海派圈子中的汤定之、吴湖帆、李拔可与叶恭绰等人多有往来。

抗日战争爆发,梅兰芳拒绝为日伪演出,迁居香港。他有了大量时间学习国画。这个阶段,他最爱画的是梅花和佛像。梅兰芳为什么喜欢梅花和佛像呢?有的资料上讲因为梅花凝霜傲雪,是宁折不弯、坚强不屈的象征;佛像却意味着恬淡平和、与世无争。甚至还讲两者是矛盾的,恰如他的心态:既以其一贯的性格向往恬淡平和与世无争的生活,却又在战争烽火下难抑抗争的冲动。他用梅花鼓励自己蓄须明志,他用佛像告诫自己要沉得住气。这一说,把梅兰芳跟形势完全结合到一块,不是不可以那样分析,但我们认为那时的梅兰芳是因为家国残破而伤心,故用两个跟"家"更有联系的意象安慰自己。梅花之梅,跟梅姓是一个字,考虑到祖上是从泰州一带流落到苏南,加之他本人流落于香港,这才联想起祖上雕佛像的传统。家已不宁,而国又不安,需要和平环境的梅兰芳当然要画梅画佛像了。那时的梅兰芳还没有加入中国共产党,也可以说那时的梅兰芳还不具备共产主义理想。需要精神安慰的梅兰芳,就用画梅和画佛像来安定自己。谁不希望有一个自在的生活,谁也都需要身心的安定。甚至,我们还可以把梅兰芳当时画佛像作为参禅的行为。禅是一种清妙自在的生活方式,本质是清静。身心安定、无所烦恼的人才能看清自己和生活的本质。生命就像渡河,拿得起放得下,不在于攀缘执着,在于自由地泅渡。一切的景物都是过眼云烟,自己向前游去,就是自由的生活。

可是,战争是不会让梅兰芳这样的知名演员自由生活的。不久,太平洋战争爆发,香港沦陷。梅兰芳又从香港回到上海。回上海后,他和画家吴湖帆、叶玉虎、李拔可等频繁交往,主要以画仕女图和花卉为主。应该看出梅兰芳那一阶段里思想的变化。显然,躲到香港并没让梅兰芳的心境自在些。中国文化传统中的真文人,都有寄情感于花草美人的雅好。梅兰芳也许可以不去托情,上海的文化人却不会"冷静"。世事难料,只有高贵的品德是不能生存的,还必须有过硬的身体素质及荒年饿不死的过人手艺。每当国破家亡时刻,中国文人们便操起了卖画卖字的"勾当",一方面是生活所迫,另一方面则表示不会随波逐流,卖字画但绝不卖人格,不会卖自尊。所以,当时的梅兰芳决定卖画。

梅兰芳有一笔演出的收入,在赴港时,曾带往香港存入银行。可是返回上海不久,日寇统治下的香港将这笔高额存款全部冻结,无法取出。一直靠利息过日子的梅兰芳,生活顿时举步维艰,全家如何生存成了梅兰芳日夜思考的难题。他问夫人怎么办。夫人说:"最近报纸登出了何香凝女士卖画谋生的消息,我们不妨也来学她。发挥你的绘画才能,卖画度日如何?"其实梅兰芳早有这种念头,只是没有说出,怕夫人不同意。夫人主动说出来,他立即投入行动,夫人磨墨,丈夫绘画。不到八天,画了20多幅鱼、虾、梅、松。市民看到"本店出售梅兰芳先生近日画作,欢迎光临"的广告,遂争相购买。不到两天,20多幅画就全部卖完。梅兰芳看到了希望。

文化人对自己满意的作品向来珍惜,所谓敝帚自珍。梅兰芳卖画,一则出于生活所迫,二则是朋友们多有忠告。如不想被日伪利用,最好的办法就是依靠既有资本去谋生计。只会演戏的梅兰芳,自然而然想到了自己的画作,他能够拿出手的东西,除了家当外,就剩下书画了。家当就那么多,古墨、旧扇、瓷器都已经拿出去换钱了,典当变卖一阵后,所剩无几了,于是考虑卖字画。一开始,当有人向他提议卖画时,他不能接受,觉得自己画画,不过是玩票性质,不够资格出售。有没有人买?是个问题。后来,经不住大家一再规劝,也就一试身手了。

为了能将字画卖出,梅兰芳开始下功夫练习。朋友们想法子找来陈老莲、新罗山人、恽南田、方兰坻、余秋宝、改七芗、费晓楼的真迹,借给梅兰芳临摹。从此,梅兰芳不肯好好休息了,夜深人静时,是梅兰芳最为勤奋的时候。这个时段弄稿子有几个好处,一是安静,没有人打扰;二是心静,可以异想天开,随心随意而作,而这样的作品往往是上乘之作;第三个原因,恐怕也跟怕露丑有关,毕竟,梅兰芳当时还不算画师,夜深人静时学画或试画时,不满意的可以自己撕掉重来。那时几乎每晚都有空袭警报,晚10点便停止供电,梅兰芳买了一盏铁锚牌汽油灯,于是,在微弱的汽油灯光下,在香片茶的清香中,梅兰芳开始挥毫泼墨。

很少有人能看梅兰芳作画,但有一人比较特殊,此人就是长期担任梅兰芳秘书的许姬传。许姬传往往看着看着就睡着了,等他一觉醒来,天已微亮,再看梅兰芳,毫无倦容。有一次,他兴致勃勃地对刚睡醒的许姬传说:"我当年演戏找到窍门后,戏瘾更大,现在学画有了些门径,就有小儿得饼之乐。"有人担心梅兰芳长期在汽油灯下作画伤了眼睛,可他说:"一个演员正在表演力旺盛时候,因为抵抗恶劣环境而谢绝了舞台生活,他的苦闷是无法用言语形容的。前天还有戏馆老板揣着金条来约我唱戏,广播电台又时时来纠缠我,我连嗓子都不敢吊。我画画,一半是维持生活,一半是借此消遣,否则我真要憋死了。"

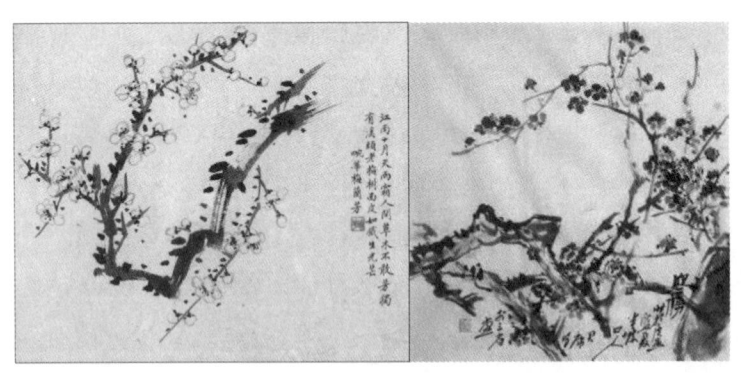

梅兰芳画的梅

1944年端午节,汤定之、吴湖帆、李拔可、叶玉虎、陈陶遗等人聚集在梅宅,对梅兰芳前一段时间的苦练给予了总结,一致认为大有进步。李拔可提议:"何妨开一个展览会。"吴湖帆提议:"和画竹兴趣正浓的叶玉虎合开一个展览会。"汤定之提议:"二人合画梅竹,或者'岁寒图'。"陈陶遗提议:"找人在画心上题词,以壮声势。"朋友们的热心帮助,梅兰芳极受鼓舞,接下来的几个月,他依照汤定之"开展览总得有两百件画才像样"的建议,积极作画。1945年春,梅兰芳和叶玉虎在上海福州路的都城饭店合办的画展正式开幕。梅兰芳的作品有佛像、仕女、花卉、翎毛、松树、梅花及部分与叶玉虎合作的梅竹,和吴湖帆、叶玉虎合作的《岁寒三友图》,还有一些摹作,共170多幅。画展结束后,售出大半。如果包括照样复定的画件,可以说,所有的画作全部售出。其中摹改七芗的《双红豆图》,当场有人复定了5张;《天女散花》图也是抢手货。这次画展不仅使梅兰芳的经济情况有所改善,也使他对作画加深了自信。不过,他为此也付出了代价。因为就着汽油灯作画,一次不小心手指碰到了汽油灯被烫出了一个水疱,这一烫让他整整一个星期无法继续作画,手指上也留下了一个疤痕,但他以后常常在人面前指着这个疤痕笑道:"这是我在艰难岁月里学画的纪念。"他去世后,有关部门举办了一次"梅兰芳艺术生活展览",展出的遗画中大部分是在抗日战争时期所作,其中有一幅《牵牛花》,他在画上题道:"曩在旧京,庭中多植盆景牵牛,绚烂可观,他日漫卷诗书归去,重睹此花,快何如之。"在一幅松树画上,他题了前人诗句:"岂不罹霜雪,松柏有本性。"另外一幅摹姚茫父的《达摩面壁图》作于1945年春,他在画上题道:"穴居面壁,不畏魍魉。壁破飞去,一苇横江。"这几幅画表达了他虽处恶劣环境却"不畏魍魉"并对未来充满信心的精神品质。

梅兰芳绘画交际圈里都是文人画家,而在绘画中他最初接触的也是尚平淡而有庙堂之气的北方文人画。对文人画家而言,最重要的题材与最高的趣味和境界便是山水画,尤其是水墨山水,同时还强调书法修养。梅兰芳终生只画花鸟竹菊与仕女佛像,他明显偏好视觉效果比较强烈的海派绘画,比如花鸟,尤其是设色的梅兰竹菊的小品与仕女佛像上,他的画作主要集中在这些题材之上,其对海派绘画的重视显而易见。海派绘画的题材较之山水画有着更为轻松的可读性,这是缘于上海画派从诞生之初便是服务于市民社会与市场经济,设色梅兰竹菊与人物画具有更鲜明的装饰效果,易为市民阶层所接受。如果说在戏曲中他通过引入更为高雅柔美的昆曲来对京剧进行改造的话,梅氏的绘画从题材到趣味上的选择都可以看出他对南北两派的调和,他的花卉小品在韵味上力求平淡高雅之气,但在构图与设色等视觉效果上大量融入了海派的技法。这也是他能在沪办画展以画为生,轻易就能迎合上海市民阶层趣味的一个重要原因。可见,无论是戏剧还是绘画,梅兰芳都是注重以南派的艺术来调和并革新北派的艺术,只不过在戏曲上是以"雅"改造"俗",在绘画上则是以"俗"调和"雅"。①

梅兰芳画的扇面竹

"艺术"二字,显然不仅仅指代京剧,也包括了美术。说到学画、画画,开始的时候,梅兰芳只是对美术有好感,认为那是文人的一种雅好,因此动了学画的念头。之后的梅兰芳,则从美术中"挪"出了部分养料,用之于京剧舞台,从服装到舞台场景的设计,这些活他轻易不肯用人,如果不是美术方面的功底,梅兰芳肯定成不了京剧行里的老大。梅葆琛在《怀

---

① 李仲明:《梅兰芳的梅风梅韵》,东方出版社2008年版,第268—277页;王慧:《梅兰芳画传》,作家出版社2004年版,第207—212页。

念父亲梅兰芳》一书中,曾就绘画与戏曲的关系写了一篇《绘画艺术与戏曲艺术息息相通》文章,其中有这样一节:

> 父亲挑了几个安静的晚上,给我细细地讲述:"我从20岁以后喜欢观赏字画及学绘画,我开始先学画佛像,如画罗汉、坐在大象背上的普贤菩萨像,还有古代仕女像。后来我拜名画家汤杰为师,学画山水、花鸟及汤老师为一绝的苍松。在汤老师的指点下,我首先选择以画梅为主课,我认为梅花耐严寒,在风雪中傲然屹立愈开愈盛,画梅花使我以后养成了坚强不屈的个性,不论遇到任何艰难困苦我都能有信心去克服。尤其是到了抗战期间我谢绝舞台,平日坚持学习英语、拉胡琴、弹钢琴、打羽毛球等,但始终是把绘画放在首位,每天保证有几个小时的时间,我并不是在消磨时间,而是在锻炼和提高自身的素质,为了胜利的到来可以重登舞台。"①

梅兰芳作画,一开始是受近代几位美术大师的影响,并因此迷上了作画。应该说,学画、画画都是梅兰芳的艺术尝试,而不像有些研究者所说的那样"不务正业"。人们常说学无常师,梅兰芳在学画方面就曾转益多师。1913年和1914年两次到上海演出期间,梅兰芳就与老画家吴昌硕成了忘年交,开始了绘画生涯,后又请王梦白教画。梅兰芳认为花卉、翎毛、草虫对选择戏剧服装的图案、色彩有帮助,就一花一叶、一羽一爪地用心学习。他还向陈师曾、姚芒父学画佛像,向齐白石等学习画松、梅等,通过绘画提高京剧表演艺术水平。

但如果梅兰芳真坚持走作画那条路的话,很难说他不是一位画界大师!可是,那样一来的话,京剧界就少了一位领军人物,戏剧界则少了一位世界大师。当时的许多画界大腕们都认为,梅兰芳的确是一个学画的好坯子。现在市面上的梅兰芳所作的画仍然十分难得、价格奇高,收藏家

---

① 梅葆琛:《怀念父亲梅兰芳》,中国社会出版社,2005年版,第109页。

们每每为得一幅梅大师的画而窃喜。

后来,梅兰芳听了行里行外几位真君子的劝告,这才在画技的追求上"退步",而将主要的精力用于演戏。

梅兰芳画的佛像

在《怀念父亲梅兰芳》一书中,梅葆琛于《绘画艺术与戏曲艺术息息相通》一文中写道:

"1924年,那时的你还没有出生,在我30岁生日的那天,老师们来我家中祝贺,大家即兴作画以资留念。画的是一幅色彩缤纷的花卉画。记得齐白石先生最后一位画,他提笔在五彩缤纷的花丛中添画了一只小蜜蜂,真是画龙点睛,使整个画面顿时有了生机。这大与小、繁与简的强烈对比,使我联想到在舞台上讲究的对称的表演手法,二者有着相同的地方。画家观察山水人物、花卉鸟兽,然后在一张白纸上展示出才能,而演员是在空间的舞台上按照剧情显出真本领。因此我在每做一张画时,首先考虑的是画面布局的完整性,在色彩上取得协调一致。我体会到这和我在舞台上演出时的每

梅兰芳画的花鸟

一场戏有着息息相通之处。因为戏曲艺术在舞台上的表演就是一幅活动的彩色画面,故而绘画可以使戏剧在改革和发展中汲取到一份营养。一旦认识到它们之间的相互关系,我就下决心要花更多的精力来学好绘画。"①

梅兰芳卖画的事传出后,日伪汉奸互相勾结,肆意捣乱,他们派来一群便衣警察,提前进入展览大厅大做手脚,前来参观的许多群众见状纷纷离开。梅兰芳看见门口冷冷清清,觉得奇怪。当他走进展厅后,发现每幅画上都用大头针别着纸条,分别写有"汪主席订购""周副主席订购""冈村宁次长官订购"……还有一些写着"送东京展览"。梅兰芳夫妇目睹此景,气得两眼冒火,立即拿起桌上的裁纸刀,刺向一幅幅图画。几分钟内国画化为碎纸。梅兰芳义愤填膺的毁画举动,很快传遍整个上海,也很快传向大江南北。上海当局的报纸抢先发布头号新闻,言称:"褚部长目瞪口呆,一场画展一场虚惊!"宋庆龄、郭沫若、何香凝、欧阳予倩发表声援讲话,称赞梅兰芳民族气节凛然,为世人所敬仰。广大群众也纷纷寄来书信,支持梅兰芳的爱国行动。梅兰芳看到全国人民对他如此赞赏和支援,感动得热泪盈眶,兴奋地对夫人说:"我梅兰芳再也不是一只孤燕了!"

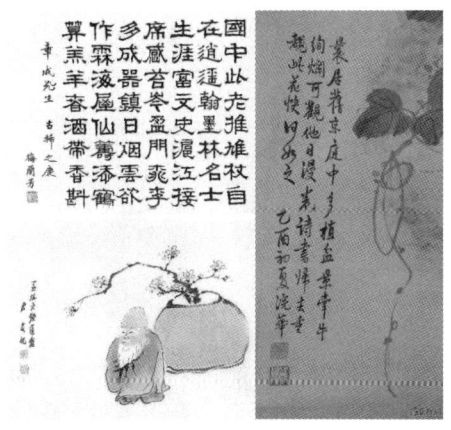

梅兰芳的字画

---

① 梅葆琛:《怀念父亲梅兰芳》,中国社会出版社2005年版,第109—110页。

2. 武术与舞蹈完美组合的梅兰芳

艺术是相通的,梅兰芳不只学画,还学武。在上海时,梅兰芳得到一个消息,《申报》主人史量才延聘北方姓米的武师,此人功夫了得,精通十八般武艺。于是梅兰芳连夜赶往史家,央求史量才,请其武师教剑舞。史量才哪敢"怠慢"了梅兰芳,当然首肯。于是,梅兰芳学到了纯正的中国武术,并因此将武技用在《霸王别姬》中的"双剑舞",这才使得那个剑舞"出神入化"。当然,梅兰芳并没有把米武师悉心指点的那些武道完全用于戏剧表演,但他融会了武术、书法、美术等艺术,用之于戏剧实践,其演技的进步,虽然吸收了不少外来的东西,但总体上仍脱不了中国艺术的干系。

3. 诗人梅兰芳

"诗中有画,而不全是画;画中有诗,而不全是诗。"① 梅兰芳的"梅华诗屋"非常有名,这一书房名称的由来,是受了金农的影响。梅兰芳不仅喜欢作画写字,还特别喜欢收藏名人字画,有一次,他意外得到"扬州八怪"中金农手绘的"扫饭僧"画,十分喜欢,于是便四处再寻金农字画,不久便又得金农"梅华书及"斋领,更是十二分的喜欢。从此,这一书一画便悬于梅兰芳的书房之中,只要有时间,梅兰芳就会足不出户,朝夕揣摩,细细品鉴。由于太喜欢金农的字画了,最后索性将自己的书房命名为"梅华诗屋"。

把祖国的文化完全融入自己的血液中去,是梅兰芳终身在做的事。汉字文化圈,又称东亚文化圈、儒家文化圈,文化圈概念之一,指文化相近、历史上受中国及中华文化(或汉文化)影响、过去或现在使用汉字、并曾共同使用文言文(日韩越称之为"汉文")作为书面语(并不使用口头语言的汉语官话作为交流媒介)、受中华法系影响的东亚及东南亚部分地区的文化区域。梅兰芳几次访问日本,不只将中国的戏剧文化带过去,还将中国的诗歌及字画等带了过去,这样的艺术全才,当然会受到追捧。在汉文化圈中,梅兰芳就是一个艺术元素。

---

① 宗白华:《美学散步》,上海人民出版社2006年版,第11页。

艺术大师梅兰芳艺术才能的多样性，是随中国传统文化那条线走过来的，这也让我们看到传统文化的力量，完全否定中国传统文化的做法及说法，都是站不住脚的。梅兰芳能够在世界戏剧舞台及理论上独树一帜，恰恰因为他所擅长的是中国传统戏剧，加上他积极地融会了中国传统文化中诗、画、武术等要素，因此成为一代大师。只以空泛的肢体表演去取悦于人，是永远不会成为一个为人们所喜爱所景仰的艺术家的。

诗人梅兰芳的才能则主要反映在生活情趣方面，很多书画作品中的题诗，展示了梅兰芳惊人的文学水平，记叙了梅兰芳与当时社会文化名流广泛的交往和深厚情谊，今天来看，梅兰芳留下的诗作也是不可多得的艺术文献。

中国艺术史上，诗歌和绘画均占有很重要的地位，中国诗歌与中国画虽然是艺术的两个分支，但两种艺术之间存在着密切的联系，有不少共通的地方，它们共同创造了中国艺术的辉煌。画者能诗兼书，诗者善画兼书，本是中国传统艺术的一个显著特色，也是考量大艺术家的三大要素，古人最看好的，往往是那些"诗、书、画"皆善的大艺术家，有所谓"三绝诗书画"之说。梅兰芳创造的不仅仅是戏剧神话，还把中国古代艺术的"三绝"发展到了"四绝"（戏剧、诗、书、画）。

过去，人们因为看不起戏剧中人，因此把戏剧纳入"下九流"之中，当然也就少有人去谈戏剧的美。其实，戏剧艺术与书画艺术及诗歌艺术不是孤立的，它们之间总有这样或那样的联系，因为有了这些联系，才使得各种艺术相互沟通并追求贯通。梅兰芳在这一方面的实践，又要多于同时代的许多大师，因为当时能画者不一定能武，能武者不一定能诗，能诗者不一定能戏。

诗人梅兰芳把"诗中有画""画中有诗"那种突破语言界限，充分发挥出启示作用，在读者头脑中形成清晰图画的独特艺术魅力完全发挥了出来，而且用之于戏剧实践，使得"戏中有画""戏中有诗"。人们在观看梅兰芳演出时如观字画、如诵美词。人们欣赏着梅兰芳的一举一动、一唱一念、一舞一摆，那种艺术的享受，才算是顶级享受。真正善于品戏的人、精于品戏的人，才能将美感与感同身受完全地结合于剧场，要想达到那样的境界,有多年的品戏经验,没有过硬的文化基础,肯定达不成共鸣。

4. 书者梅兰芳

翻看各类描写梅兰芳的书,多数人肯定的是梅兰芳戏剧的成就、画的成就,少有人提到梅兰芳诗歌上的成就,没人谈梅兰芳的书法成就。这是因为梅兰芳没有留下多少纯粹书法作品的缘故。但我们仍然可以从梅兰芳画中的题款里感受到艺术家的书法功底。梅兰芳的字隽秀而不失刚毅,这恰恰吻合了作为泰州人氏的基本特性。泰州地处中国东南沿海,既接受了江南文化的清秀隽永的特点,又接纳了楚齐狂放的个性。梅兰芳虽然出生在北京,亦在北京成名,一生之中大多数的时间生活在北京,但他骨子里的"泰州情结",为他艺术上的"跨度"增添了不少能量。产生于明中期的"泰州学派",更是将中国传统理礼文化的覆盖面扩大到了市民百姓一边,其"百姓日用即道"的"大胆理性",直接影响到了"五四运动",成为中国思想史上最重要的启蒙思想之一。梅兰芳先祖的梨园实践,将这样一些重要的思想流融入了戏剧之中(无论其融会的手段如何),在这种自觉(勇于改革戏剧)与不自觉(迫于生计不得不改)的交汇中走出来的梅氏梨园世家,更多地将当时很前卫的中国戏剧文化发挥到了极致。

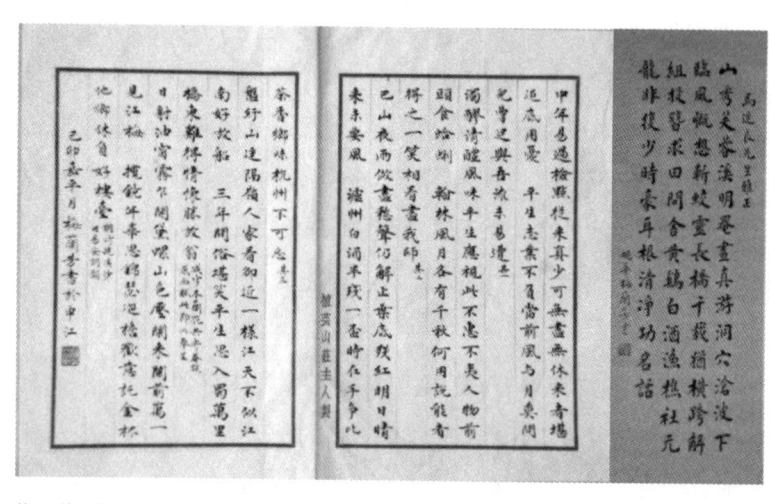

梅兰芳手札

梅兰芳的题款,少有或说没有一泻千里的气势,看似平平坦坦,如同他表演的京剧那样,实则充满了力量,于中规中矩之中显现出艺术的光芒。虽说书法艺术更强调创新,然,任何一种艺术都特别注重合体,"找不出毛病来"这句话看似简单,其实很不简单。梅兰芳的字便很难找出毛病来,而且完全合乎他作为一代男旦名角的身份,这才是艺术之缘。曾经有不少的戏剧评论家评梅兰芳的戏"没有特点",可在评论了梅兰芳戏的"没有特点"之后,又都为梅兰芳那找不出毛病的表演着迷、盛赞,究其原因,还在于"功底"。梅兰芳常常把自己"关"在书房中几个小时不出来,其实他不只是在揣摩美术,他也在不停地练字,要不然,那些隽秀的题款就有可能成为他画作中的"败笔"。人们喜欢梅兰芳的画作,里面也包含了对梅兰芳那种清秀题款的认可。

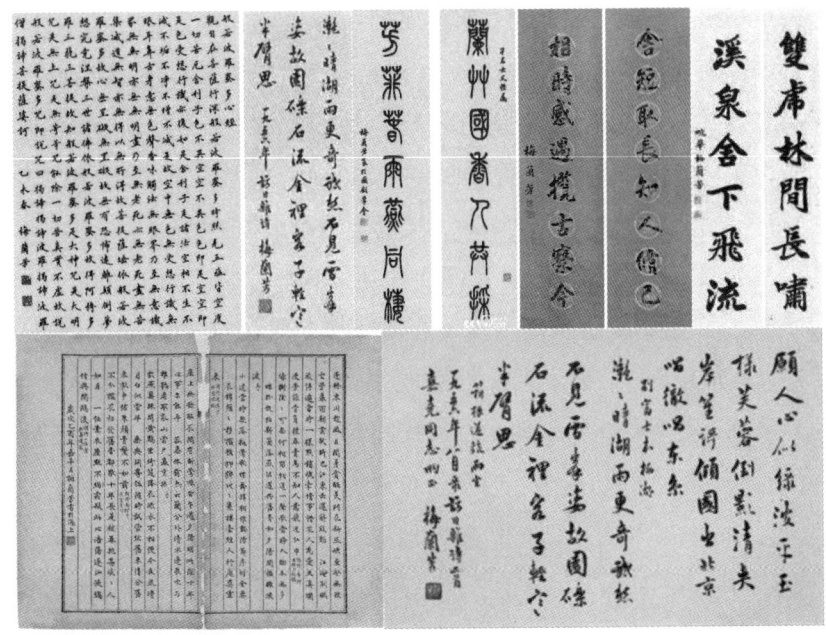

梅兰芳的书法作品

梅兰芳采撷百家而自成一体,其独到的书法技能,完全可以在近现代书法史上独领风骚。这些遗稿足以证明梅兰芳书法的艺术成就。梅兰芳的书法功底主要来自于传统的"帖学",以行、楷为主,隽秀华美,中锋行笔,得规中距、干净利落。字形瘦长,十分精神,根底扎实,清丽娟秀,风格高古,并有唐人书经笔意,意境深远。梅兰芳的书法以楷书见长,小楷尤精,其书韵源自《乐毅论》《黄庭经》《十三行》等"二王"碑帖,梅兰芳的书法像他的京剧经典剧目一样,加之梅兰芳的艺名远扬,因此,梅先生的书法作品也是当代名人雅士争相珍藏的尚品。

5. 文学博士赐梅郎

社会对戏曲艺人轻视,那是旧时社会的一个普遍现象。作为"戏子"的艺人,也自觉处于社会底层,向来不敢造次,一直是达官贵人的"消遣物"。于是一些称谓便显出了贬低的意味。即使如梅兰芳那样的大师,在旧的社会里,也只配"梅郎""小友""艺士""老板"的称谓,更有甚者,冠之以"戏子""下九流""混角儿""色艺"等带有污蔑性质的词。对此,梅兰芳是深恶痛绝的。为了改变这种现状,他决定走出国门,把中国最杰出的艺术发扬到世界,为自己"挣"些"名头儿",为京剧揽些"绝活"词。

与梅兰芳同样,谭鑫培、陈德霖等京剧大师,对"伶人""小友"等称呼不愿接受。传说谭、陈二人曾经收到一幅书画,只因为上面有"小友"二字,便当场撕毁,以表明自己坚决不接受不恭敬的称呼的决心。

梅兰芳谦逊为人、温和含蓄的性格以及不断创新的精神、大度不计较的处事态度,还是得到了众多友人的理解与支持,在友人们的帮助下,梅兰芳大胆挣脱枷锁,快乐地结交圈外朋友。朋友们也在第一时间里为梅兰芳准备了更为广阔的天地。作为民间艺人的梅兰芳,终于可以在世界舞台上"露脸",而且,成为当时最受欢迎的"外来"艺术大师,得到了世界的广泛肯定。1926年,美国驻华使节袭林·阿诺德便曾盛赞梅兰芳:"我们赞扬梅兰芳,首先由于他那卓越的表演天才,其次由于他在提高中国戏剧和演员在社会上的地位所做出的重要贡献。"美国人好像更会用词。在美国,梅兰芳不是"戏子"了,代之而起的是"伟大的艺术家""罕见的风格大师""最杰出的演员""艺术使节"。美国人还给了梅兰芳更高的荣誉。在美国,梅兰芳得到了两个文学博士的荣誉称号:一个是美国洛杉矶市波摩拿学院颁发的,另一个是南加利福尼亚大学的惠赠。

传统京剧艺人的活动范围相对狭小,社会对他们的认识也只停留在"玩意儿"上。梅兰芳不同,他勇敢地走出了国门,并在梨园之外的世界赢得了尊重。在中国,称谓也变了,齐如山也不再称梅兰芳"梅郎",而改称"先生",对此,梅兰芳十分的感动,之后,他对齐如山的态度也完全变了,不仅谦虚地向齐如山学习,还曾以大礼跪拜齐如山。一代名伶的命运就此改变。正是因为齐如山的劝慰,梅兰芳才敢接受"文学博士"的荣誉。

手持博士学位证书的梅兰芳

一开始,梅兰芳对"文学博士"的荣誉学位有些汗颜,因为在美国,"博士"一词代表了知识与权威,不是一般人轻易能得的。梅兰芳把它看成一种标志,标志着西方人士接受了中国京剧,标志着他个人已不仅是个京剧演员,已跻身于世界文化人之列。

波摩拿学院院长晏文士博士知道梅兰芳对他所提议授予的博士学位仍在斟酌时,出面做起了梅兰芳的"思想工作":梅先生从古老中国来,宣传了东方艺术,联络了美中人民之间的感情,沟通了世界文化,被授予"博士"荣衔当之无愧。一番话,说得梅兰芳对自己都"高看"起来,便欣然从晏文士院长手中接过文学博士学位证书。此后,梅兰芳又得到了南加利福尼亚大学文学博士的荣誉称号。在中国戏剧界,数千年间只出了这么一个双"博士",他是梅兰芳。把梅兰芳称为"千古一梅",实在不是什么"高论"。

七、国际大师美名扬

梅兰芳之所以能够获得世界大师的称号,跟他走出国门弘扬国剧有关。中国戏曲与西方交流最早是在1731年。当年,法国传教士卜莱玛(Premare)将中国13世纪的元杂剧剧本《赵氏孤儿》翻译为法文介绍到欧洲,后又有《汉宫秋》《窦娥冤》《西厢记》等近40部中国元代和明代时期的作品被翻译成法文、英文、德文流传到西方。那时的翻译者,只是被戏剧情节吸引,对中国戏曲独特的文化内涵并不算很了解,翻译时甚至还将中国戏剧最重要的唱段删去,从而使中国戏剧失去了艺术魅力,并使许多外国观众产生了误解。这种断章取义的做法,伤的不仅仅是中国戏,还伤了中国的演员。因此,很长一段时间里,中国的演员根本出不了国门,虽然有语言上的问题,但更主要的还是外国的偏见,当然,中国文化里的闭关自守、自视甚高也是个问题,是梅兰芳真正打破了这一格局。

梅兰芳对电影艺术的贡献也为人称道。早在1920年,他就拍摄了无声舞台纪录片《春香闹学》和《天女散花》。随着纪录片的外流,梅兰芳被许多外国人所熟知,这使梅兰芳有了一定的国际影响。但梅兰芳真正成为世界级艺术大师,还得从其作为艺术使节说起。

梅兰芳一生曾应邀出访十余次,他先后访问过日本、美国、苏联、英国、德国、意大利、埃及、印度、朝鲜等国。与许多艺术大师交流经验,并结下深厚的友谊。他是把京剧艺术介绍到国外的先驱者,为促进国际文化交流立下了不朽的功勋。

1919年4—5月间,梅兰芳应邀赴日演出,这是中国京剧演员第一次出现在外国舞台上,受到热烈欢迎,日本剧评家高度评价了他的艺术造诣。

1924年10月,他第二次率团赴日本演出,获得了更大的成功。还将《廉锦枫》和《虹霓关》中的"对枪"折成电影。从此声名远播世界许多国家。

同年,他结识了印度诗人泰戈尔,在北京开明戏院为其专演一场《洛神》。现在沿用下来的"川上之会"一场的布景,就是根据泰翁的意见设计的。

1926年10月,瑞典王储(后来的古斯塔六世)夫妇访华,要求观赏梅剧,梅兰芳在家中为他们演出了《琴挑》和《霸王别姬》中"舞剑"一场,从此双方结下深厚友谊。1957年夏,国际舞蹈协会授予梅兰芳一枚荣誉章,表彰他在艺术上的精深造诣。

1929年12月,梅兰芳率24人团赴美国演出,历时半年之久。所到之处,均受到当地政府、各界人士,特别的文艺界的热烈欢迎和盛情接待。美国学术界也极为重视这次访问演出,南加利福尼亚大学和波摩拿学院授予他文学博士荣誉学位。一时间京剧艺术风靡了美国。美国电影界认为他的表演艺术对电影具有宝贵的参考价值,将他演的《刺虎》拍摄成有声电影新闻片,这是第一部中国戏曲的有声电影。

1935年2月,苏联政府特派"北方号"专轮到上海迎接梅剧团访苏。在莫斯科和列宁格勒(现称圣彼得堡)共演出8场,历时一个半月。在此期间,梅兰芳有幸结识了一批世界闻名的作家和戏剧家,如高尔基、小托尔斯泰、斯坦尼斯拉夫斯基等,还有正在苏联的英国作家萧伯纳、德国戏剧家布莱希特及皮斯卡特尔。

新中国成立后,梅兰芳继续致力于保卫世界和平、促进文化交流的工作。

1952年12月,他出席了在维也纳召开的世界人民和平大会,回国途中又经莫斯科做短暂的访问和演出。

1952年春和1953年11月,两次率团赴朝鲜战场进行慰问演出。

1956年,率中国京剧团到日本访问演出。

1957年,参加了中国劳动人民代表团赴苏联庆祝"十月革命"四十周年活动。

1. 世界大师的成长路

剧种兴衰,原因很多,中国人认为,戏剧跟生活、做人是一个道理,必须去掉外节,还其本质,所谓归真返璞,终身不辱。很多戏剧在其发展的过程中,慢慢地沦为低级趣味,无艺术、无情操、无精神,当然只能自取灭亡。艺术能不能存在并发展,是靠杰出代表撑持着的,而不是什么达官贵人。单纯依靠达官贵人的做派,自然走不远,因为所有的达官贵人都只能是昙花一现。所以,戏剧呼唤大演员的出现,这是戏剧独立于世的突出标志。不管什么剧种,有了大演员,这个剧种就兴盛。没有大演员,这个剧种早晚要消失。中国历史上的杂剧、南戏、传奇就是这样,不过是某一时代的时代剧而已,根本谈不上什么经久不衰,更毋庸谈什么国际性。大演员的形成,必须有几个基本的条件,他(她)不仅是那个剧种艺术的忠实继承者,他(她)还是那个剧种艺术的勇敢突破者和创新者,他(她)还必须有影响,能够唤起人们对于戏剧的兴趣,他(她)更有可能是某一时代里的引路人、杰出代表。梅兰芳是一位公认的大演员,能成为国际大师,得来很不容易。

1915年之前,梅兰芳还不是主要的戏剧角儿,但却在那一时期打下了结实的戏剧基础。那时的梅兰芳的演出,多是《二进宫》《三娘教子》等传统唱功戏。梅兰芳学的是正工青衣,师承时小福一脉,兼容前辈各家之长。有人说梅兰芳具备优越的天赋,那是一个误断,梅兰芳学戏,就有过挫折,甚至,师傅都不愿让他吃唱戏的饭。但梅兰芳刻苦勤奋,崭露头角后更是形不离手、曲不离口,这才慢慢地出众,他所谓的才华,是靠苦练维持的。

1915年至抗日战争前夕,梅兰芳对于戏剧的创造性便显示出来了。梅兰芳是一个把艺术生命看得很重的人,他一边继承传统戏剧的精髓,一边大胆改革,希望自己的舞台艺术能符合时代潮流。那一时段里,梅兰芳连排了些时装新戏,致力于古装新戏的创造、传统剧目的整理的历史剧的编演。所以说,成大师者,不可不创新,不可不融会,不可不尊道。

抗日战争结束,梅兰芳从蛰居状态里走出来重返舞台。此时的梅兰芳,无论是演艺水平还是社会阅历、思想水平都得到了质的提高。他开始有目的地重点加工优秀剧目并开始把自己的体会写出来,这才是迈向大师的重要一步。演员只会演而不懂得阐述,不会将自己的所得形成体系,那不是大师所为。善于总结艺术经验的梅兰芳所写的《舞台生活四十年》,结合了《宇宙锋》《贵妃醉酒》《断桥》《奇双会》《战金山》《霸王别姬》《游园惊梦》等最具梅派特色的剧目演出体会,因此产生了较大的影响,而这样一些剧目,也被我国的电影工作者拍成艺术影片,不仅有效保护了梅派艺术,而且使梅派艺术在更广范围里传播,至今这些影片,已经成为戏剧专业学生们的必看材料。因为年龄等原因,这个时期里的梅兰芳开始考虑结合自己的身体状况,排一些适合的剧目,《穆桂英挂帅》是最具代表性的一部新戏,也是梅兰芳晚期唯一改编成功的戏。把豫剧《穆桂英挂帅》改编为京剧,是梅兰芳敢于突破自己的一次大胆尝试,梅兰芳饰演的穆桂英,气度凝重,感情深沉,唱、做艺术登峰造极,令人叹为观止。虽然舞台上不再色彩浓艳,而是清淡含蓄,但更富魅力,标志着梅兰芳舞台艺术已经达到了炉火纯青的境界。

我们知道,梅兰芳集京剧旦角艺术大成,融青衣、花旦、刀马旦行当为一炉,创造出独特的表演形式和唱腔,这些只能算是梅兰芳得到世界大师称号的形式,而非全部的内容。"梅派"之所以影响大,还在于梅兰芳有意识地将自己的演艺不断提升为戏剧理论,人们将梅兰芳誉为中国旦角创艺立派的第一人,是恰如其分的。在跟程砚秋、尚小云、荀慧生齐名的"四大名旦"里,"梅派"始终排在第一位,这就是精益求精的力量,是创新的力量。

特别值得称道的是梅兰芳把中国京剧推向世界舞台的做法。当时,多数西方人对中国戏曲的偏见很深,对中国文化的价值充满怀疑,梅兰芳顶住压力,勇敢地迈出国门,以自己精到的演绎,用高尚灵性的表演手段,征服了对中国戏剧有偏见的外国观众。梅兰芳一生三次访日,两次访苏,一次访美。日本评论界一致认为京剧具有形式美和象征美。美国人则惊呼:"梅兰芳先生一夜之间成了纽约的第一号艺人。""可能使你目瞪口呆的是,这位中国最伟大的演员具有惊人的世界共通性,你会发现虽然你听不懂他发出的每一个音节,但是通过他的眼神,时时变化的手势,行云流水般的身段,乃至声音的抑扬或强弱,已经使你能够理解角色的内心和思绪。"

戏剧评论家斯达克扬在《梅兰芳和他的剧团剧目》中写道:

> 梅兰芳先生的表演,使我足以感到,这是本季度戏剧的最高峰。也是杜兹(意大利著名女演员)的访问和莫斯科剧院上演契诃夫戏剧以后,任何一个戏剧节的最高峰。

梅兰芳的访苏则被视为中苏两国文化交流的里程碑。斯坦尼斯拉夫斯基看了梅兰芳的演出后给予了很高评价。

中国戏剧教育理论家黄佐临在《梅兰芳、斯坦尼斯拉夫斯基、布莱希特戏剧比较》一文中全面论证了中国传统戏曲的八大外在和内在的特征,把它提升到理论高度。苏联斯坦尼斯拉夫斯基的"体验派"提出"我就是角色"的观念,之后,德国戏剧家布莱希特的"叙述派"提出"我是我,角色是角色",两派的观念正好相反。梅兰芳的戏剧则处于两者之间,却又融会贯通,不生搬硬套。于是黄佐临率先将梅氏、斯氏、布氏三者不同的戏剧理论归纳为"世界三大戏剧理论体系"。

2. 梅宅几成外交场

让京剧在国际上受到重视的人很多,但使京剧这一戏种扬名于世者,梅兰芳功劳最大。梅兰芳是第一个把中国戏剧带到外国去演出的艺术家,是最早把中国戏剧介绍给世界剧坛的戏剧家,促进了我国与国际文化的交流。是故,人称梅兰芳为"国际大师"。无论从戏剧表演还是对京剧艺术的诠释方面,梅兰芳都无愧于"国际大师"的称号,而且,除他之外,找不出第二个人来,这在中国戏剧史上也算一个奇迹。梅兰芳是京剧旦行创世立派的第一人,五十六个春秋的舞台生涯,塑造了许许多多的艺术形象,颂扬善美,鞭挞恶丑,美化女性,净化社会,有人把他比作"美神"。梅兰芳完全担得起"千古一梅"的大号。当世演艺界国际明星中,就有不少人模仿"梅派",如黑人明星杰克逊,在脸谱、男旦、载歌载舞等方面便吸收了"梅派"艺术。

新中国成立后,外宾到中国旅游,多向外交部提三点要求:一是观光长城;二是浏览颐和园;三是访问梅兰芳。位于北京无量大人胡同的"梅宅",几乎成了外交场所。梅兰芳与国际人士的交往,旨在推广中国戏剧,改变外国人长期以来对中国戏剧的鄙视和轻蔑,纠正外国人视中国人低俗粗陋的偏见,以自己的演技及声望鼓励戏曲演员摆脱自卑。因此说,梅兰芳是名出色的京剧演员,梅兰芳也是名有责任感的艺术家。到过"梅宅"的世界名人总计有六七千人,他们中包括瑞典王储夫妇、奥地利小提琴家费里茨·克莱斯勒、英国作家萨默赛特·毛姆、美国威尔逊总统夫人、美国教育家约翰·杜威、英国哲学家伯特兰·罗素(1950年诺贝尔奖得主)等。

梅兰芳把京剧推向世界的主要国家虽然只有三个(日本、美国、苏联),但影响超过了三个国度,因为那三个国度艺术家、戏剧理论家们的宣传,梅兰芳早已成为世界戏剧的符号之一,而且是主要的符号。1915年,梅兰芳集中排演古装新戏期间,那年下半年,美国有一个教师团体到华访问,梅兰芳应外交部之邀在外交部宴会厅为美国客人演出了他的新编歌舞京剧《嫦娥奔月》,受到热烈赞赏。这应该算是中国京剧演员最早在中国的土地上向外国人介绍中国京剧,从此,每当有外宾来访,在招待宴会或晚会上,梅兰芳的京剧表演均成为保留节目。1919年,梅兰芳将京剧介绍到了东邻日本。1930年,梅兰芳到美国访问演出,并在美国获得了文学博士的荣誉学位。1935年,他又出访苏联,在那里与另外两位享誉世界的艺术大师——苏联的斯坦尼斯拉夫斯基和德国的布莱希特进行了交流。京剧艺术在国际上越来越受到重视。美国、日本等国的一些名牌大学还设立了专门研究中国戏曲和京剧的专业。京剧成了一种文化象征,是绝大多数公认的"国剧"。梅兰芳自1919年起,亲传门人数十,国内外广传逾百。一代宗师梅兰芳勇于创新,首创了京剧旦行表演艺术的重要流派——"梅派",是中国京剧发展史上的一座丰碑。

3. 赴美演出很成功

梅兰芳第二次访日归国后不久,美国驻华公使约翰·麦克慕雷专程去"梅宅"拜访,建议梅兰芳去美国演出,还说:"如果能够成行,则可使美国人民增进对中国戏剧艺术的了解,更可促进两国人民之间的友谊。"梅兰芳心动了。但是,美方并没有以国家名义邀请梅兰芳,也就是说,为了"促进两国人民之间的友谊",梅兰芳必须自己想办法去美国。但去美国展示中国文化,是一项颇具挑战性的"活",梅兰芳还是想"接活"。

相比去日本等亚洲国家,梅兰芳对去美国演出顾虑更大。如果说梅兰芳第一次去上海演出是他第一次面对新旧文化冲突的话,那么,他去美国演出,面对的将不仅是新旧文化冲突的问题,更是东西方文化的差异问题。因此,他不得不慎重行事。

那时的美国人,对中国人的态度还算友善,但绝不是尊敬。他们甚至瞧不起中国人,因为当时的中国已沦为世界弱国,陷入了惨境。美国人伦伯认为中国人完全缺乏艺术美感,原因是所有演员的吐字都是单音节的,没有一个音不是从肺部挣扎吐出的,听起来就像是遭到惨杀时所发出的痛苦尖叫,更有人说那唱腔高到刺耳以至无法忍受,尖锐的声音如同一只坏了喉咙的猫叫声。这已经不是尊重不尊重的问题了,而是在污蔑中国人。梅兰芳不得不谨慎了。

当时的梅兰芳,在国内堪称一流演员,身价不菲,演出酬劳很高。但去美国,却不是以国家名义,而是以私人名义出访,一切经费自筹。梅兰芳虽然有钱,但毕竟不是豪门子弟,他不得不在经费上做精细的打算。美国方面,以民间团体"华美协进社"邀梅。就在梅兰芳犹豫不决的时候,对梅兰芳演艺有过重要指点的文化名士齐如山又一次伸出了友谊之手。齐如山的亲戚兼世交李石曾联合了银行界友人,与燕京大学校长司徒雷登和他的秘书薄泾波等人四处奔走,在北平为梅兰芳募捐到5万美元的文化交流费。同时,冯幼伟和吴震修、钱新之"梅友"在上海又募捐到了5万美元,这才算是筹齐旅资。梅兰芳还是十分担心,去美国演出,能就此改变美国人对中国人的印象,还是给美国人进一步讽刺挖苦中国人的机会?单靠他的演出,能拉近东西方文化如此巨大的距离吗?

好事多磨。梅兰芳动身前的两天,从美国传来了不好的消息:"美国正值经济危机,市面不振,要么缓来,要么多带钱。"梅兰芳赴美宣传工作已开始,如果不去的话,声誉势必受损。如果强行,很可能血本无归。梅兰芳左右权衡,还是不能下决心。就在这时,友人冯幼伟凭中国银行董事的身份,又筹得5万美元。有了这15万美元,梅兰芳才战战兢兢地跨洋过海。

梅兰芳应当感谢他身边的那帮"梅友"。因为他们在梅兰芳去美国前,已经在美国做了大量的宣传工作,几乎是面面俱到、铺天盖地。齐如山编了几本书,其中有详细介绍中国京剧知识的《中国剧之组织》、专门介绍梅兰芳的《梅兰芳》和《梅兰芳歌曲谱》以及对梅戏的《说明书》。还是齐如山,约上黄秋岳,画了两百幅图,涵盖剧场、行头、扮相、脸谱等15类,真是详尽细致。

为慎重起见,梅兰芳遍访在华美国人和曾留学美国的中国学者,做可行性研究。并频频与熟知美国文化的知识分子接触,了解美国文化。这既是为了做到知己知彼,也是在寻求帮助。

但也不是没有矛盾。如对剧场和舞台布置,梅兰芳和齐如山倾向于

"完全中国式"，其他人则要求梅兰芳采用中西结合式，那更能让美国人"读懂"中国戏。争论到最后，齐如山拍板：舞台布置完全是中国特色，第一层是剧场的旧幕，第二层是中国红缎幕，第三层是中国戏台式的外帘，第四层是天花板式的垂檐，第五层是旧式宫灯四对，第六层是旧式戏台隔扇。

梅兰芳终于踏上了美国的国土，剧场也已定了下来。剧场门口，满挂中国式宫灯、梅剧团特有的旗帜；剧场内挂着许多中国式纱灯，上面绣有人物故事、花卉、翎毛；壁上挂介绍中国戏剧的图画；所有剧场人员包括检场、乐队、服务人员都着统一的中国式服装。

美国的观众不仅接受了"中国式"，而且"容忍"了中国文化的"包围"，当然，他们还是想通过欣赏中国戏剧去进一步地理解中国戏剧。应该说，前期的宣传工作起到了作用。其间，在文化氛围的营造方面，出力最大的是胡适和张彭春。

1925年，梅兰芳就开始与胡适交往。杜威正是由胡适引领去"梅宅"拜访梅兰芳后才跟梅兰芳有了交往。后胡适到伦敦参加"中英庚款顾问委员会议"，回上海受聘中国公学校长，再返回北京，其间过去了三年。梅兰芳要去美国访问演出，当然要向胡博士请教了解美国的风土人情、观众的艺术爱好与欣赏习惯、剧院状况等，更请胡适帮他选择欲在美演出剧目，还请胡适用英文翻译《太真外传》说明书。

胡适支持梅兰芳的赴美计划，不只出谋划策，还用英文写了《梅兰芳和中国戏剧》，这篇文章后被收录进欧内斯特·K.莫先生编纂的《梅兰芳太平洋沿岸演出》的英文专集中。胡适的帮助给了梅兰芳信心。邀请梅兰芳赴美的"华美协进社"正是由胡适、张伯苓、杜威等中美学者共同创办的。胡适甚至还在美国的母校哥伦比亚大学教授公会做好了迎接梅兰芳的准备，杜威博士也准备好了晚宴。

张彭春是胡适赞为"今日留学界不可多得之人才"的才子。他既熟悉西方戏剧，又深谙中国京剧，还精通话剧；既有文学、哲学的底子，又对中外戏剧进行了比较研究。胡适、张彭春是美哥伦比亚大学的同学，同受业于杜威门下。"华美协进社"所以愿意出面邀请梅兰芳赴美，正是接受了张彭春的建议。张彭春先后获得文学硕士和哲学博士学位,对戏剧也颇有研究。张彭春自幼爱好京剧,留美期间因为哥伦比亚大学与著名的百老汇剧场相邻而有了很多观赏西方戏剧的机会。回国兼任南开大学教授后,被推选为"南开新剧社"副团长兼导演。把中国戏剧界的领军人物梅兰芳推向美国等先进国家去,是张彭春的一个"创意"。他认为,让崇尚"眼见为实"的美国人亲眼看见中国可与莎士比亚、易卜生并称的梅兰芳,将会极大地改善中国戏剧在西方的地位。

1930年元月底,梅兰芳率团到达美国。2月14日,应中国驻美公使伍朝枢的邀请,梅兰芳率先到华盛顿参加伍公使特意安排的演出招待会。当晚参加招待会的有除总统胡佛外的其余政府官员、各国大使、地方官绅、社会名流,在美的最高级别的头头脑脑能去的几乎都到场。甚至在外公干的胡佛总统还遗憾地派人嘱咐伍朝枢,希望梅兰芳能在华盛顿再待两天,等他回来。2月17日,梅兰芳在纽约四十九街戏院公开演出。

为了让美国人真正地看懂中国戏,张彭春着手帮梅兰芳选剧目,这是关键中的关键。《刺虎》《汾河湾》《贵妃醉酒》《打渔杀家》《霸王别姬》成为张彭春"内定"剧目。事实证明,张彭春的慧眼真的识到了美国人的"心思",而《刺虎》最受美国人欢迎。《霸王别姬》里的"剑舞"让现场的美国观众如痴如醉。张彭春不仅是梅兰芳的顾问,还担负了导演的职责。张彭春可算是第一位真正意义上的京剧导演,京剧导演制也由此成立。最有意思的是,张彭春不仅是顾问、导演,他还亲自上台,用英语说明中国戏剧的组织、特点、风格以及一切动作所代表的意义。然后由剧团邀请来的华侨翻译杨秀女士用英语做剧情介绍、说明。接着,梅兰芳才正式亮相。张彭春严格限定时间,包括说明、介绍和每场戏的演出时间,整台演出绝不超过两小时。这样做,是考虑美国人的时间观念。东方管弦乐声的清亮悦耳、华丽彩服的"东方美人"迈着柔柔的碎步扭着纤纤细腰摆动着变化万千的手势、悠悠扬扬的唱腔、那无与伦比的美丽和高贵,震惊了美国观众。梅兰芳在美国的首场演出便大获成功,《刺虎》结束后,他谢幕竟达15次之多。观众发现那个柔声细语、婀娜多姿的"美女"果然是男人所扮,整个剧院疯狂了。

纽约的成功亮相,加上芝加哥、旧金山、洛杉矶、檀香山的成功演出,"梅兰芳热"弥漫美国。好多商店将京剧的华丽行头摆进橱窗展览;鲜花展销会上,有一种花被命名为"梅兰芳花";一位女士在三星期内共看了16场梅兰芳演出,犹嫌不足,闻梅兰芳那年正好36岁,便特地买了36株梅树,在自家的大园子里辟出一块地专种梅树,并请梅兰芳破土,还把那块地命名为"梅兰芳花园"。纽约的最后一场演出结束后,有人提议上台和梅兰芳握手。梅兰芳欣然应允。于是观众按顺序从右边上来,从左边下去,秩序很好,可是梅兰芳握了十几分钟仍然不见观众减少,心里很是纳闷。细一看,原来是很多人握过一次手,下去后又重新排队,又上来握,梅兰芳握手握得没完没了,但却不嫌累,心里高兴极了。美国的新闻界、评论界等专业人士,本想以其职业保持冷静和客观,但言语间却还是按捺不住对中国京剧和梅兰芳个人的欣赏,溢美之词、褒扬之声"挤"满了各类媒体。这不仅是梅兰芳个人的成功,也是中国戏剧的成功。

　　梅兰芳去美国的演出,完全可以用"轰动"一词去概括。《纽约时报》等美国知名媒体对梅兰芳的演出和各种社会活动进行了连续的跟踪报道,但千万别理解成美国人对中国文化的完全认同。

　　梅兰芳访美,最早的提议者是美国驻华公使保罗·芮恩施(Paul S. Reinsch),因为他信奉"艺术无国界"。当然,作为外交家,他肩上担负着更重的担子,他需要通过文化的交流来提高中美两个国家的友谊。众所周知,文化沟通是最值得去做的外交正事。

　　很多美国人一开始是怀疑梅兰芳的,甚至连梅兰芳自己也怀疑访美的成功性。但演出的效果出乎所有人的预料,梅兰芳受到空前欢迎,演出从原计划的两个星期延长到五个星期,并搬至可容纳更多人的曼哈顿国家剧院。最好的座位在演出前十天就已售罄,梅兰芳的活动安排、欢迎宴会每天都会见诸报端,美国音乐、戏剧、舞蹈界的评论家在《纽约时报》《纽约先驱论坛报》《世界报》《纽约电讯报》《晚邮报》以及各种杂志上第一时间报道梅兰芳的成功。各家媒体的评论员们在为梅兰芳高唱赞歌的同时,也陷入困惑:美国观众对梅兰芳戏剧中的音乐和语言既不明白也不感兴趣,梅兰芳的表演又是如何吸引了他们? 梅兰芳刮起的"中国风"使人们目瞪口呆。《纽约时报》一位叫阿特金森（J. Atkinson）的记者的一篇评论引起了注意。他认为西方戏剧能够从难懂的中国戏剧身上借鉴的东西不多，但他把梅兰芳的表演称为"美得如同一个中国古代花瓶或毛毯"。美国亚裔历史学家约翰·陈（John Chan）则抓住了本质："对'中国风'器物的欣赏和搜集具有重要的身份识别意义。"梅兰芳被"物化"成"中国风"器物。

美国的戏剧评论家和研究者们，惊讶地从中国京剧的演出中发现了极其"现代"的戏剧手法。

《洛杉矶审查报》1930年5月1日发表了一篇题为《中国早在几百年前就已听见《旁白》》的文章。文章说："（1928年）尤金·奥涅尔在《奇妙的插曲》里运用了'旁白'这一新颖手法，在当代戏剧中掀起一阵争先仿效的时髦的狂热。中国伟大的演员梅兰芳解释道，这种阐明情节的手法，作为京剧的主要组成要素之一，早已存在几百年了……"

美国理论界意识到，不能再用西方戏剧理论领域中的一些惯用名词或术语来界定中国戏剧的本质和原则了，因为它具有自己悠久的传统和独立的艺术发展轨迹。

知名文艺评论家布鲁克斯·阿特金逊发表了这样一席看法：

> 梅先生和他的演员所带来的京剧几乎跟我们所熟悉的戏剧毫无相似之处；语言上的障碍，若同完全异国情调的艺术的障碍相比，则变得微不足道了。这种艺术具有它独特的风格和规范，犹如青山一般古老……但它却像中国的古瓷瓶和挂毯一样优美。如果你能摆脱仅因它与众不同而就认为它可笑的浅薄错觉，你就能开始欣赏它的哑剧和服装的精美之处，你还会依稀觉得自己不是在与瞬息即逝的感觉相接触，而是与那经过几个世纪千锤百炼而取得的奇特而成熟的经验相接触。你也许甚至还会有片刻痛苦的沉思：我们自己的戏剧形式尽管非常鲜明，却显得僵硬刻板，在想象力方面从来没有像京剧那样驰骋自由。

还是斯达克·扬将这种感觉概括得准确而具体,他总结道:

> 在一个属于古老民族的传统艺术和一个被他们的人民承认为伟大的艺术家面前,我们大多数观众必定会感到谦卑……梅兰芳的表演使我足以见到这是本季度戏剧的最高峰,也是自杜斯的访问和莫斯科艺术剧院上演契诃夫戏剧以后任何一个戏剧季节里的最高峰。

4. 影坛三杰迎梅郎

在美期间,梅兰芳除了演出和参观外,与美国"影坛三杰"的交往最为人称道。美国"影坛三杰"指:演武侠片而闻名全美的道格拉斯·范朋克,"美国的大众情人"玛丽·璧克馥(道格拉斯·范朋克的夫人)、喜剧大师卓别林。

梅兰芳抵达旧金山,坐上范朋克提供的汽车,在市府特派警车的护卫下,先到市政府拜访市长波尔泰,后直驶范朋克别墅"飞来福别庄"。范朋克恳切期盼梅兰芳在洛杉矶演出期间去他的别墅小住数日。梅兰芳考虑到不方便婉拒。范朋克一再去信,盛情难却。但梅兰芳应允后,出面接待的却是玛丽,范朋克已去伦敦。梅兰芳没想到的是,玛丽将整栋楼的钥匙都交给了他,她自己则住到别处去了。玛丽嘱咐厨师每天变换花样,那段日子,梅兰芳足不出户却尝遍了世界各地美食。闲时还在别墅的游泳池里畅游。即将结束在洛杉矶的演出前,范朋克从伦敦赶了回来。两位艺术家一起交流电影和戏剧,更多时是在一起打高尔夫球,范朋克亲自教梅兰芳如何挥杆。第二年的2月,范朋克为拍摄纪录片《八十分钟遨游世界》和导演维克多·佛莱明来到北京,梅兰芳事先为范朋克借了一所典型的老北京建筑风格的房子,并请人重新布置,摆上明清两代紫檀雕刻的家具,挂上明清的书画,还聘了一位厨师,专为范朋克做中国菜。在北京,梅兰芳和范朋克合演了两组有声电影。第一组是两人见面的情形,由梅兰芳先用英语说了几句欢迎词,再由范朋克用汉语说:"梅先生,北平很好,我们明年还要来。"第二组镜头是范朋克穿上梅兰芳送的戏装,装扮成武松的模样,然后做了几个由梅兰芳现教的武生动作,有模有样的。梅兰芳笑言范朋克"是有史以来头一名外国武生扮演一名中国武生"。分别时,梅兰芳送给范朋克一些中国土产、文房用品,一套中国式的黑缎团花马褂、蓝缎团花夹袍及武松的全套行头。还请范朋克转交给夫人两套旦角服装。20世纪70年代初,在好莱坞的一次电影界宴会上,玛丽身着中国古装惊艳四座。玛丽去世前,又将此服装转赠给了华裔演员、梅兰芳的义女卢燕女士。梅兰芳迁居上海后,曾收到范朋克寄来的照片和刻着他名字的香烟盒,但他俩从此再未见过面。

梅兰芳与卓别林,都是近代世界级的大师人物。梅兰芳访美是件大事,卓别林当然会特别留意梅的行程,并期待着能够与梅兰芳见面叙谈。梅兰芳对卓别林也是十分留意,喜欢看电影的梅兰芳早已从电影镜头里"熟悉"了卓别林。美国之行,梅兰芳更希望亲眼看见卓别林的风采。

5. 肖恩夫妇学梅派

1925年,美国的"现代舞之父"泰德·肖恩和"舞蹈第一夫人"露丝·圣丹尼斯伉俪率舞蹈团进行为期一年半的亚洲巡演。他们在北京演出3天。他们当然抽不出时间观看梅兰芳演戏,却又对梅戏十分向往。梅兰芳慷慨大度地将他的剧团带到剧场,待他们演出一结束,续演一场京剧。这不仅让观众喜出望外,更让包括肖恩夫妇在内的舞蹈团成员欣喜若狂,他们来不及卸妆就飞快奔向观众席,一睹梅的风采。观剧后,肖恩夫妇说"比想象的还要令人振奋"。出于舞蹈家的敏感,他们对梅兰芳美丽的手、优雅的身段、雍容的台风大为震撼,称"从没有见过如此深刻感人的异国情调的表演",更认为"梅先生是复兴中国舞蹈的唯一真正希望"。次日,他们特地拜访了梅兰芳,三人相谈甚欢。临行,梅兰芳送给圣丹尼斯一套带水袖的戏装。肖恩夫妇回国后立即将《霸王别姬》移植改编成了一出10分钟的西洋舞剧,取名《吴妻别帅》。

1926年7月15日,新加坡维多利亚剧院,肖恩夫妇联袂演出,吸引了众多的艺术迷。两人高超的演艺及凄美的爱情故事深深打动着观众,然而有华人观众却发现其中的一部取名《吴妻别帅》的舞剧似曾相识,除了人物、故事,甚至台上还出现了一名检场人员,手持一根带树叶的竹竿站在一旁，象征一棵树，随后由他撤去舞台上的椅子和其他物件，这岂不和中国京剧的舞台传统相一致？最让那些熟知梅戏的观众惊奇的是，吴帅夫人身上所穿的那套带水袖的戏装很像梅兰芳曾经穿过的。是的，《吴妻别帅》正是取材于梅兰芳的《霸王别姬》，吴帅夫人身上的那件戏装也是梅兰芳送的。《吴妻别帅》在新加坡首演，从此该剧成为肖恩夫妇的保留剧目。

6. 访苏旅欧促技艺

梅兰芳一生去了很多国家，但去得最多的是苏联。

1931年秋，梅兰芳的弟子、四大名旦之一的程砚秋只身去了欧洲五国。此行的目的是专门考察欧洲戏剧，归国后，他写了一本《赴欧考察戏曲音乐报告》，其中包含了19点心得，极富理论性。梅兰芳从弟子的书中读到了不少欧洲戏剧方面的东西，于是打算出访欧洲。

梅兰芳在去过两次日本、一次香港和一次美国后，已积累了不少经验。为了拓宽眼界，也为了日后将京剧拓展到欧洲，梅兰芳萌发了旅欧之念。胡适知道后，赞同他的想法，劝梅兰芳请张彭春先往欧洲走一趟，拿个计划出来，以后再动身不迟。世事难料，梅兰芳踌躇满志地准备出行时，"九一八"事变爆发，不得已，梅兰芳于1932年离开北京，南下上海，旅欧计划只能搁浅。

梅兰芳并没有放弃访欧计划，在上海，他一边赶排《抗金兵》《生死恨》等抗战戏，一边与驻英、法、德的外交官联系。就在此时，梅兰芳接到苏联方面邀请，希望他先到苏联演出。苏联驻华大使馆特派汉文参赞鄂山荫找到梅兰芳，把苏联对外文化协会代理会长库里斯科的正式邀请函交给梅兰芳。苏方为什么会邀请梅兰芳？出于两个方面的原因。第一个原因来自政治，当时苏联刚刚将中东铁路卖给了伪满洲国，中国国内对此行为大为不满。苏方为缓和和中国的关系，冲淡中国人民的反苏情绪，遂邀请梅兰芳和电影明星胡蝶一同去苏联演出。第二个原因来自艺术，当时，苏联的写实派正在没落，开始盛行象征主义，苏联艺术界把梅派艺术定性为"象征派"，想从中学到一些真东西。

梅兰芳决定出访苏联有两方面的兴趣，一是对苏联这个国家的兴趣，二是对苏联艺术的兴趣。苏联是世界上第一个社会主义国家,它的戏剧传统远优于美国,戏剧人才的文化层次也远高于美国。梅兰芳知道,在美国,他面对的是以杜威为代表的学者以及以卓别林为代表的演艺界人士,而到苏联,他将面对一批戏剧理论专家。

为迎接梅兰芳,苏方特地组织了"招待梅兰芳委员会",可见其重视程度。该委员会主席由苏联对外文化协会会长阿罗舍夫和中国驻苏联大使颜惠庆担任,委员有:苏联第一艺术剧院院长斯坦尼斯拉夫斯基、丹钦科剧院院长丹钦科、梅耶荷德剧院院长梅耶荷德、卡美丽剧院院长泰伊罗夫、著名电影导演爱森斯坦、国家乐剧协会会长韩赖支基、艺人联合会会长鲍雅尔斯基、名剧作家特列加科夫等。名单包含了苏联戏剧、电影、文学界的最高层次人士。梅兰芳有点诚惶诚恐,但所谓艺高人胆大,他还是决定走一次,并为此行做了充分准备,不敢有丝毫的马虎。这就是梅兰芳对艺术精益求精之外,各个方面都考虑周到,虚怀若谷的品性,是梅兰芳成功的重要内因。

梅兰芳接受胡适的建议,除再次聘请张彭春为剧团总指导外,又聘请戏剧家余上沅为副指导。余上沅是胡适的学生,20世纪20年代毕业于北京大学英文系,后来赴美研究戏剧。《宇宙锋》在"梅派"戏中刻画人物最多面最深刻,因而文化层次也最高,大家一致决定在节目单上加上这个剧。

梅兰芳是一个爱国艺术家,苏联人从迎接梅兰芳出发一事上算是"品"到了梅兰芳独特的个性。开始,苏方意思是乘火车去苏联,但坐火车必须经过伪满洲国。梅兰芳明确表示:绝不过日本侵略者侵占下的中国土地,否则宁愿取消此行。苏方不得已改派专轮将梅兰芳先接到海参崴,然后再在那里乘火车直达莫斯科。

1935年3月,梅兰芳到达莫斯科,次日便去红场谒列宁墓,花圈缎带上款写着"敬献列宁先生",下款是"梅兰芳鞠躬"。梅兰芳是第一个向列宁墓敬献花圈的中国戏剧工作者。下午,梅兰芳在高尔基大街上的一家美术品商店购买了一尊列宁半身塑像。去之前,梅兰芳对苏联的历史进行过全方位的了解,对"十月革命"领导人列宁充满敬意。

苏方对梅兰芳的到来做了精心准备。"梅兰芳"三个大字以及画着中国宝塔的宣传画,在莫斯科街头到处可见,新闻界把梅兰芳称为"伟大的中国艺术的伟大代表"。苏联对外文化协会编印了介绍梅兰芳与中国戏剧的小册子:《梅兰芳与中国戏剧》《梅兰芳在苏联所表演之六种戏及六种舞之说明》,广为散发。于是,那时的莫斯科,人人都在谈论"中国来的梅兰芳",人人都以能看到梅兰芳的戏而骄傲。

苏联戏剧理论界则做好了挑剔和学习两种准备。当时的苏联戏剧界正盛行斯坦尼斯拉夫斯基(1863—1938)的表演体系,那是继承和发展欧洲体验派的传统后所创立的"体验派"。斯氏强调演员要在内心做多方面的深刻体验的理论,影响到了电影界。苏联著名导演爱森斯坦(1898—1948)是斯氏理论的拥护者,但他从京剧的艺术手法和风格里找到了要吸取的经验:"就是构成任何一种艺术作品核心的那些要素的总和——艺术的形象化刻画。"爱森斯坦还说:"我们研究京剧,毕竟不只是赞赏一下它的完整性就算完结。我们要从中寻求一种可以丰富我们自己的经验的手段。"

爱森斯坦曾向梅兰芳提出拍一段有声电影的要求,发行到苏联各地,让更多的没有看过梅剧的苏联人民能够欣赏到中国京剧。梅兰芳欣然应允,配合完成了《虹霓关》中东方氏和王伯党的一场对枪歌舞戏的拍摄。这出戏后来被称为"伟大的爱森斯坦拍摄的伟大的梅兰芳"。梅兰芳是一位善于学习和总结的艺术大师,他后来曾对电影和戏剧做过比较,认为电影有电影的长处,戏剧也有存在的价值,二者可以互相借鉴,但绝不可替代。

德国戏剧家布莱希特描述看梅兰芳表演时的情景。有位美国观众谈看梅兰芳戏的情况:

> 我激动得浑身发抖,怪就怪在,这种激动,比我多半能从任何对死亡和恐惧仅是摄影般的描绘所感受到的那种激动要强烈得多,而同时又显得朦胧更纯净。于是那些对我来说至关重要的,且对我们西方戏剧也同样十分重要的特征开始萦回在我的

脑际。

相比较于苏联的艺术家,梅兰芳并不落后。演出之余,梅兰芳奔波于莫斯科、列宁格勒的各大剧院,观看了歌剧、芭蕾、话剧,其中歌剧有《叶甫盖尼·奥涅金》、柴可夫斯基的《胡桃夹子》、威尔第的《茶花女》等;芭蕾舞剧有乌兰诺娃的《天鹅湖》、欧朗斯基的《三个胖人》;话剧有契诃夫的《樱桃园》、小仲马的《茶花女》、莎士比亚的《理查三世》等。同时,他遍访世界文化名人,包括文学大师高尔基、电影导演爱森斯坦、戏剧家斯坦尼斯拉夫斯基、梅耶荷德等,以其一贯的谦恭态度,虚心向大师学习。

梅兰芳的到来,还是"惊动"了苏联高层。最后一场临别演出,被破例安排在规定只准演歌剧和芭蕾舞剧的国家剧院,剧目是最受莫斯科人欢迎的《打渔杀家》和《虹霓关》。到场观看演出的不仅有以高尔基为代表的苏联文化界知名人士,还有苏联政治局大多数委员,斯大林也亲临剧院,只是没有对外宣传。

访问苏联后,梅兰芳并没有回国,也没有再进行访问演出,而是跟余上沅一起转赴波兰、法国、比利时、意大利、英国等欧洲国家,主要任务是戏剧考察。在英国伦敦,梅兰芳拜见了大文豪萧伯纳和毛姆、杰·马·贝蕾、罗纳德·高、丹尼斯、约翰斯通等剧作家,分别获赠《萧氏戏剧集》《毛姆戏剧全集》《贝蕾戏剧集》《施舍的爱情》(罗纳德·高著)、《风暴之歌与独角兽的新娘》(约翰斯通著)等著作,并与他们进行戏剧方面的探讨。

此后,梅兰芳又去过几次苏联。所不同的是,1949年前,梅兰芳是以艺术家的身份去苏联;1949年后,他的身份不仅仅是艺术家,也是政府官员。1952年、1957年、1960年,三次出访苏联,都出于政治目的,而非单纯的艺术交流:一次是赴维也纳参加世界和平大会回国途中在苏联短暂停留,参观游览了莫斯科、列宁格勒,并在和苏联艺术家联欢会上表演《思凡》和"剑舞";一次是作为中国劳动人民代表团成员,赴苏参加庆祝"十月革命"胜利四十周年;最后一次是去参加庆祝中苏友好同盟互助条约签订十周年。

梅兰芳赴莫斯科演出,受到爱森斯坦、布莱希特、梅耶荷德、斯坦尼斯拉夫斯基等苏联戏剧大师的盛赞。梅兰芳访苏旅欧，不仅宣传和推广了中国艺术，还学到了不少他国的戏剧经验。梅兰芳有想法了。"取欧洲戏剧之长补中国旧戏之短"便是一个念想，梅兰芳能够成为世界级大师，跟他博采众长的做法是分不开的。京剧创新这个词，对梅兰芳而言，便是知行合一，便是戏剧与人生的天人合一。

7. 艺术交流喜与悲

1934年，苏联对外文化协会邀请梅兰芳以国宾身份去苏联演出。在莫斯科和列宁格勒举行了为期三周的演出，中国京剧艺术征服了广大苏联观众，其演出盛况不亚于1930年他访美的情景。此间与此后，梅兰芳跟好几位苏联艺术家结下了真诚的友谊。

梅兰芳同斯坦尼斯拉夫斯基、布莱希特的相会，被国际戏剧界称之为"世界三大演剧体系"的代表人物的聚会，这成为戏剧史上的一件盛事。时光易逝，但大师们间曾发生过的那些感人故事却被媒介较好地保存了下来，成为今天人们的一道精神食粮。

梅兰芳在莫斯科演出，斯坦尼斯拉夫斯基是每场必看。看后，还找机会跟梅兰芳讨论，他们间已经没有了语言等方面的障碍，代之而起的，是坦率而友谊的交谈。斯氏请梅兰芳观看由他执导的话剧，并请梅兰芳等到自己家中做客，那时，斯氏已年逾古稀，他身材修长，满头银发，举止动作极其优雅。斯氏对梅兰芳讲：

> 要成为一个好演员或好导演，必须刻苦钻研理论和技术，二者不可偏废。一个演员必须通过演出，不断接受观众的考验，才能丰富自己，否则就是无根的枯树。

梅兰芳演出后，苏方组织座谈会，斯氏在会上谈道："梅博士的现实主义表现方法可供我们探索研究。"又说，"中国的戏曲表演是有规则的自由动作"。梅兰芳将这两句话深记心间。（《名人传记》2004年8月号）

另一位苏联戏剧家、著名导演梅耶荷德（1874—1940）对梅兰芳感人至深地推崇。梅耶荷德在日记中曾写："向前，向前，永远向前。即使犯错

误,也比平庸无为要强!"被剧界视为"先锋派"。苏方专为梅兰芳搞的离别座谈会上,梅耶荷德激动地说:

俄罗斯的戏剧受欧洲国家的影响,走到了自然主义的道路。在舞台上讲究同真实生活一样,如同照相,失去了生气。梅兰芳先生的《打渔杀家》,没有任何布景,父女俩划着双桨,表现了江上风光,使观众在想象中感受到江上生活的诗意。这种手法十分高明,我非常钦佩!

接着,易于动情的戏剧家又赞扬道:

梅博士的面部表情,特别是善于用眼神来表达人物的内心活动,令人叹服!梅先生的手势可真叫绝,让我们这些语言不通的外国观众也能理解剧中人的思想感情,看了梅先生的手势,我觉得我们一些演员的手应该砍掉!

最后那句话引起了笑声,梅兰芳则两眼湿润。(《名人传记》2004年8月号)

爱森斯坦是梅耶荷德的学生,享有"现代电影之父"的美称。爱森斯坦看了梅兰芳演出,对中国京剧不拘形似追求神似、讲究形神兼备同时侧重神韵的艺术特色十分欣赏,认为年轻的电影艺术能从中学到许多东西。之后,爱森斯坦拜访梅兰芳,因为《虹霓关》东方氏和王伯党对枪歌舞表演舞蹈性强,适合外国人观赏,希望拍摄一段梅兰芳演戏的有声电影,梅兰芳当即同意。拍片时,梅兰芳希望把剧中两个人物全拍进去,多用中景、全景,少用特写与近景。认为这样才能充分表现出中国京剧的特点。爱森斯坦说:"我尊重您的意见,但特写镜头还得穿插进去,因为苏联观众多么希望能清楚地看到您啊!"

1952年"中苏友好月"期间,梅兰芳结交了苏联人民演员、著名芭蕾舞蹈家乌兰诺娃(1910—1998)。乌兰诺娃随苏联艺术代表团来我国演出芭蕾舞剧《罗密欧与朱丽叶》，42岁的乌兰诺娃，硬是成功表演了一个圣洁美丽、充满诗意的纯情少女。梅兰芳算是领略了"芭蕾皇后"的风采。1958年夏天，苏联电影导演柯米萨尔热夫斯基专程来我国拜会梅兰芳，说他正在将世界各国的艺术精品搜集到一部叫《宝镜》的影片里去，请求梅兰芳拍摄《霸王别姬》中舞剑的那一场，还说乌兰诺娃已为《宝镜》拍摄了《天鹅湖》片断。

柯米萨尔热夫斯基还带来了乌兰诺娃托他送给梅兰芳的照片，照片下角还有她的签名。梅兰芳接过照片，十分感激。他请柯米萨尔热夫斯基回国后向乌兰诺娃转达自己的谢意，并邀请她在中华人民共和国建国十周年时能到我国做客。乌兰诺娃接受了邀请。1959年9月，她率苏联大剧院芭蕾舞团抵达北京，梅兰芳亲自去机场迎接。国庆前夕，苏联舞蹈家们在北京首都剧场举行了开幕演出。梅兰芳怀着浓厚兴趣坐在台下观看，"芭蕾皇后"的表演充满了思想和感情，没有一手一式是虚设的。乌兰诺娃告诉梅兰芳："一个一个字母本来是没有什么含意的，但拼在一起就可以有说不尽的语言。芭蕾舞的一手一式舞姿，拼起来也可以表达千千万万的内容。"梅兰芳认为此话道破了舞蹈真谛。梅兰芳特意为苏联《文学报》撰文，热情称赞她的精湛技艺。梅兰芳家客厅里则挂上了乌兰诺娃《天鹅湖》中的剧照。（《名人传记》2004年8月号）

梅兰芳的几位苏联艺术朋友，梅耶荷德最惨，1940年惨遭枪决，成了艺术的殉道者。而对世界电影艺术做出重大贡献的爱森斯坦，在1946年被批判为"形式主义""反历史主义"。（《名人传记》2004年8月号）

8. 一衣带水传友谊

梅兰芳在亚洲部分国家和地区的演出，可以说完全是向着友谊二字而去的。这些地方，不仅文化背景相仿，最重要的是肤色相近。甚至，在中国失传的唐朝古舞在日本却被完整地保存着。中国戏剧与日本歌舞伎有很多相似之处。日本古典戏剧直接受到中国唐朝歌舞《兰陵王入阵曲》的影响。日本著名的"能乐"就受了中国元曲的影响，而"狂言"则受了唐代参军戏的影响。梅兰芳在日本演出《天女散花》《黛玉葬花》《千金一笑》《嫦娥奔月》《游园惊梦》等以中国古典文化为背景的戏，日本人完全能够看得懂。

1919年，梅兰芳将中国的京剧推上了日本舞台，开启了近代中日戏剧交流的先河。从而使得在日本研究中国戏剧艺术的学者和爱好京剧艺术的观众，比世界上其他任何一个国家都多。梅兰芳创造的中国京剧的舞台形象，已深深地扎根在日本观众的心里。梅兰芳一生共三次访日演出，每一次都盛况空前。在日本，有人为他作诗，有人为他雕塑，有人为他画像。众多的戏剧评论家为其撰稿。

神州戏曲网2004年11月9日载《日本漫画中重现梅兰芳风采》：

> 一代京剧大师梅兰芳在日本漫画《武神戏曲》重现风采，让不少年轻漫画迷重新认识这位国际驰名的中国戏剧巨匠。梅兰芳在漫画里虽不是主角，却是个举足轻重的灵魂人物，故事都环绕着他这传奇人物及他的京剧科班的发展。《武神戏曲》说的是在2002年，东京一个热爱京剧的日本小孩泉辰明，跟着敬爱的爷爷学京剧。爷爷声称当年在中国跟梅兰芳学过京剧，后来一度因为贪生怕死而放弃京剧逃到日本。爷爷一直梦想有一天能再见梅师父，当面请求他原谅。一天，辰明戴上爷爷给他的项羽面具，竟神奇地来到1923年的北京，还遇到爷爷朝思暮想的恩师。辰明找不到回到未来的途径，干脆就努力学习汉语，争取进入梅师父的科班苦学京剧。一场与艺术大师神交的时光之旅就惊心动魄地展开了。现在的华人小孩要不对京剧一无所知，要不就认为它是老古董的，日本作者上田宏却如此认真地把京剧最华丽、最震撼看官的精华在漫画格间复活。从人物舞台造型的精致华美、武打动作的虎虎生风，到考究认真的京剧研究，都让人仿佛回到京剧在中国的辉煌时代！用心的作者还在章节之间穿插京剧的趣味知识，让读者学到什么是"生、旦、净、丑"，京剧如何发源等。

八、梅氏艺术成一派

中国戏剧教育理论家黄佐临先生(1906—1994)曾对斯坦尼斯拉夫斯基、布莱希特和梅兰芳的戏剧观做了比较,认为中国传统戏剧同西方戏剧区别甚大,有着下列四大特征:①流畅性:它不像话剧那样换幕换景,而是连续不断的,有速度、节奏和蒙太奇。②伸缩性:非常灵活,不受任何时间限制,可做任何表现。③雕塑性:话剧是把人摆在镜框里呈平面感,我国传统戏曲却突出人,呈立体感。④规范性:意思是约定俗成。大家公认,这是戏曲传统最根本的特征。把生活原封不动地搬上舞台是不可能的,应坦白告诉观众,演戏就是演戏。为此京剧创造了一整套规范,打破了时间空间的限制,使生活可以更崇高、更驰骋,自由地呈现在舞台上。

梅兰芳的伟大之处在于他把这四种特征发挥到臻于完美的地步,并把斯坦尼斯拉夫斯基和布莱希特对立的互不相容和非此即彼的戏剧观有机地融合在一起,形成"梅派"完美的"折中"戏剧观,让西方人大开眼界。黄佐临先生认为,这是绘画中的"写意",用绘画中的"写意"来"折中"和包容斯坦尼斯拉夫斯基、布莱希特的戏剧观。这是西方人欣赏梅兰芳的一个重要方面。

在戏剧圈内,"第四堵墙"是个相当流行的术语,就是指在镜框舞台上匣形布景构筑的内景只有三面墙,为了使演员造成生活真实的幻觉,忘却观众的存在,要求演员想象在台口存在着"第四堵墙"那样。法国戏剧家柔琏曾说:舞台前沿应是一道"第四堵墙",它对观众是透明的,而对演员是不透明的。

1935年梅兰芳先生率团在莫斯科演出期间,斯坦尼斯拉夫斯基、布莱希特和许多世界著名的戏剧家如聂末诺维奇、丹钦科、亚历山大彼得洛夫、爱森斯坦等,他们都不时地看他的演出。梅兰芳还跟斯坦尼斯拉夫斯基做了历史性的会见。梅兰芳先生的京剧表演中,既有斯坦尼斯拉夫斯基的"体验",如《贵妃醉酒》,梅兰芳此时就是杨贵妃;又有布莱希特的"叙述",如布莱希特最欣赏的是梅兰芳演的《打渔杀家》。斯坦尼斯拉夫斯基热情赞扬梅兰芳的手势和动作,特别是对桨的运用,一个简单的工具表明了划船、弯曲和河流等方面,这是一种破除了生活幻觉的手法。西方戏剧理论强烈的对立和冲突,却在梅兰芳先生的京剧艺术实践中得到融合和和谐的统一。

1. 斯氏表演体系

苏联戏剧家斯坦尼斯拉夫斯基所创立的演剧体系,继承并发展了俄罗斯和欧洲体验派的传统。这就是在表演艺术创造过程中强调情感重于理智的一种表演理论和方法,强调演员在表演时,应生活于角色的生活之中,每次演出都要感受角色相类似感情,将此内部体验过程视为演员创作的主要步骤,后通称为"体验派"。斯氏严格要求"演员要进入角色,与角色浑然一体"。

2. 布氏表演体系

德国戏剧家布莱希特提出"叙述体戏剧"理论和"间离效果"的演出方法,强调创作过程中的理性因素,以破除舞台上的"生活幻觉",使观众冷静地分析、判断,展示较为广阔的社会环境,主张诉之于观众的是理智而不是感情的共鸣,强调戏剧的娱乐功能与认识功能。在表现手段的运用上反对幻觉主义,经常用各种手段和方法,如半截幕、半边面具、文字标题的投影、舞台机械与灯具的暴露、不时打断动作的歌曲、间离性的表演以及分离场面的蒙太奇等来告诉观众:我是在演戏。并时时提醒观众不要陷入剧情而不能自拔,而应该头脑冷静、理智。布氏严格要求"演员不能进入角色,有时还要站在角色的对立面"。

1935年梅兰芳到苏联演出时,布莱希特的"叙述派"理论体系还没有成形,2年前,他因为希特勒疯狂迫害革命人士和进步作家而不得不离开祖国,远走他乡,流亡西欧和美国。梅兰芳到苏联演出时,布氏恰好正在苏联,便有幸观看了梅剧。令他难以置信的是,梅兰芳的戏,给了他极大的启发。次年,他撰写了一篇论述中国戏曲表演方法的文章《中国戏曲表演艺术中的间离效果》。在文章中,他盛赞梅兰芳为代表的中国戏曲表演艺术,认为他"多年来所朦胧追求而尚未达到的,在梅兰芳却已经发展到极高的艺术境界"。

特别是梅兰芳所演剧里的"自报家门""吟定场诗""旁白或旁唱"等

使人物动作中断的表演手法,与布氏的"演员要抽离角色"的观念一致。

3.梅氏表演体系

中国的京剧是一个独立的表演体系,介乎斯坦尼斯拉夫斯基和布莱希特的对立的表演理论的中间道路。梅兰芳是近代中国京剧表演的集大成者,中国京剧表演又是中国戏曲表演的集大成。从20世纪初至中叶,梅兰芳一直活跃在我国京剧舞台和世界戏剧舞台上,从一个名伶到中国文联副主席、中国戏曲研究院院长。由于他对京剧对戏曲所做出的贡献,被后人称之为"中国京剧泰斗",他是中国传统京剧的最优秀代表。

梅派戏既要求演员保持头脑高度,又需要适当地或深入地进入角色,用真情实感去感动观众,力求做到"有我"与"无我"、"似我"又"非我"的辩证统一。梅兰芳常引用"你看我非我,我看我我亦非我,他装谁像谁,谁装谁谁就像谁"这一戏曲联语说明戏曲表演艺术中创造人物形象的基本方法。

梅兰芳、斯坦尼斯拉夫斯基和布莱希特最根本的区别:斯坦尼斯拉夫斯基相信"第四堵墙",布莱希特要推翻它;而对于梅兰芳,这堵墙根本就不存在,用不着推翻。这是因为中国传统戏剧一向具有高度的规范化,从来不会给观众造成真实的生活幻觉。

斯氏认为"第四堵墙"隔断了演员和观众之间的交流;布氏理论则认为,要打破这第四堵墙,让演员和观众之间能够产生交流;梅兰芳则坚持,这堵墙根本不存在,也就无所谓打破不打破。斯氏、布氏两派相对立,梅兰芳的戏剧理论中立、折中,更切合戏剧性。梅氏体系的形成,可以说是历代中国戏剧艺术家们共同努力的一个结果,只是,中国的戏剧表演者更注重舞台表演,并没有完整的理论分析。

梅氏表演体系,虽然可以从《舞台生活四十年》《梅兰芳文集》《梅兰芳舞台艺术》等著作中找出需要的依据,但这些书都不是纯粹的理论书籍,因此理论性相对弱了些。但这并不影响梅氏理论框架。梅氏的表演理论,不是刻板、枯燥和空洞地就理论而理论,而是结合京剧表演曲目,鲜活生动地将理论与实践结合在一起,是"知行合一"的完美结合。这也是中国传统文化最重要的一个流派。道家讲究有无相生、道法自然、天人合

一、无为而治，有独特的价值理想和超越境界。1935年梅兰芳在苏联演出时，斯氏戏剧理论体系已经形成，布氏戏剧理论体系正在萌芽，梅氏戏剧理论体系则处于酝酿状态。

4. 巴纽研究梅兰芳

乔治·巴纽（Georges Banu），生于1943年，在法国索邦大学获得博士学位后又攻读博士后，荣获法国最高的国家博士学位。乔治·巴纽为法国巴黎第三大学（新索邦）戏剧研究院教授、博士生导师，与米歇尔·科科索斯基共同创建了实验戏剧研究院，曾任国际戏剧评论协会主席（1994—2000），《戏剧的交替与复兴》期刊主编。乔治·巴纽被《维基百科》列入世界戏剧名人。乔治·巴纽不仅是西方戏剧，而且是研究世界戏剧的专家。主要研究方向为欧洲20世纪的导演，特别注重分析西方导演处理与东方的关系，探讨如何将东方戏剧作为载体，寄寓可能的复兴模式。巴纽出版了20多部专著。巴纽在当代西方戏剧评论界享有盛誉，1983年他关于梅兰芳的研究论文首次在法国发表。1994年，他的论文《梅兰芳——西方舞台的诉讼案和理想国》一文经武汉大学的傅秋敏翻译，发表在文化艺术出版社出版的第48期《戏曲研究》上。

2013年5月15日晚，国际戏剧评论协会荣誉主席、法国巴黎第三大学戏剧研究院教授乔治·巴纽，在武汉大学珞珈讲坛主讲梅兰芳对西方戏剧的影响。巴纽说，20世纪30年代，西方人从梅兰芳身上，看到了东方戏曲表演给西方戏剧带去的革新希望。30多年前他还很年轻的时候，做的一个课题就是有关梅兰芳戏曲艺术的，那个时候，中国戏曲在法国还没有现在这么有名。研究期间，他在法国见到过梅兰芳的儿子。

巴纽认为，西方戏剧演员"抛弃"了身体，把方法限制到表情，其实面部表情是多样化的。与此相反，东方戏曲演员是从身体来展开艺术，从童年开始就进行形体训练。他举例说，西方演员在舞台上表演死亡时，只知道来一个短促的、乏味的、缺乏表现力的抽搐动作，这是"幼稚的动作"。而中国戏曲演员是这样来表演死亡的，"遭到致命的一击后，他先是像一个杂技演员似的把自己的身子向空中抛起。只有在这个'戏剧性的杂技动作'之后，他才将自己的身体平直地摔倒在舞台上"。

巴纽说,梅兰芳显示了变形的奇迹,从他身上可以看到,戏剧可以通过有形的身体来表现无形,梅兰芳是西方演员梦想的一种表演方法的有形证据。(《艺术中国》,2013年5月20日)

九、大师相遇趣事多

1. 梅兰芳与卓别林

1930年年初,梅兰芳率领剧团到美国六大城市进行访问演出。5月的一天,梅兰芳一行抵达电影名城洛杉矶,当晚应剧场经理之邀来到一家夜总会,出席了由市长、企业家、导演、明星、著名艺术家等组成的62人赞助委员会举办的盛大欢迎酒会。宾主刚刚入座,一位神采奕奕的中年人迎面走来,他穿着工作服,连领带也没有系,与那些身着正统礼服的参加者相比显得格外特别。剧场经理站起来向他介绍说:"这位是卓别林先生。"经理又向卓别林介绍说:"这位是梅兰芳先生。"梅兰芳说,从无声电影里学习到了卓别林如何依靠手势动作和面部表情,来细腻地表现人物的内心活动和剧情内容。卓别林盛赞中国古典戏剧不仅给美国人带来了极大的艺术享受,而且给美国电影界提供了弥足珍贵的艺术参考价值。两人无拘无束,相谈甚欢。几天后,梅兰芳应邀到卓别林和范朋克等合办的联艺公司,以及米高梅、20世纪等拍摄现场参观,再次和卓别林探讨了舞台表演艺术与电影艺术之间的相互关系。

1936年,卓别林偕新婚妻子宝莲·高黛等一行四人到亚洲蜜月旅行。3月9日下午1时半,卓别林乘坐的"柯立芝总统号"抵达上海。下午5时半,卓别林在梅兰芳和电影明星胡蝶等100多位上海文艺界人士的陪同下,出席了国际艺剧社在国际饭店举行的招待宴会。老朋友重逢,分外高兴。卓别林不无感慨地说:"记得6年前我们在洛杉矶见面时,大家的头发都是黑色的。你看,现在我的头发大半都已经斑白了,而你呢,却

梅兰芳跟卓别林在一起

(张明乔摄于北京梅兰芳纪念馆)

还找不出一根白发,这真是太不公平了!"梅兰芳马上安慰:"你比我辛苦,每一部电影都是自编、自导、自演、自己亲手制作,太费脑筋了。我希望你保重身体。"

卓别林在上海只停留了短短一天多时间,梅兰芳全程陪同。

1941年春,《大独裁者》到香港上映。梅兰芳经常看卓别林的电影以打发难挨的日子,一部《大独裁者》他先后看了6次。梅兰芳在表演之余喜欢收藏火柴盒。他的藏品中有这样一只卓别林亲自设计的火柴盒,是"利舞台"作为《大独裁者》的首映广告而赠送给梅兰芳的。

1954年7月,周恩来总理在出席日内瓦会议期间宴请卓别林,卓别林深情地说:"我在1936年到过中国,到过上海,看过梅兰芳先生的京剧,令我钦佩!还看过马连良先生的戏,真是好极了!"梅兰芳闻讯后非常高兴,盼望与卓别林第三次见面,却因两人先后离世未能如愿。

2. 梅兰芳与泰戈尔

1924年5月8日,63岁的泰戈尔抵达北京(正逢他生日)。北京文化界、戏剧界人士既为他的到来也为庆祝他的生日聚会。10日晚在东单三条协和医学院礼堂,举行了以徐志摩为首的新月社成员用英文演出泰翁名剧《齐德拉》为形式的欢迎仪式。梅兰芳应邀参加了这天的欢迎仪式,并坐在泰翁身边。

几天后,泰戈尔观看梅兰芳演出。梅兰芳特地为泰翁演出了他的新编神话剧《洛神》。泰戈尔虽然听不懂台词,但他始终看得聚精会神。散戏后,他向梅兰芳道谢,说了一句:"我看了这出戏,很愉快,有些感想,明天见面再谈。"第二天的中午,梅兰芳和梁启超、姚茫父来到泰戈尔的住处。泰戈尔对《洛神》的布景提了意见,他认为该戏的布景"一般而平凡"。他向梅兰芳建议:"这个美丽的神话诗剧,应从各方面来体现伟大诗人的想象力,所以,色彩宜用红、绿、黄、黑、紫等重色,应创造出人间不经见的奇峰、怪石、瑶草、琪花,并勾金银线框来烘托神话气氛。"梅兰芳认为泰戈尔言之有理,接受了建议,又请人重新设计了布景。

有人问泰戈尔对《洛神》的音乐歌唱有何感想,他笑着说:"如外国莅吾印土之人,初食芒果,不敢云知味也。"

梅兰芳很赞赏泰戈尔的态度，有意见就提，没有感觉就说，而不是盲目恭维、刻意奉承。之后，梅兰芳与泰戈尔交换了各自绘画的体会，认为美术是文化艺术的重要一环，中国剧中服装、图案、色彩、化妆、脸谱、舞台装置都与美术有关。艺术家不但要具有欣赏绘画、雕刻、建筑的兴趣和鉴别力，最好自己能画能刻。

泰戈尔在我国传统的绢制的纨扇上，用毛笔书写了章法优美的外文，梅兰芳想，何不也用外国进口的钢笔，在大书法家汤定之送的白纸折扇上写一段《洛神》中最美的唱词，回赠给泰戈尔作为永久的纪念呢？于是，梅兰芳对泰戈尔说："为了表示我的郑重答谢，我也写一把折扇送给您。"泰戈尔接过梅兰芳写就的折扇，打开一看，行距井然地呈现出一排排用钢笔书写的字体秀整、气韵生动的方块汉字。一旁的徐志摩立即用英语一句句解释给泰戈尔听："满天云霞湿轻裳，如在银河碧河旁。缥缈春情何处傍，一汀烟月不胜凉。"泰戈尔一面听，一面频频点头。徐志摩最后又加注道："这是洛神登场时唱的一段词，也是梅先生亲自参与写定的。"泰戈尔连连说："好，好，这是一首好诗，清丽得像洛神，也像梅先生本人！"

泰戈尔离京前，梅兰芳前去饯行，两人互赠了礼物。梅兰芳送给泰戈尔的是他在百代唱片公司灌录的几张唱片，包括《嫦娥奔月》《汾河湾》《虹霓关》《木兰从军》。几张唱片和谭鑫培等人的唱片，一直为泰翁所珍藏，直到他于1941年8月去世后，才和他于1929年访华时宋庆龄赠送的京剧脸谱模型一起，藏于国际大学艺术学院的博物院里。泰戈尔送给梅兰芳的礼物是一柄纨扇，他在扇上用毛笔以孟加拉文写了一首短诗，然后又自译成英文。诗人林长民当即将此诗译成古汉语骚体诗，一并写在纨扇上。诗曰：

亲爱的，你用我不懂的/语言的面纱/遮盖着你的容颜/正像那遥望如同一脉/缥缈的云霞/被水雾笼罩着的峰峦。

后来，石真给梅兰芳解释："这是一首极为精湛的孟加拉语的即兴短诗，格律甚严，每首只限两句，每句又只能使用19个音缀，这19个音缀还必须以七、五、七的节奏分别排成六行。更有趣味而别致的是,这类短诗正像我们的古典诗歌一样,一定要押韵脚,而且每行的'七'与'七'之间也要互叶。"石真说:"诗人虽然不懂汉语,但是他读了不少英语翻译的屈原、李白、杜甫和白居易的诗篇,这首短诗的意境,便很有中国的风味。他非常形象地用云雾中的峰峦起伏来描述他所热爱而又语言不通的国家的艺术家那种纱袂飘扬、神光离合的印象。"

泰戈尔希望梅兰芳能率领剧团访问印度,让印度人民也能欣赏到他精湛的表演艺术。遗憾的是,由于种种原因,梅兰芳一直未能践约。

1961年,为纪念泰戈尔100周年诞辰,梅兰芳特地撰诗《追忆印度诗人泰戈尔》,深情怀念艺术大师。他的这一首诗也成为他最后的遗墨。不久,他便因病去世。泰戈尔赠送的那柄纨扇被梅家后人捐赠给了国家。

十、梅兰芳的爱与舍

把自己的名誉看得高于一切的人,多半不会糊涂地去爱,梅兰芳就是这样的人。

梅兰芳的事业如日中天的时候,婚姻便来敲门了。站在门里的梅兰芳,跟许多懵懂青年是一样的,他既巴望着幸福生活的早日到来,又对眼前缤纷的世界充满好奇。1910年,梅兰芳16岁了,在那个时代,他不仅是家里的顶梁柱,也是家族传承的唯一希望。在大伯梅雨田的热心张罗下,梅兰芳娶了比自己大2岁的王明华。算不算早婚呢?不算。因为当时的结婚年龄不像现在要求严格,再者,当时的人口也不算多,过了20岁还不成亲的话,社会上的舆论便可以"埋人"。当时的北京,有一种说法,叫"女大三金银山",说的是女方大男方3岁是最佳的婚配年龄组合。因此,梅兰芳娶了大他2岁的王明华。梅雨田为什么要那么急张罗梅兰芳的婚事呢?有三个原因,第一,梅家上一辈(梅雨田这一辈)只剩下梅雨田一个男人,梅雨田有点力不从心,需要有人帮他承担家庭接班的大任,而梅兰芳是不二人选。第二,梅家两房(梅雨田与梅竹芬)就一个男儿,作为家中唯一可以传家的人,梅兰芳自然应该早一点结婚。第三,梅雨田不善管家,家里的生活一天不如一天,他需要梅兰芳站出来帮他持家,而男儿当家做主的主要象征就是结婚生子。还好,娶进门的王明华不仅肯吃苦,还会持家,最重要的是通情达理。自从王明华进了梅家门,梅家的日子便一天好过一天。无论哪一个家庭,娶进一个这样的媳妇都是福分,王明华显然有旺夫的命。第二年,王明华就生下一个儿子,取名大永;隔了一年,又生一女,取名五十。当时的梅兰芳,完全沉醉在天伦之乐中,演完戏即回家,一边与爱妻话家常、与儿女嬉戏,一边跟伯父母讨论家庭发展计划。

王明华不只善于持家,还是位敢做敢为的奇女子。她曾打破戏行规矩(旧时戏行规矩,后台不容女人涉足),亲自到后台帮梅兰芳梳头、调理服饰。梅兰芳第一次到日本访问演出,王明华跟着,梅兰芳的成功有她一份功劳。为了帮梅兰芳,王明华在与梅兰芳生了一双儿女之后,做了绝育手术。天有不测风云,大永和五十两个孩子因当时医疗条件差而相继夭折。兼祧两房的梅兰芳肩负着为梅家传宗接代的重任,不得已,1921年,他又娶回一个老婆,名叫福芝芳。

说起来就是个缘。当年,梅兰芳学戏没人愿教时,是吴菱仙师傅慧眼识人,不仅收下梅兰芳为徒,还把梅兰芳培养成为一代大师,而吴菱仙后来还收了一名女徒,这个女徒就是福芝芳。正当梅兰芳家遭遇不幸时,吴菱仙带福芝芳到梅家来取梅兰芳的剧本《武家坡》。梅家人及周围的人,一下子把眼睛盯在了秀丽文静的福芝芳身上,特别是梅兰芳的妻子王明华,她早就在为梅兰芳再娶动脑筋了,毕竟,梅家传人是大事。梅兰芳虽然有舍不下王明华的意思,但还是经不住王明华等人的"劝",答应了再娶的事,况且,梅兰芳对福芝芳也有好感,而福芝芳对梅兰芳则十分敬重。于是,吴菱仙和罗瘿公两位先生受梅家之托,来到福芝芳家说媒。福芝芳的母亲提出两项条件,一是梅兰芳要按兼祧两房的规矩迎娶福芝芳,她的女儿不做二奶奶,要与王明华同等名分;二是因膝下只有这么一个女儿,寡母须跟着女儿到梅家生活,将来梅兰芳要为她养老送终。梅家和王明华对此均表同意,梅兰芳与福芝芳正式结为伉俪。次年便生下一子,取名大宝。福芝芳按母亲指点,叫奶妈把孩子抱到王明华屋,算是王明华的儿子。孩子在王氏屋中住了一个月,满月那天,王明华亲手缝制一顶帽子给孩子,让奶妈又把孩子抱回福芝芳屋中。王、福二人感情融洽,最开心的当然是梅兰芳。

王明华在孩子夭折后悲痛欲绝,时常心口痛,胃口全无,不思饮食。意外的打击使她的身体越来越弱。不久又染上肺结核病,王明华担心自己的病会传染给一家老小,决意离家,到天津马大夫医院治疗。王明华病重以后,梅兰芳和福芝芳决定在香山附近为她选择适宜的墓地。1929年年初,王明华在天津病危。梅兰芳和福芝芳一面派人赶往天津,一面选购墓地,购置香山脚下东北边一块风景优美的名为万花山的山坡地,因万花山的"万花"与梅兰芳的字"畹华"谐音。王明华在天津去世后,按规矩应由她的子嗣将其灵柩接回北京,而王明华膝下无儿女,福芝芳当即决定由自己的亲生儿子梅葆琪作为王明华的孝子到天津去接灵柩。因葆琪患了白喉,改由年仅3岁的梅葆琛(葆琪之弟)代替,让管家刘德君抱着打幡,尽了孝子之礼,用金丝楠木棺材装殓,葬入万花山墓地。葆琪、葆琛和葆珍(绍武)给王明华戴孝送葬。

1961年8月8日,梅兰芳患心肌梗死在北京病故。人民政府给予他国葬礼遇,天安门和新华门均降半旗志哀,并决定将他安葬在八宝山烈士公墓瞿秋白墓旁的墓穴。福芝芳当即要求把梅兰芳安葬在万花山自家私人茔地,与王氏夫人合葬,不要火化,要用棺木安葬。周恩来总理尊重家属意愿,由国务院安排施工。在香山万花山修建墓穴,当时共修了三个并葬的穴。福芝芳亲自验视,把保护完好的装殓王明华的金丝楠木棺材挖出,与梅兰芳的阴沉木棺材(这是国库内保存的一口价值昂贵的棺木)一并下葬,旁边备下一个空穴,留给福芝芳本人百年之后用。1980年1月29日,福芝芳因患脑卒中,送医院急救仍不治而逝。她的遗体也没有火化,由子女四处寻购到在民间存留的一口棺木入殓。如今,王明华与福芝芳陪伴在梅兰芳两侧,长眠在香山万花山。

梅兰芳还有一位夫人(行过婚礼),但没有得到福芝芳的认可,那个人就是一代名伶孟小冬。关于孟小冬,媒介及坊间传闻不少,但她最后的归宿,不是梅家,而是杜家(杜月笙的五姨太),因此算不上梅家人。据杜家人讲,孟小冬无儿无女。有关资料上载,著名京剧演员杜近芳是梅兰芳与孟小冬所生的女儿,但杜近芳本人没有这方面的书面说明,梅家人好像也没人谈过这事,故不能作为评传的内容。这里还想多写几笔,婚姻的基础,并不只是爱情,新中国成立前,多数的婚姻属于包办性质,所谓的自由恋爱,存在,但跟婚姻不是一回事。当然,因为"五四运动",许多人背弃了包办婚姻,选择理想的婚姻,但相当一部分的旧婚仍维持原状,这跟中国社会的"女子从一而终"的传统思想有关。现在社会上二婚现象较多,思想上解放了许多,但到最后还是要在"落脚点"上产生矛盾,有些甚至是"天大的矛盾"。在一夫一妻制的社会中,忠实婚姻、追求婚姻的质量还是要大力去提倡的。就说孟小冬吧,当初对梅兰芳的感情再深,但她还是选择再嫁,去做所谓的"五姨太",她当然只能进杜家的家谱了。梅家人不谈她是正确的,因为她不是梅谱中人。再怎么思想解放,家庭的伦理不能破,破了,那这个社会的人伦不就乱了吗,那我们还去谈什么伦理道德呢!

十一、梅兰芳的高尚人品

宿酒难醒,多情易老,怎奈传杯不放杯。如何好,看秋千戏剧,蹴鞠诙谐(葛长庚《沁园春》)。作为伶界大王的梅兰芳,就其一生而言,戏剧既是他的职业,也是他的专长,但真正使梅兰芳扬名于世的,不仅仅是他的艺术成就,还包括他的为人,特别是他的高尚人品。从蓄须明志,到愤怒毁画,再到礼义待人,梅兰芳把中国文化人的尽忠与尽性都做到了极致,因此留下千古美名。

1. 蓄须明志身心安

"八载留须罢歌舞,坚贞几辈出伶官。轻裘典去休相虑,傲骨从来耐岁寒。"这是田汉写的一首表彰梅兰芳在抗战期间所表现的爱国主义精神的诗,生动地刻画了梅兰芳正义凛然的气质。梅兰芳蓄须明志,深明大义,为世人广为传颂。

1919年,梅兰芳在日本演出,恰遇国内爆发"五四运动",他坚持不在"国耻日"演出。尽管那时的梅兰芳不热衷于政治,但爱国心与民族气节是毫不含糊的。

1931年,"九一八"事变爆发,梅兰芳愤慨不已。当时,日本军国主义在东北筹建伪满洲国,儿皇帝溥仪在满洲建立傀儡政府,皇室及日本人多次派人利诱他前去演戏,以示"祝贺",但每次都遭到梅兰芳严词拒绝。

1932年,梅兰芳举家南迁上海。他排演《抗金兵》《生死恨》等剧,宣扬爱国主义。

1935年,梅兰芳应邀到苏联演出,他坚决不乘火车经过伪满洲国,而是乘海轮绕道海参崴前往。苏联人从迎接梅兰芳出发一事上算是"品"到了梅兰芳独特的个性。开始,苏方意思是乘火车去苏联,但坐火车必须经过伪满洲国。梅兰芳明确表示:绝不踏足日本侵略者侵占下的中国土地,否则宁愿取消此行。苏方不得已改派专轮将梅兰芳先接到海参崴,然后再在那里乘火车直达莫斯科。

1937年8月13日,日寇占领上海,淞沪战事爆发。不久,日军便得知蜚声世界的京剧名旦梅兰芳当时正住在上海,于是派人"请"梅兰芳出山,帮助日伪做事,并在电台声明愿为日本"皇道乐土"服务,梅兰芳没有答应,他早已洞察到日本人的阴谋。梅兰芳想要躲过日伪机关的劝降是非常困难的,因此他想到了离开上海去香港。为了摆脱日寇纠缠,他先是放话给日本人,说是要到外地演出,服务的事以后再谈,接着便准备携家率团离开。

日本人正准备强行带走梅兰芳,逼梅兰芳就范时,却发现梅兰芳一家及梅兰芳剧团已经不在上海,只能作罢。

梅兰芳来到香港后,为了不引起注意,很少出门,且尽可能不在大庭广众前露面。不能唱戏,又不能抛头露面,梅兰芳干什么呢?中国文化中的"慎独"帮助了梅兰芳。除在家练习太极拳、打羽毛球外,梅兰芳每天坚持学英语,准备日后有机会再出国去弘扬中国文化。除此之外,梅兰芳十分关心时事,每天都要看报纸、看新闻,了解外面发生的大事。作为知名文化人,梅兰芳不可能真正地"闲"下来。为了提高自己的文化修养,梅兰芳把主要精力用于画画。当时,梅兰芳画的范围还是比较广的,飞鸟、佛像、草虫、游鱼、虾米,只要有兴致他就画,甚至,他还画了些外国人的舞蹈,这就跟戏剧有关了,他想从中悟到一些东西,好在将来需要的时候,丰富京剧艺术。梅兰芳之于美术的修炼,也给朋友和家人们带去了少有的欢乐,大家一起看梅兰芳的作品,从中领悟梅兰芳的思想。

好景不长,疯狂的日本军国主义分子,正在做吞下整个亚洲的春秋大梦,他们把战火挑到了香港。1941年12月,不可一世的日本侵占了香港。日本人一踏上香港的土地,梅兰芳便开始做准备,从那天起,他不再剃胡子,这就开始蓄须。朋友们看着一向注意个人形象的梅兰芳一脸黑黑浓浓的胡须,感到不可思议。梅兰芳年幼的儿子梅绍武对父亲留胡子也感到好奇,悄悄地问梅兰芳:"爸爸,您怎么不刮胡子了?"梅兰芳说:"我留了小胡子,日本鬼子还能强迫我演戏吗?"

关于蓄须,梅兰芳是在听了夫人福芝芳的话后,才有此决定的。梅兰芳对不理解的友人说:"别瞧我这一撮胡子,将来可有用处。日本人要是蛮不讲理,硬要我出来唱戏,那么,坐牢、杀头,也只好由他了。"朋友们听后个个竖起大拇指。

1942年1月,香港的日本驻军司令酒井看到梅兰芳留蓄的胡子,惊诧地说:"梅先生,你怎么留起胡子来了?像你这样的大艺术家,怎能退出舞台艺术?"梅兰芳回答说:"我是个唱旦角的,如今年岁大了,扮相也不好看,嗓子也不行了,已经不能再演戏了,这几年我都是在家赋闲习画,颐养天年啊!"过了几天,酒井派人找梅兰芳,一定要他登台演出几场,以表现日本统治香港后的繁荣。这下可难住了梅兰芳,怎么办?但梅兰芳马上就镇定了下来,因为此时他正患牙病,本来是可以吃药控制的,梅兰芳索性把药停了下来,于是,半边脸都肿了。酒井再次看到梅兰芳时,只好放弃了逼梅兰芳出来演戏的想法。经过此事,梅兰芳还是觉得问题的严重性,香港已经成了是非之地,不能久留。

说走就走。梅兰芳立即坐船返沪,住进梅花诗屋。

梅兰芳是大名人,知道他回上海后,不少人都来拜访他,戏班的老板们则都来请他到自己的剧院演戏。为了拒绝给日本人唱颂歌,梅兰芳开始关门谢客,这让许多的戏班老板对梅兰芳有了看法。梅兰芳并不去解释,他只是不想给日本人演戏。

不演戏,意味着断了经济来源。

一些要好的朋友,还是劝梅兰芳可以考虑出来演戏,只要不演那些为日本人歌功颂德的戏就行。但梅兰芳知道,只要他答应出来演戏,就不可能不为日本人演,而只要给日本人演,就必定要演一些为日本人唱颂歌的戏。家里的生活虽然受到了影响,但梅兰芳还是婉言谢绝了朋友的关照。

又有朋友来劝梅兰芳了,但这回却是劝梅兰芳作画,然后卖画,以解决生活问题。梅兰芳思考了一段时间后,还是答应了。因为靠典当家私物件度日已经不能维持家用了。从此,梅兰芳年复一年地画画,再就是靠朋友帮忙卖画。

国民党亲日派首领、大汉奸汪精卫,在日军侵占南京后,马上出来成立伪国民政府,自任主席兼行政院长,并在上海大都市设立特务机关。汪精卫电令上海特务头子吴世宝,宴请梅兰芳,劝梅做一次慰问"国民政府"的庆祝演出。消息马上便传到了梅家,梅兰芳摇摇头说:"才出虎穴,又入狼窝,这世道怎能让人活下去!"梅夫人福芝芳见丈夫在家转来转去,坐也不是,站也不是,茶饭不思,想了半天也想不出安慰的法子,突然间,她大声对梅兰芳说:"不行的话,明天我去赴宴,他们能把我吃了!"梅兰芳觉得这法子行,汪精卫再怎么凶,难道会对女人下手?

第二天,福芝芳来到汪伪政权特务机关的76号宅院。特务头子没看到梅兰芳来,已是不悦,阴阳怪气地对福芝芳说:"几年不见梅老板,听说蓄起了长长的胡须,是不是为了在国民面前要个面子?我看大可不必,太太应该关心他才是。如今日本人当道,还是识相点为好。"福芝芳不去跟特务辩论,在家时,梅兰芳已经跟她说清楚了,只是去周旋,不必跟他们理论。福芝芳为了不让梅兰芳担心,满口答应梅兰芳,不跟他们理论。但到了特务机关的福芝芳却一点也不让步,她回话的声音虽然不大,但句句带刺,她说:"梅兰芳是个中国人,岂能出卖祖宗、放弃节操!"特务头子勃然大怒,指着福芝芳狠狠地说:"梅老板唱了几十年的戏,大概还没有领教过我吴某所导演的'舞台'吧。"说完,强领梅夫人去看血淋淋的刑具,看完后,又立即满脸堆笑,陪梅夫人赴宴。福芝芳坐在桌边,但她始终不动筷子,也不说话,沉默抗争。特务头子见福芝芳软硬不吃,让手下端来一铁罐硝镪水,福芝芳一看就知道对方的用意,气愤地站了起来,大声说:"硝镪水岂能毁掉他的国格和人格!"话一说完,拔脚就走。特务并没有去拦福芝芳,毕竟,他们的目标是梅兰芳,再说,汪精卫并没有下令杀梅兰芳。

福芝芳回到家中,向丈夫细说一切。梅兰芳深感局势严重,真想一走了之。福芝芳却不愿走,她不愿走,倒不是说她不怕日伪势力,是她不想把家里的一切让给日伪势力。再者,去了一次特务机关,福芝芳抓住了特务的心理,他们是既想跟日本人干,又怕日后遭报复,因此为人处事总会留一手,不到万不得已,轻易不会赶尽杀绝。为了安慰梅兰芳,福芝芳想到了在香港时对付日本人的经验,对梅兰芳说:"你放心,事到临头,我自有应急办法。"

特务们不敢动梅兰芳,但他们使出了阴招,让日本人出面。当听到日本人要来家里时,福芝芳马上吩咐儿子从抽屉里拿出一支四联防疫针,找出针筒,让梅兰芳躺在床上。一针防疫剂下去,梅兰芳立即发起高烧。日本人来了,摸了梅兰芳滚烫的额头,只好悻悻而归。

日伪势力并没有就此作罢,一计不成,又生新计。有一天,汪伪政府的大人物褚民谊带人突然闯进梅兰芳家中,要梅兰芳当团长,率领剧团赴南京、长春和东京等地巡回演出,以庆祝"大东亚战争胜利"。

褚民谊怎么就成了大人物了呢?这跟汪伪政府有关。日本打进中国后,汪精卫为了保持自己的社会地位,居然跟日本人合作,成立了伪政府,还美其名曰"曲线救国"。汪伪政府刚成立,汪精卫当"行政院"院长,褚民谊当上了"行政院"副院长兼"外交部"部长,后来他还任汪伪政府的中日文化协会理事长。说起褚民谊,梅兰芳可不陌生,他们之间甚至还有过交往,因为褚民谊原是国民党内著名的业余昆曲家,被誉为演戏内行。褚民谊深知梅兰芳在戏剧界的影响力,因此亲自出面,希望梅兰芳去为日本人服务。

梅兰芳指着自己的胡子,表示出无可奈何的样子,对褚民谊说:"我已经上了年纪,没有吊嗓子,早已退出舞台了。"褚民谊阴笑,说:"小胡子可以刮掉吗,嗓子吊吊也可以恢复的吗……"说着说着便哈哈大笑起来,他之所以大笑,是因为他觉得他是"内行",他认为梅兰芳是瞒不过他这个戏剧"内行"的。梅兰芳也笑了起来,边笑边说:"我听说你一向喜欢玩票,而且玩得很有名气,大花脸唱得很不错。我看你作为团长率领剧团去慰问,不是比我要强得多吗?何必非我不可?"大花脸本是戏剧行话,多为丑角。梅兰芳显然是话中有话,暗中则讽刺褚民谊没有骨气,甘愿为日本人做小丑。褚民谊哪能听不出梅兰芳的话中音,顿时敛了阴笑,支支吾吾地说不出话,最后狼狈地离开了梅花诗屋。

褚民谊的下场是可想而知的。在中国人民经过八年艰苦抗战取得胜利之后的1946年8月23日,大汉奸褚民谊在苏州狮子口监狱刑场被枪决。这真是"斜风吹帷雨注面,先生不愧旁人羞"。(苏轼《戏子曲》)

1945年8月8日,抗日战争胜利的消息一传出,梅兰芳高兴得当天就剃掉了唇髭。没出两个月,他就在上海美琪大戏院重登舞台了。那时,他已经52岁了。"道逢阳虎呼与言,心知其非口诺唯。居高忘下真何益,气节消缩今无几。文章小技安足程,先生别驾旧齐名。如今衰老俱无用,付与时人分重轻。"(苏轼《戏子曲》)有人赞叹:他不是随波逐流的泛萍浮梗,他是戏剧大场上磊磊落落的万年松;他不是见钱眼开、令人喷饭的墙头草,他是道德大堂里深自砥砺的君子兰;他不是欺世盗名的毒菇,他是京剧花苑里特立独行的多节竹;他不是恃才傲物的温室花,他是迎寒怒放刚柔相济的红梅。

2. 待人以礼人格善

舞台上的梅兰芳,有着良好的"戏德",同行交口赞誉。走什么样的路?跟谁走?在大是大非的问题上,梅兰芳做得也很出彩。事实证明,他的选择是有眼光的,是正确的。他虽然一辈子不去搅和政治,却有着极其鲜明的政治立场,一开始,并不以一党或一个组织而论,他是自立的,他就是一个政治的方向标,虽然那仅局限于梨园界。没有人怀疑梅兰芳的文化意志,正如没有人能夺去他"伶界大王"的名号一样。注定,一个梨园领袖,是不可能与政治无关的。

抗战八年,蓄须明志,这种高尚气节,在任何一个党派面前,都是光荣的行为。威胁利诱又能怎样?梅兰芳绝不屈从。生活困难,卖画为生,敌人强买,他剪画为碎纸,当真是"威武不能屈,贫贱不能移"!中华民族的这种文人气节,被历史所肯定。对文化人而言,困难事小,失节事大;没有地位无所谓,出卖人格最可耻!梅兰芳值得人们去敬仰,也应该得到崇高的评价。当时,《自由西报》记者评:一直实行着个人的抗战。这句话说到了点上,一个人的抗战,何等的气魄,又是何等的悲壮!抗战的战场分许多种,正面战场的抗战是抗战,地下斗争是抗战,文化上的独立是抗战。从今天的角度看,梅兰芳捍卫的是我们称为文化主权的东西,那可不是商人们随便就可以倒腾的商品。著名画家和作家丰子恺与梅兰芳曾有过一段纯文化的交往,他对梅兰芳的气节,可以说是佩服得无体投地。他曾感叹:"茫茫青史,为了爱国而摔破饭碗的'优伶'有几人欤?"

新中国成立前,国民党政府开始向台湾逃亡。蒋介石一边往台湾运金银,一边让文化特务们逼文化名人去台湾。大官僚、大资本家、大地主们纷纷追随,是因为他们担心既得利益被人民"共产",但一些文化名流也跟着跑,原因何在?意识形态方面的大事,有人担心,共产主义思想会将他们的文化挤干,为了保证思想上的自由,想方设法离开大陆。当时共产党上层中的毛泽东、周恩来等人,已经意识到了文化名流的不可多得,马上让有关方面的同志争取更多的文化名人留下来,为新生的中国做贡献。梅兰芳之所以没有出去,是因为周恩来等人的挽留。

1946年,梅兰芳拒绝为访问国民党政府的美国马歇尔元帅演出,梅兰芳当面回绝蒋介石,并连夜离开南京。那一年,他就已经做出了决定。

1949年,含泪送走好友齐如山等人后,梅兰芳做出决定:留在新生的中华人民共和国的国土上,做一名理直气壮的中国人。

梅兰芳曾对他为什么会留下来说过一段话:

> 辛亥革命、北伐成功,对我个人并不发生关系……我看他们(指反动统治者)的所作所为和善良人士绝不一样……(我)看到蒋介石政权的贪污黑暗日甚一日,认为这个集团必定要倒台……到了1949年,平津相继解放,人民解放军迅速南下,势如破竹,这时我看清楚了,解救中国的真正力量是共产党领导的人

民革命。①

1956年，梅兰芳访日演出，台湾当局派人印发假《人民日报》中伤造谣，梅兰芳立即召开记者招待会，坚定地表示："我是中华人民共和国的艺术家，谁也无法改变这个事实。"从日本经香港返回时，飞机飞过台湾上空，梅兰芳对姜妙香说："如果他们迫降，我就'殉'了。"姜妙香答应道："我也跟着，我也跟着。"②梅兰芳用实际行动证明了自己人格的清洁度。

1957年8月28日，梅兰芳在《甘肃日报》上发表了《谈谈不演坏戏和反右派斗争问题》一文。他指出，坏戏是不能演的，然而他说：

> 我所说的不演坏戏，和不适当的清规戒律是截然不同的。我们还是要反对那些清规戒律的。过去，我们吃了它的亏，特别是使传统节目的上演、整理、改编和挖掘工作，都受到了很大的限制……有很多位参加戏曲工作的新文艺工作者，对传统剧目不够了解。常常用框框去套具体的作品，套不上就大杀大砍，不仔细地去分析它的具体内容，这样做，就容易产生有害的清规戒律。

当时的政治气候可谓特别紧张，"反右派斗争"正在弦上，梅兰芳却敢公开地进行反批评。而且，他以梨园泰斗的身份，代表全体戏曲界宣布：

> 我们多半是从旧社会过来的。旧社会的痛苦，我们亲眼见过，也亲身经历过，用不着我来细说。自从有了共产党的领导，我们艺人才得到真正的解放，戏曲艺术才得到了蓬勃的发展。

---

① 晏甬：《梅兰芳艺术生活的道路》，载《梅兰芳艺术评论集》，中国戏剧出版社1994年版，第82页。
② 梅兰芳：《舞台生活四十年》，中国戏剧出版社1986年版，第299页。

这段话说得有理,但显然另有所指,梅兰芳的意思是:戏曲艺人不是右派!那是需要多大的勇气和胆量啊!梅兰芳用他的艺术和生活实践成功地证明了自己的人格价值,从而真正奠定了他在中国戏曲史上不可替代的历史地位。

梅兰芳对待身边的人,却总是和声和气,从不摆架子,这种亲和力,使许多跟他合作的人感到愉快。梅兰芳对自己上台去演出可以说一直要求严格,但对同事,他很宽和。舞台上总会出现这样或那样的不协调,不论谁出了事故,他总是先检讨自己。当伴奏人员伴奏不当时,梅兰芳总会"自找台阶下","也怪我,上场前没有跟你对一下,若然就不会出这种事故啦!"姜凤山回忆:

> 有时候我的弦定得高了点儿,或者低了点儿,梅先生都照样唱。演完了,我觉着对不起梅先生,十分内疚,还没等我向他表示歉意,他便主动安慰我说:"今儿个合适!"如是偏高,则说:"正赶上我嗓子好,这么唱着痛快!"若是偏低,则说:"正巧我嗓子有点儿不给劲,这么唱着舒坦!"

有一次,报幕的演员"怵角"忘词,事后向梅兰芳检讨,说:"您瞧,我把您的戏给砸啦!"梅兰芳却说:"演员上台忘词儿的事不新鲜,我也常有这时候。别往心里去。下回你再来这个活儿,准出不了错儿!"有位管服装的工作人员,在为梅先生赶装时,给拿了两种不同颜色的彩鞋,且都是一只脚上的,戏演完了,梅兰芳却主动说:"观众没瞧出来,就算没出漏洞儿。别往心里去!"

据说,在民国时期,有"三样"是老百姓有口皆碑的:同仁堂、孙中山、梅兰芳。可见老百姓对梅兰芳多么喜欢。梅兰芳确实为人低调,对教过自己的师傅,都很尊敬,第一任老师认为他没有演戏的本事,拒绝教他,后来看到梅兰芳红了起来,便惭愧地跟梅兰芳说自己是"有眼不识泰山",梅兰芳呢,马上说如果不是您当时的一顿骂,梅兰芳就不会进步。梅兰芳曾拜齐白石为师,齐白石一向衣着简朴,这与梅兰芳家的其他客人比,便显出了土气,因而常被冷落在一旁。梅兰芳挤出人群,快步走到齐白石面前,一躬到地,恭恭敬敬地叫了一声"老师",然后,坐在老师下首,问寒问暖,敬菜敬酒,直至席终。齐白石深为感动,特意精心画了一幅《雪中送炭图》赠予梅兰芳,并题诗:"记得前朝享太平,布衣尊贵动公卿。如今沦落长安市,幸有梅郎识姓名。"梅兰芳收到画和诗,感慨回诗:"师传画艺情谊深,学生怎能忘师恩。世态炎凉虽如此,吾敬我师是本分。"这就是所谓的"细小之处见精神。"

1935年7月与8月间,长江、黄河发生特大水灾,241个县2 200万人受灾,梅兰芳在大华大戏院等地举行连续6天的赈灾义演,引发极大轰动,排队人群甚至将戏院的票房玻璃挤碎,演出共得门票收入3万多银圆,梅先生分文不取全部捐赠给水灾救济委员会。

3. 梅兰芳教子

戏剧界流行子承父业,梅兰芳却不完全那样做。梅兰芳反对当时好多戏剧演员不重视孩子上学读书的陋习,主张应让孩子学文化。他的长子梅葆琛,生性稳重,乐于思考,梅兰芳为他在理工科方面发展提供条件,后梅葆琛果然考上名牌大学的建筑系,日后终于成为有名的建筑师。二儿子梅绍武,伶俐活泼,形象思维发达,梅兰芳于抗战时送他去美国上文学系。梅绍武后成为著名翻译家。梅兰芳唯一的女儿梅葆玥,沉稳娴静,温婉端庄,梅兰芳鼓励她当大学老师,后在梅兰芳支持下成为著名老生演员,却不是"梅派"传人。梅兰芳的小儿子梅葆玖,自幼心灵手巧,极具艺术家的潜质,嗓音和形象俱佳,是继承"梅派"艺术的最佳传人。但梅兰芳并不急于让他少年习艺,而是到梅葆玖大学毕业,才让他正式随剧团学艺,此后,梅葆玖终于成为表演艺术家。

在梨园界,梅家的"家风"跟梅兰芳一样,名气冲天。

梅葆玥是大师梅兰芳唯一的女儿,从小就被父母宠爱。有一次,6岁的梅葆玥随父亲外出吃饭,在餐桌上看到一盘自己最喜欢的卤肉丸子。因为菜放得离自己太远,她就站起来,伸着筷子去夹菜。身材矮小的她,费了好大的劲,依然没夹到那道菜,急忙向父亲求助。一向性情温和的梅兰芳,不但没有接受女儿的求援,反而狠狠地瞪了她一眼。回到家里,梅葆玥满肚子委屈地向母亲告状,以为她肯定会替自己声讨父亲。母亲听她说完,笑了笑说:"从今天开始,你吃饭时仔细盯着你爸的筷子,看他是如何吃菜的。"梅葆玥认真观察了好几天,终于发现了一条规律:不论是在家里就餐,还是外出赴宴,也不管桌子上摆了多么丰盛的饭菜,父亲雷打不动保持一个习惯,那就是永远只吃面前的菜。就算餐桌上有多么喜欢吃的菜,只要放得稍远一些,他宁肯不吃,也绝不肯"越界"。一个小小的细节,彰显着一代大师的良好素质。不需要过多的说教,梅兰芳就为女儿树立了榜样。在餐桌文明渐渐缺失的今天,梅兰芳大师的食德,也值得我们深思和学习。①

十二、梅兰芳之于名流

梅兰芳一生结交广泛,而且其结交的朋友层次皆高。梅兰芳的地位,一方面是那些附庸风雅的政商势力的维持;另一方面,却是用文化自个儿提升知名度与影响力。

若说跟票友交往,梅兰芳首屈一指,他曾与"民国四公子"之一的张伯驹(其他三个是张学良、溥侗、袁克文)一起搭戏,张伯驹饰黄天霸,他饰褚彪。甚至此后深为历史痛心的"张学良误国"说,也跟梅兰芳有关。1931年,"九一八"事变当晚,张学良在前门外中和园听梅兰芳的戏。"误国"之说虽然跟梅兰芳无关,但梅兰芳还是十分沉痛,此后绝不提这事,张学良也用实际行动证明了自己是爱国军人。梅兰芳特别注意结交实业家,冯耿光曾是袁世凯政府的陆军少将,1918年起任中国银行总裁,人称"六爷"。梅兰芳曾回忆:"我少年的时候,很多人爱我,但无人知我,唯有六爷,爱我,又知我。"梅兰芳1919年去江苏南通,就与张謇结成忘年交。

---

① 张军霞:《只吃面前的菜——梅兰芳用餐轶事》,《老友》,2012年第4期,第9页。

到沪演出,马上拜访《时报》狄平子、《申报》史量才、《新闻报》汪汉溪,这些媒体不仅积极宣传梅兰芳,还介绍梅兰芳结识沪上文化名家吴昌硕、况夔生、朱古薇、徐凌云等。从上海回到北京,梅兰芳立即跟北京的文化名人结交,齐白石、陈师曾、汪蔼士等便又成了梅兰芳家的座上宾。于是,著名音乐家刘天华主动上门,梅兰芳则请他用五线谱记录自己的演唱,刘天华在两年后便出版了《梅兰芳戏曲集》。

不能不提齐如山,19岁就读同文馆,精通三国外语,五年后去欧洲游历考察。他追随孙中山、资助革命,对戏剧深入研究。1913年起,他开始与梅兰芳通信,此后,成为梅兰芳大部分作品的编剧、导演,甚至还帮助梅兰芳设计了古装打扮。1930年,在齐如山的策划下,梅兰芳成功访美。两人保持了终身友谊。中国话剧创始人之一、南开大学教授张彭春对梅兰芳赴美精心筹备。为梅兰芳办理文墨的黄秋岳,才高八斗,五百大洋为人写一篇寿文,却乐得为梅兰芳打杂。还有罗瘿公、李释戡这些人,旧学底子很深,对诗词曲皆有研究,梅兰芳诗词方面的功底,是他们培养起来的。

捧梅的人,被称作"梅党",梅兰芳与他们的交往,除了经济上的合作、文化上协同外,更主要的还是提升京剧的地位,在国际上的影响。

梅兰芳一生收留了无数的文物,有些文物,就今天的市价而言,皆可谓极品。他曾买下帘子胡同的房产,用来堆积文物。去上海前,他主要住在无量大人胡同24号,那是他在1920年买下的,由7个院落打通构成。日后这里成为京城文人聚会的地方,人称"缀玉轩",在这里,梅兰芳甚至还接待过瑞典王储夫妇、印度文豪泰戈尔、美国前总统威尔逊的夫人、好莱坞影星范朋克等外宾,在他们的心中,这是北京除故宫外另一个不得不去的地方。

十三、梅兰芳的上海缘

近代西风东渐与古老文明交汇,这个结合点,在上海得到淋漓尽致的发挥。当各种思潮相互碰撞,远离政治中心,文化气氛相对宽松、自由,离经叛道的味道明显增多,打造出上海开放活跃、兼容并蓄、多元异质文化共存的综合性文化形态,人们将之称为"海派文化"。地域文化的侧重点,往往是那些被人们忽视的耳熟能详的生活背景。作为近代中国最大的城市,作为资本主义萌芽最早也最成功的城市,起初不过是东南一隅的滨海小镇。何以短短几十年间便成为万商云集、华洋并居的大都会,且成了远东工商、金融、航运中心?过去有一种说法,叫"冒险家的乐园",上海真正的优势其实就是地域。现在我们常常把以上海为中心的东南沿海经济圈称为"长三角经济圈",正因为上海所在的地方,是长江和东海相会的地方。纵观世界上的每一个江海交汇处,只要是人类活动的地方,哪一个地方不是经济特别发达呢?

作为近代的京剧艺术大师的梅兰芳,当时已经在着手改革京剧的套路及演出的效果,而他所依据的,正是当时被称为"潮流"的文化景观。上海既然已经成为中国最大的城市,梅兰芳就不可能不来,他需要某种文化上的嫁接,否则,他就只能是旧剧的"看家奴"。

培养梅兰芳的是所谓的"京派文化",这一文化的特征,主要体现在政治方面,因为北京是清王朝的都城,其审美思想及范式呈现矩度严谨、堂皇正宗的面貌。

一方面,习惯于北京上流社会那种歌舞升平氛围的梅兰芳,并不习惯于京剧的一成不变。所以他要到上海去"充电"。上海突显的经济和商贸优势,加快了艺术流播中对新、奇、趣、美的追求,这一点,正是梅兰芳一直盯着的东西。

北京厚重的传统,使文化只能寻着守成、载道去转圈子,转来转去,也就那么个圈子,梅兰芳有点"审美疲劳"了。而从南方传来的声音,总令北方的那一帮遗老遗少们心猿意马。梅兰芳需要更大的场面来帮衬自己的文化雄心,特别是那种可以日进斗金式的"西方速度"。从这一点上看,梅兰芳的思想是超前的。当时的上海,面对的总是市场,讲究什么呢?趋时、变革、创新。关于上海人,梅兰芳也曾从朋友们的闲谈中得知了一些表层的认知,譬如脑子活,重实干,擅包装,追时尚,开眼界,能包容,真有所谓的海纳百川之襟怀。

另一方面,吸引梅兰芳的,怕还是上海光怪陆离的那些传闻及标新立异思潮的涌动。

于是,上海成全了梅兰芳,梅兰芳也成全了上海。

"京剧"一词,首见于1876年2月7日《申报》上的《图绘伶伦》一文。要说,京剧来到上海,还是晚了些,大概在上海开埠20多年后,这不能怪上海,因为京剧本身也不过才形成20多年(跟上海建埠差不多同年)。新兴城市之于新兴剧种,向来结合快且密。其实,京剧离上海并不远,因为京剧的很多程式来自昆剧,而昆剧的发祥地苏州,被人称为上海的后花园。但当时的情况并不像今天,苏州之于上海,苏州的文化底蕴更深,苏州是中国文化中的一个独特的圣地,人们常说的"上有天堂,下有苏杭",就包括了苏州,可见苏州之于中国人,是有着特殊情缘的古典城市。京剧既有北曲的刚劲明快,又有南曲的委婉深沉,在声腔的行当化和演员个人化上达到空前的进步。

梅兰芳去上海,既有成名的需要,但更主要的怕还是想多挣些钱。光绪年间孙菊仙、谭鑫培南来的包银都在2000元左右,1920年和1922年梅兰芳第四、第五次在上海的包银都是1万大洋(1922年5月31日《申报》)。可见清朝灭亡和北洋政府垮台这两次社会大变动给北京伶界带来的困难,上海市场起了很大的缓解作用。那时京伶不仅"最想到上海演戏",而且还以此激励:"到上海唱红了,才算真红。"(齐如山《五十年来的国剧》)

梅兰芳在回忆录《舞台生活四十年》中说:"我第一次到上海表演,是我一生在戏剧方面发展的一个关键。"他深深意识到"上海舞台上的一切,都在进化,已经开始冲着新的方向迈步朝前走了"。

回到北京不久,他就启动了新戏的编演。梅兰芳的新戏,从装扮上说,有传统服装、时装、新式古装三类。收获最大的是1915年起创演的新式古装戏,成为"京戏里一个大波澜"(欧阳予倩语)。"梅派"之称即由此起,并最先见诸上海报端,如1921年7月19日《申报》剧评云:"近来海上,一惟梅派之剧是宗。"梅以新戏走红上海,刺激了北京剧界,"便被各行演员视为范例,风行景从,不论武生、老生、青衣、花脸,大家都竞排新戏,即使尚未挑班,也要编几本新戏,一新观众耳目,增加自己声势"。

(丁秉鐩《菊坛旧闻录》)

典雅化、私房化、海洋化的上海，对梅兰芳来说，真的很有吸引力。但好地方往往更具竞争力。1930年7月21日，周信芳作为上海伶界联合会领导人，曾在主持欢迎梅兰芳访美归来的聚会上致辞，既对"梅君之决心与魄力"以及所取得的成功深表钦佩，又忧心忡忡地提出："处于今之时代，万不能再以戏剧视为贵族之娱乐品，当处处以平民化为目标。"（《梨园公报》）可见，当时的上海，已经有京剧名角在活动了，而作为"实力派"的梅兰芳，自然不会放过到上海露脸的机会。

梅兰芳于1913年秋首次跨出北京城赴上海演出，在这之前，他在京城的舞台上已经小有名气了，但上海人却对他一无所知。被上海"丹桂第一台"老板许少卿邀请到上海的梅兰芳，是作为"二牌"被邀请的，挂"头牌"的是王瑶卿的弟弟、著名须生王凤卿，连包银都是王凤卿为三千二，他却只有一千八，其中四百元还是王凤卿竭力争取来的。梅兰芳演出后，上海观众一下子就迷上了这个来自京城的年轻旦角，他们喜欢他的扮相，认为美不可言；他们欣赏他的唱，一听便知基本功扎实，因而也就毫不吝啬自己的掌声和喝彩。眼见票房一路高歌猛进，许少卿的态度也大为改变，由对王凤卿的巴结奉承对梅兰芳的不冷不热转而对梅兰芳大加恭维，直夸梅兰芳是"福星"。演出期满，观众却仍然意犹未尽。许少卿见此，要求续约。高贵、大气、从容，又不失神秘的梅兰芳就这样走进了上海观众的心里。上海作为十里洋场的新奇也让梅兰芳大开眼界。剧目的新、舞台的新、剧场的新、灯光的新，甚至连上海的媒体广告，都让他叹为观止。他说："日报和海报，都在我们的姓名上面，加上许多奇奇怪怪的头衔。"比如，王凤卿的头衔是"初到申天下第一汪派须生""寰球第一须生"；梅兰芳的头衔则是"初到申独一无二天下第一青衣""寰球第一青衣"。虽然梅兰芳以为这样的广告"夸张得太无边际"，这在北京是不曾有过的，但他也不得不承认它巨大的宣传功能。于是，梅兰芳开始改良京剧。这些改良了的京剧突破了传统表现模式，吸收了话剧的写实的布景与灯光，服装和造型方面也多根据生活的真实。梅兰芳感悟到时代的发展伴随着人们思想的进步，传统京剧舞台上的老旧故事已经不能满足人们的需要，而社会变革引发的混乱,让许多人愤懑且迷惘,他们更愿意通过演员的表演以宣泄自己的情绪。

终于,梅兰芳成为上海的新宠,而上海成为梅兰芳居家的另一个落脚点。

十四、爱家乡亦被乡爱

《万历泰州志》载:泰州原名海阳,于战国时期(公元前475—前221)建置。西汉时(公元前206—8)称海陵县。新莽时期(9—25)称亭间。东汉(25—220)再称海陵县。三国(220—265)亦称海陵县。西晋(265—316)称海阳县。东晋(317—420)称海陵郡。南北朝(420—580)称海陵郡。隋(581—618)称海陵县。唐(618—907)称吴陵县、海陵县。五代十国(907—960)称泰州。宋(960—1279)称泰州。元(1279—1368)称泰州、泰州路。明(1368—1644)称泰州。《泰州市志》载:泰州清(1844—1911)称泰州。中华民国(1912—1949)称泰县。中华人民共和国(1949—)称泰州市。

梅兰芳祖籍泰州,其家族中人,并没有以戏为谋生手段。但泰州人以梅兰芳为骄傲,大做梅兰芳文章,许多新经济体都以"梅""兰"取名,如春兰集团、梅兰集团、梅兰芳化妆品厂、梅兰花都等。每逢梅兰芳诞辰,泰州市都要举行一定规模的研讨纪念活动。1984年,为纪念梅兰芳90周年诞辰,市政府在东河风景区的凤凰墩上,建造一座纪念亭,由著名古典园林建筑设计专家陈从周教授指导设计,外观五角攒尖,反翘举折同生,似斗雪绽放的梅花;进亭仰视,五面托坊上雕刻的《霸王别姬》《贵妃醉酒》《洛神》《宇宙锋》《穆桂英挂帅》五出名剧造型栩栩如生。

1987年市政府辟凤凰墩为园地,兴建了梅兰芳史料陈列馆。该馆依势就坡,造房置景,亭台楼阁,路转廊回。主体部分为史料陈列区,均由市内明代民居移建而成,布局错落有致,风格典雅古朴,融严整、朴实、秀丽为一体,形成"园中园"格局。布置后的八个展室,以图片、实物等文物资料,系统地介绍梅先生刻苦学艺、创艺立派、桃李满园等辉煌业绩,以及故乡人民和国内外嘉宾对他的崇敬与怀念。馆名由时任国家主席李先念题写。1989年10月市建委又于梅亭东侧苍松翠柏间,竖立起一座梅兰芳大型汉白玉全身塑像,由著名雕塑艺术大师刘开渠设计。在这期间,园林部门紧密配合,多次投入资金,围绕凤凰墩景点建设,分区广植梅花、兰花、松柏等,做到四季常青,花香袭人,水池鱼游,假山鸟飞,取名"梅兰芳公园"。1997年6月,为便于管理,更好地统一规划建设,新组建的地级泰州市委、市政府决定将公园与史料陈列馆合并,更名为梅兰芳纪念馆,馆名仍用李先念题写的馆名。馆内还建有水池中的太真塑像,门前立赵朴初来泰州所作《踏莎行》词碑。该馆已经成为泰州最有名的文化旅游景点。

1984年,为纪念梅兰芳90周年诞辰,泰州市政府决定将始建于1976年的泰州影剧院,更名为梅兰芳剧院,院名由著名昆曲表演艺术家俞振飞题写。遗憾的是该院1998年初毁于火灾。随后市政府决定,另选新址筹建梅兰芳大剧院,新院址位于新老城区接合部的南门繁华地段,占地20亩(1公顷=15亩),由华东建筑设计院设计,造型呈梅花状,建筑面积达1.2万平方米,2002年正式对外开放。

1. 泰州的戏剧情缘

泰州历史文化积淀比较深厚,各类历史文化遗产众多,经百年的交汇融合,独树一帜。颇具特色的民间、民俗文化,明末清初的泰州,西接扬州,南连苏(苏州)、锡(无锡)、常(常州),东与南通接壤,北通淮(淮阴)、盐(盐城)。南方的锡剧、昆曲、评弹,西边的徽剧,北边的淮剧,一起将泰州"戏弄"成人人爱看戏、个个能唱曲的"戏剧花园"。泰州人家,婚丧喜庆,都要请戏班,大家自然要请大戏班,小家则请小戏班,什么黄梅戏、淮剧、锡剧,视各家所好,只要有戏就行。

康熙初年,泰州豪门望族如俞锦泉、王孙骖、陈端等都有家班,并有戏舫到外地演出,流寓泰州的孔尚任曾有诗咏之。乾、嘉时,受当年徽班进京以船为家、沿途搭台演戏的影响,泰州产生了里下河戏班。下河班初唱徽调、汉调、梆子、昆腔,民国初年引进皮黄,到抗战前则纯演京剧了。民国年间,泰州京剧票房盛行,主要有红心、友好、大公几家票社。

但泰州人瞧不起"戏子",一般人家,是不会同意家中小孩学戏演戏的。真正能够做"票友"的,仍然是那些家财万贯的大户人家。小户人家中人,多把看戏作为娱乐及稍事休息的由头,看戏多为安护身心。

泰州人研究戏剧,其中不凡知名者,如曾为梅兰芳操过琴的卢文琴于新中国成立初即整理出版过《梅兰芳唱腔选》一书。

2002年12月,泰州实验学校成立了京剧实验艺术团,能唱《女起解》《三岔口》《贵妃醉酒》等选段,其中《女起解》与《红灯记》甚至可用双语演唱。

泰州师范高等专科学校(现泰州学院)于2002年专门成立了"泰州市梅兰芳京剧艺术研究所",他们购置服装道具,排练了《贵妃醉酒》《天女散花》等梅派经典剧目选段,经常演出于校园内外,多次在全市大型庆典演唱会上亮相。

泰州成立了"梅兰芳研究会"。2010年10月20日,由中国传统文化促进会组织,在北京人民大会堂召开的"全国京剧票友送戏万里行表彰会"上,泰州市《京剧票界》执行主编徐振斌和九十高龄老票友佘楚凤荣获功勋奖。梅兰芳研究会理事刘华撰写的《京剧大师梅兰芳》一文,收入国家关工委2010年6月份编辑出版的《历史不会忘记》一书。梅兰芳研究会副秘书长徐振斌撰写的《梅兰芳京剧文化让古城泰州更靓丽》文章,刊登在中国京剧最权威的杂志《中国京剧》2010年第十期上。2010年8月在由江苏省文明办、江苏省文联在宿迁市举行的江苏省少儿京剧大赛中,泰兴市泰兴镇中心小学张宇轩荣获二等奖、海陵区扬桥小学李冰镜荣获三等奖、梅兰芳研究会副秘书长李萍荣获"园丁奖"。2010年5月14日,泰州市票友联谊会组织参加了在泗阳举行的江苏省第二届京剧票友工作委员会邀请赛,邀请赛上缪茂林、冯伶荣获二等奖,徐同华荣获三等奖,为泰州市争得了荣誉。梅兰芳艺术节期间,梅兰芳研究会为纪念梅兰芳访美八十周年编辑出版了《梅兰芳》专辑。专辑图文并茂,具有极高的史料性和收藏价值。在泰州市纪念梅兰芳115周年诞辰之际,由中国音乐出版社出版,中国梅兰芳研究会和泰州市梅兰芳研究会共同审定,泰州市梅兰芳研究会顾问储晓梅先生的新作《梅派唱腔琴谱集》(上、下集)出版发行。这是储晓梅先生继出版《梅派唱腔集》后的又一力作。《京剧票界》是泰州市1997年创办的全国唯一的民间非营利性的京剧类报纸，创办14年来，一直坚持以"弘扬民族文化、振兴京剧艺术"为宗旨，坚持"宣传京剧、服务票友"的方针。正常为四开四版，每期发表稿件50多篇，每年都发表海内外票友文章、照片、信息等600多篇。在国内外都产生了一定的影响。

梅兰芳艺术节已经成为泰州每年必办的艺术节。如2013年8月9日，泰州大剧院高朋满座、星光璀璨、好戏连台，中国戏剧家协会、江苏省文化厅、泰州市人民政府共同举办的2013中国泰州梅兰芳艺术节由副省长曹卫星宣布开幕。市长徐郭平、中国戏剧家协会副秘书长周光、省文化厅厅长徐耀新分别致辞。省级机关相关部门负责人司锦泉、高云及市领导戴胜利、王学锋、张培成等出席。市委常委、宣传部长倪斌主持开幕式。

延令梅氏二十世的梅岭峰，当时虽然还很小，但1957年前梅兰芳率梅剧团来家认亲的情景他依然清晰记得。他说：

> 1956年3月，梅兰芳爷爷在南京演出即将结束之时，收到我祖父梅秀冬的一封家信，邀他回乡省亲，于是他改变了行程欣然来泰。得此信息，祖父非常高兴，不顾年老体弱，带着伯伯姑姑们忙开了，不仅重新清扫房屋，还把连着堂房门与小街的通道铺上了砖头路。甚至还跑了好几家商店买了大功率的灯泡。

那一次梅兰芳的到来还惊动了市公安局。据梅岭峰回忆，"为安全起见，就连躲藏在厨房灶台后面的对面邻居土二老太都被请走了"。当时梅兰芳的装束梅岭峰也记得很清楚：

> 梅兰芳爷爷穿着灰色短大衣，我祖父梅秀冬立即迎上去，两双手紧紧握在一起，梅兰芳爷爷说："大哥，今天回来，可以认祖归宗了。"在我家堂屋的供桌上，梅兰芳爷爷仔细读着我爷爷梅秀冬递上的《梅氏宗谱》，当他看到梅天才以及梅巧玲的名字时，很是激动，恭敬地点了三支香，向祖先牌位行祭祖礼。之后

还品尝了家乡的特产麻糕,并连称:"家乡的糕点太好了。"

五十多年来,两家的交往一直连绵不断,历经"文化大革命"仍未受任何损害。

2. 回乡省亲受欢迎

1956年,梅兰芳率团返故乡访问演出,受到家乡人民的热烈欢迎。3月7日下午5时许,梅先生刚踏上故乡的土地,顿时,爆竹声声,锣鼓齐鸣,十里长街,全城沸腾。保卫人员为了防止发生意外,要求司机将车开快一点,梅先生见此忙解释道:"这是家乡人民对我的厚爱,我应该和大家见见面。"边说边将身子探出车外,不停地向欢迎人群挥手致意。在通往招待所的市中心地区,他徐徐步行,频频招手。

梅兰芳回乡后,兴奋地告诉人们:"北京,我有个姑母还健在,她时常叮嘱我,有机会要回故乡看看,今日如愿,怎叫人不高兴?"并说:"女儿葆玥有演出任务,难以分身,要是全家人来,该有多好呀!"当介绍泰州族兄梅秀冬与他见面时,梅先生拉着老人的手,无限深情地说:"大哥,我终于回家来看望你们啦!"并呼夫人、玖儿与老人相见,谈了良久,情真意切。在市人民委员会召开的"欢迎梅兰芳返乡演出大会"上,梅先生致辞说:

> 返乡是我多少年的愿望,今天居然能达到目的,怎么叫我不高兴呢?在这次回来之前,南京陈副市长(遂衡)对我说,泰州是老解放区,在抗日战争和解放战争中,泰州人民英勇艰苦地斗争,立下了汗马功劳。我听了这句话,感到非常的骄傲与光荣,因为我也是泰州人。

为了让家乡人民较全面地欣赏到梅派艺术,梅兰芳特意选择了一些享有盛名的经典名剧,先后上演了《贵妃醉酒》《霸王别姬》《宇宙锋》《凤还巢》《奇双会》。每次剧终,他总要谢幕多次,姿态却各不相同,轻盈的步伐,深情的微笑,既优美多姿,又感情丰富。其高尚严谨的艺术品德,精湛的表演艺术,圆润甜亮的梅腔,给家乡人民留下了极其深刻的印象。梅先生为了让更多的人能看到自己的演出,放弃个人收入,主动降低了票价。原定5天的演出,又主动提出加演了一场,梅葆玖也加演了日场,但仍有很多观众买不到票。后来,干脆在城门口和坡子街上,架起了大喇叭,实况转播。虽说春夜寒气袭人,但黑压压的人群,秩序井然,个个听得津津有味。有个白发苍苍的老大娘,奔波几天几夜,没有买到一张票,只好站在电线杆下收听实况录音,梅先生唱戏一结束,她就当即奔到梅先生退场处,最后还是未能见到梅先生。有人问她为什么要如此执着,她说:"王瑶卿老先生说过,梅兰芳的相,程砚秋的唱,见不到梅先生的艺术形象,就是最大的憾事。"后来不知此事怎么让梅先生知道了,临别前一天晚上,特意让人送去一张票,老人喜出望外,十分激动地说:"梅大师回乡送戏进城,送票上门,我今生今世也忘不了他啊!"

演出之余,梅兰芳还到泰山公园凭吊烈士祠,在族兄梅秀冬的陪同下,与夫人福芝芳、儿子梅葆玖一起祭祖扫墓、走访亲族,还参观当时的鲍家坝农业社,梅兰芳身为一代京剧大师,在家乡父老面前无半点骄矜之意,而是手足情深,桑梓谊切,十分难能可贵。短暂的返乡演出就要结束了,临行前,看着依依难舍的父老乡亲,梅兰芳激动地说:"在我有生之年,今后一定再回来看看乡亲们!"

1958年中秋前夕,梅兰芳思念远在家乡的族兄梅秀冬,特地邀他到北京欢度佳节庆贺其七十大寿。梅秀冬于这年8月来到北京,与梅兰芳朝夕相伴一月有余,他们叙谈家事,畅谈家乡的变化,体现了深深的家乡情谊和手足之情。梅兰芳在合影照上题道:"秀冬大哥,于一九五八年八月,来首都下榻我寓,盘桓月余,共谈家事,至为欣慰,摄影留念。时秀冬兄正七十而我则六十五也。"他还将珍藏的巧玲公画像,赠予梅秀冬,并亲笔题词:"我的祖父巧玲公的戏装像,饰雁门关萧太后,系老画师沈蓉圃所绘,赠予秀冬大哥,以资供养。"临别之际,梅兰芳还对梅秀冬说:"我还要回乡演出的。"

梅兰芳逝世以后,梅葆琛、梅绍武、梅葆玥和梅葆玖等梅兰芳的儿女们多次返乡探亲或演出。2004年5月12日,在梅兰芳110周年诞辰之际,梅葆玖与300多名京剧名角和后起之秀一起,再次回到家乡泰州,参加在梅兰芳大剧院举行的《梅韵流芳》纪念梅兰芳110周年诞辰演唱会。演唱会上,梅葆玖与著名豫剧表演艺术家马金凤联袂演出了《穆桂英挂帅》,四代梅派传人一起同台演绎了《贵妃醉酒》。

2013年8月7日,"双甲之约"纪念梅兰芳诞辰120周年巡演活动首站在江苏泰州启动。梅葆玖偕弟子胡文阁、张馨月等来到泰州图书馆,出席"追忆梅兰芳"的专题演讲会。演讲会上,梅葆玖的弟子胡文阁、张馨月等也追忆往事,胡文阁从一把扇子说起,讲述了梅兰芳当年演出《贵妃醉酒》时的往事,将梅兰芳的宽厚待人和剧目改革结合起来。

第六章 四代传人梅葆玖

◎

"翁出坐曹鞭复呵,贤于群儿能几何……等为戏剧谁能先,我笑谓翁儿更贤。"(苏轼《古意》)梅派男旦第四代传人梅葆玖是梅兰芳的第九个孩子,也是梅兰芳最小的孩子,也是梅家这一门存于世的三子中唯一接过梅派衣钵的艺术家。梅葆玖不仅接过了家学衣钵,接过了梅兰芳崇高的戏品与人品,还在传承京剧文化方面做了大量有益的工作,并在耄耋之年为梅派男旦艺术找到了接班人,使得梅派艺术得以延续。

年轻时的梅葆玖和父亲梅兰芳在一起

梅葆玖(1934—2016),汉族,男,祖籍江苏泰州。1934年3月29日生于上海思南路梅宅。职业为演员。信仰共产主义,获博士学位。主要成就:梅派艺术传人,京剧表演艺术家,国家一级演员,北京京剧院梅兰芳京剧团团长。代表作有《玉堂春》《四郎探母》《霸王别姬》《贵妃醉酒》《穆桂英挂帅》《太真外传》《洛神》《西施》等。艺术经历:10岁开始学艺,13岁正式登台演出《玉堂春》《四郎探母》等剧,18岁开始与其父同台演出。1993年参与春晚京剧选段《坐宫》,启蒙教师是王瑶卿之侄王幼卿,武功教师是陶玉芝,昆曲教师是朱传茗,后又师从朱琴心学习花旦。

梅兰芳有9个孩子,因疾病等原因,5个在幼年相继夭折,留下来三男一女:梅葆琛老四,梅绍武老五,梅葆玥老七,梅葆玖老九。梅葆玖10岁第一次登台演出,一点也不慌,娃娃调一句一个彩。台下的父亲点头了,吃戏饭,初定。也就是在那年,42岁的王幼卿来到了上海思

梅葆玖的演出照

南路87号梅家大院,从此,梅葆玖开始了一边读书一边学戏的特殊经历。王幼卿的青衣、朱琴心的花旦、陶玉芝的武功戏、朱传茗的昆曲,梅兰芳对儿子葆玖青少年时期的学戏安排可谓是"独具匠心",正是缘于此,梅葆玖在父亲去世之后,独挑梅剧团的大梁,成功传承了梅派的精湛技艺。

梅葆玖艺业精湛,基础扎实,在青衣、花衫、刀马旦、昆曲等诸行当技艺方面,均有较高造诣。梅葆玖嗓音甜美圆润,唱念字真韵美,表演端庄大方,扮相、演唱都近似其父。他致力于梅派艺术的传承和发展,是海内外公认的梅派传人,其演技及影响虽不及其父,但在当今京剧界的地位仍举足轻重。1989年荣获美国纽约林肯美华艺术中心授予的亚洲杰出艺人奖。2009年被世界艺术家协会授予"艺术大师奖"和"终身成就奖",是公认的世界级艺术大师。艺术传人有李胜素、董圆圆、张晶、张馨月、田慧、谭娜、尚伟等,其中,胡文阁是其唯一的男旦弟子,而立之年投入梅派门下,苦学技艺。梅葆玖曾赴日参加日本樱美林大学博士受典仪式。2012年3月26日,梅葆玖接受记者专访时表示,他并没有把这个文学博士头衔看得太重,让他印象深刻的是日本学生对于中国传统文化的熟悉,"有一次我在日本演出完,很多年轻观众来后台跟我合影,我发现日本孩子背唐诗真溜,比我们还熟"。

一、近水楼台先得月

应该说,梅葆玖学戏有多方面的原因,但硬要说是戏界祖制、不得不学的话,有点牵强附会。梅葆玖之于唱戏,主要还是耳濡目染了梅兰芳的做派,觉得唱戏并不是丢身份的事,另一方面,也跟梅兰芳的重点培养有关。梅葆玖很小的时候,就已经对戏剧产生了兴趣,这还不是主要的。梅兰芳看重的,是梅葆玖扮相和嗓子上有条件,这才请人给他教戏。等到梅葆玖有了基础之后,传承梅派便成了水到渠成的事。

梅葆玖是梅兰芳最小的儿子,也是梅兰芳子女中唯一承传梅派青衣的艺术家。这跟梅兰芳"寻私"有关,在发现梅葆玖很有戏剧方面的天分之后,即请当时很有功基的王幼卿教梅葆玖旦戏。要知道,王幼卿本身的演技一流,且其叔是大名鼎鼎的王瑶卿。从这一点上也可以看出梅兰芳的艺德与品德。当初,梅兰芳曾和王瑶卿同台,但却都在争梨园老大的"宝座",结果是梅兰芳胜出,成为公认的京剧一号。多年以后,梅兰芳不仅将自己的儿子送到对手(也是朋友)之侄名下正式学艺,而且还十分信任王幼卿。为了让梅葆玖全面学习京剧这门艺术,梅兰芳还请了武功教师陶玉芝,昆曲教师朱传茗,后又请朱琴心教梅葆玖花旦。梅兰芳的"寻私",寻出了一代大师,梅葆玖没有辜负梅兰芳,期望终成梅派艺术第四代传人,是唯一继承梅派青衣的哲嗣。

梅葆玖跟父亲梅兰芳一样,少时即有名气,10岁时(1944年)便已经在上海第一次登台。在《三娘教子》中扮演薛倚哥。13岁起,梅葆玖在上海募捐,义演《祭塔》《玉堂春》等青衣传统戏,并与其姐梅葆玥合演《武家坡》《坐宫》。16岁正式参加梅兰芳剧团到各地巡回演出。每到一地,往往先由梅葆玖演出三天梅派剧目,然后再由梅兰芳演出,有时父子同台演出《白蛇传》等剧目。在那样的环境下,梅葆玖进步很快。那当然离不开梅兰芳的言传身教,但也跟萧长华、姜妙香、俞振飞等父辈演员的合作指点有关。每当回忆起从艺的经历,梅葆玖总是感到很骄傲:

> 我和父亲长得最像，声音条件也够好，10岁的时候父亲就决定让我学戏了。我的启蒙老师比较多，这也是我父亲的意思。他是想让我先去学基本功，这个过程还是跟着别的师傅能学得扎实。等我有了这些基础，他才让我参加了梅兰芳京剧团，一直跟随着他演出和生活，直到我父亲去世。在演出的过程中，我父亲一点一点地将梅派艺术特点传授给我。

由于梅兰芳多年的言传身教，并得到同台名演员的指导，梅葆玖的演技不断提高。近几年，梅葆玖经常到国外及港台等地演出，大受欢迎。回想起和父亲梅兰芳同台演出的往事，梅葆玖至今难忘：

> 我父亲这人，这一辈子从来没有骂过人、打过人，绝对是一位非常慈祥的长者，他对家庭这一块完全是开放式、启发式的，没有说一拍桌子你就得跪着，你不行我就拿起棍儿来打，都是启发你、爱护你。他在台上带我，一点一点地，我就能单独唱了。我父亲去世以后，我就把梅兰芳京剧团带起来了。

梅兰芳逝世后，梅葆玖子承父志，领导梅兰芳剧团，经常演出《西施》《洛神》《凤还巢》等梅派名剧。

在艺术上，梅葆玖作为梅派传人，也将梅派传统发扬光大。让梅葆玖印象最深刻的，就是梅兰芳主张博采众长，"万物为我所用"。早在20世纪30年代，梅兰芳就经常出国演出，结识了欧洲著名的歌剧大师、芭蕾舞大师，还包括美国喜剧大师卓别林。他带回了很多歌剧唱片，从小就让梅葆玖去听、去学。梅葆玖解释说：

> 我父亲不是让我学歌剧，而是让我去感受音乐的气息，学习人家的演唱技巧。那时候我父亲还让我学文化课，外语、数学、物理都要学，还让我学跳舞。我母亲就不懂，说学跳舞干什么。

父亲就说:"他有一天要是成为大师,会到各地去演出,如果有一位女士邀请他跳舞,他都不敢站起来,还叫什么大师?"父亲教我的这些,我到今天都在受用。

在梅葆玖的印象中,父亲梅兰芳是一个善良、慈祥、和蔼可亲的人。若是自己做错了事,父亲从不会呵斥他,而是将原因解释给他听,是一个非常了不起的长者。梅兰芳复出的第一场演出是在上海美琪大戏院上演的《游园惊梦》,当时一票难求,他的干女儿卢燕只能躲在楼上的夹道里看。卢燕的母亲是京剧名伶李桂芬,并拜梅兰芳为义父,管他叫"继爹",京剧世家的背景使得她10多岁的时候就登台并活跃于中国戏曲界。因为英文能力非常好,曾经在上海影院中担任过为英文片同声翻译的"译意风(earphone)小姐",和她一起工作的还有著名作家张爱玲的姑姑。

梅葆玖和卢燕是儿时的同伴,卢燕17岁的时候曾和10岁的梅葆玖一同登台唱戏。演出结束后她问继爹自己的表现如何,梅兰芳对她说:"都做了,都对,但就是没到家。"从那个时候她就知道自己没有这方面的天赋。而梅葆玖则不同,年纪小也不懂得紧张,结果很轻松就唱完了,当时他只是觉得好玩,却没想到以后会成为一代京剧名家。节目录制最后,卢燕和梅葆玖还现场一同演绎了京剧《长生殿》选段,两人依然是宝刀未老,赢得了现场观众们热烈的掌声。

因"文化大革命",梅葆玖被迫离开舞台10余年。改革开放后,梅葆玖回到剧团,整理并演出了《贵妃醉酒》《霸王别姬》《穆桂英挂帅》等梅派剧目。这以后,梅葆玖致力于宣传中国京剧和中国戏曲艺术,不断出访美国、日本等国家,常到香港、澳门和台湾地区演出。许多观众反映,梅葆玖无论声音、相貌和表演风格,都与其父相似,大家都认为梅兰芳后继有人。

梅葆玖成为各地欢迎的演员,他曾受黑龙江省京剧团的邀请,到哈尔滨演出。其剧团阵容强大,随同前往的有:著名鼓师裴世长、著名琴师姜凤山、著名花脸肖英翔、著名小生姚玉成、著名丑角冯万奎、著名老生黄世骧、刀马花旦杨慧敏。像《穆桂英挂帅》一出戏,梅葆玖的穆桂英、黄世骧的寇准、姚玉成的杨宗保、肖英翔的王强、杨慧敏的杨金花、冯万奎的前门官后杨洪。宋王、佘太君、杨文广、王伦等,则由黑龙江省京剧团的演员担当。当时,梅葆玖刚过50岁,唱做念舞,一丝不苟,处处精到,把梅派艺术的雍容华贵、端庄大度,演绎得惟妙惟肖,令观众如醉如痴。演出后谢幕数次,又加唱一段《凤还巢》,观众方才罢休。

梅葆玖嗓音甜美圆润,唱念字真韵美,表演端庄大方,在青衣、花衫、刀马旦、昆曲等诸行当技艺方面,均有较高造诣。多年来多次在国内外进行艺术交流和演出,为继承和弘扬京剧梅派艺术做出了巨大的贡献。1989年荣获美国纽约林肯美华艺术中心授予的亚洲杰出艺人奖。2009年,他被世界艺术家协会授予"艺术大师奖"和"终身成就奖",是公认的世界级艺术大师。

二、优质教育出英才

梅葆玖曾多次跟媒体谈父亲对他的影响。梅兰芳请人到家里教他唱戏,他便一面念书一面唱戏。父亲是名角,但他看老师教儿子,却从来不插手,他对梅葆玖说,老师教你的都是对的。后来赶上抗日战争,在人人称颂的"蓄须明志"期间,父亲整日清闲,便在家看儿子学戏。那时梅家的状况十分紧张,日本人总试图逼梅兰芳出来做他们的"亲善招牌",为此梅兰芳不惜连打两针防疫针以发高烧来回避。年幼的梅葆玖对这些事都记忆清晰,他说因为父亲去过日本,很受当地人尊崇,日本人才没敢做得太绝,一般老百姓,像父亲这样与日本人对抗的态度,只怕都没命了。

梅兰芳喜欢画画,画得还不错,和很多著名画家比如张大千、徐悲鸿等都是亦师亦友的关系。

梅葆玖记得,抗日战争期间父亲没事做,就每天晚上在家画画。晚上十点电灯没了,父亲就挂上煤气灯戴上老花镜画,让梅葆玖在一边做小书童,给他调色,他总是记得父亲说:"不行,调得不对,重调。"不演戏,家里没经济来源,父亲就把那些画拿出来开画展。"来的人好多!一听梅兰芳开画展,大家都来买,一下子全卖光了!家里就有经济来源了。我母亲说他,干脆改去画画得了。"大英博物馆曾经还想出600万英镑的价钱收藏梅兰芳画的《洛神》呢。

除了画画,父亲的博学和兴趣广泛让他感叹不已。梅葆玖说,父亲看过很多佛经,对佛学相当有研究,他自创的《天女散花》,每一个表演的手势无不是从佛学中化来,在向梅葆玖传授这出戏时,他仔细给儿子讲述每个手势在佛家的故事。他还在服饰学方面有研究,每次演出的服装都自己设计,查看很多资料画出设计图,然后让梅葆玖的母亲福芝芳到大栅栏去买料子。梅兰芳还喜欢花卉园艺,据说他研究出如何嫁接培植出四千多种牵牛花的技术。他写得一手好书法,并擅长写诗填词。他教育孩子们,传统的东西要学,西方的东西要懂,时尚的东西也要看,常常带着全家到电影院看电影,还学跳时髦的舞蹈。梅葆玖记得父亲出国交流前,特意请了一位英国老师来教跳舞,他说:"在国外,跳舞是一种交流的手段,必须会跳。要是人家小姐到你面前一鞠躬,你说我不会,那多丢人!"梅葆玖说,后来回想他的话,觉得非常有道理。

梅葆玖说父亲在子女的教育问题上跟世界接轨最早,从来不揍孩子。倒是母亲福芝芳对孩子们比较严,因为母亲是旗人,旗人的规矩多,父亲就说了:"没什么规矩,哪儿那么多规矩?"他待人都是那么好。

梅葆玖说父亲很奇怪,平时血压高,一上台血压反而降下去了。大概天生就是属于舞台上的人,所以一直到他最后一次上台演穆桂英,都没觉得自己的病有多严重。北京梅兰芳京剧研究会的吴迎曾谈过梅葆玖录制《贵妃醉酒》和《太真外传》全本的经历,他说:

这两张唱片除了梅葆玖能做,在整个京剧圈,别人来做的可能性几乎没有。唱片出来后相信所有的人都会非常吃惊……这两出戏是艺术大师梅兰芳在上世纪(20世纪)创新的代表作,不要说全本的录音,全本的舞台演出在近几十年来更是没有过,除了梅葆玖,别人没有功力可以做到。

梅葆玖自己谈起做唱片的想法:

每个门派都有其艺术门规,单从梅派来谈也谈不完。从我父亲一生的艺术发展来说,他既有老的传承,又有自己的艺术加工,不断地和时代融合,和国际交流,然后再融合。

三、继得家业承得艺

梅兰芳的家乡泰州的人民对梅兰芳非常欢迎,梅兰芳及其子女对泰州也十分热爱。

梅兰芳去世后,留下了价值几十个亿的收藏和家产,他的藏品中很多是无价之宝。梅葆玖说,母亲很聪明,把这些全部献给国家了。把这些东西留给子女,时间长了难免散失,不如给国家,还能长久地保存下来。梅葆玖说,那些东西若是给子女,是不得了的财富,但难保他们不会成为"画贩子",今天这个人找,就东卖一幅,明天那个人找,又西卖一幅,然后换宝马、换别墅,又有什么意思呢?所以,他们都理解母亲的决定,没有争议。他说,除了父亲戏曲方面的一些东西,有一顶父亲在美国得到的博士帽留给了他,那是他永久的纪念,但是终有一天他也会交给国家,他开着玩笑说:"绝不能让人说梅葆玖把他爸爸的帽子给卖了!"

联合国教科文组织政府间保护非物质文化遗产委员会第五次会议上,24个成员国共同审议并通过了中国京剧的申报材料,中国京剧成功入选"人类非物质文化遗产代表作名录"。这对于京剧工作者来说无疑是喜讯,更是对京剧的发展和传承具有重要作用。在梅葆玖看来,京剧被列入非遗名录绝对不是偶然的:

> 这都是评选委员会从艺术的角度来考量的,可不是随随便便就投票的。京剧凝结了几千年来的中国文化,是我们这个国家的代表作品,列入这个非遗名录,我认为这是必然的。

而从个人的角度来看,梅葆玖认为是否被列入非遗名录,他所要做的工作都是一样的:

我的本职工作是什么？就是要将京剧艺术传承和发展下去，认真唱好我的戏。我不会因为京剧被确认为是非物质文化遗产了，我就要好好去唱，没被列入非遗名录我就可以糊弄了。我想，每一个京剧人也都会跟我一样去要求自己，这是我们必须要做到的。

梅葆玖认为，如今的京剧形势很好：

　　我说的这个形势，是从世界对文化层面的着眼点来说的。现在的人喜欢流行的，但是流行的就那么一阵，过去了就过去了，几年或者几十年后再拿出来看，那就成了怀旧和复古了。而京剧就不一样了，它相当于意大利的歌剧、法国的芭蕾、日本的歌舞伎，这些都是各个国家的艺术制高点，它是几百年来经久不衰的。到现在，仍然有很多人喜欢京剧，是票友，专业的京剧工作者、表演者也很多，所以我说形势很好。我们要利用这个形势，再为京剧发展做出贡献。

梅葆玖还特别提到了央视的戏曲频道，他认为这是政府对戏曲发展的大力支持和投入：

　　电视台是求收视率的，收视率低的节目都要被砍掉。这个戏曲频道受众肯定是有限的，喜欢的人爱看，不喜欢的人根本不可能看。但央视仍然保留了这个频道，这就说明政府对艺术的发展还是大力支持的。有这个窗口很重要，也很必要。

四、弘扬梅派有步骤

对京剧教学，梅葆玖有独到见解：

我现在的学生基本上都是研究生,都是各个京剧团的精英,他们常年有非常好的演出条件,我只是在帮助他们于艺术上有进一步的升华。

在这一点上,梅葆玖和父亲梅兰芳的做法如出一辙:

我允许学生们去创新,去追求更好的表演方式。我父亲当年就不断地对传统京剧进行改造,这一点我想大家在电影《梅兰芳》里都看到过。发展和创新是我们这个行当的必经之路,创新也要有原则,不能丢了艺术的灵魂。

梅葆玖对培养演员有独到看法,他觉得必须从小开始学起,必须从文化开始入手:

对于从事戏曲工作的专业人士来说,我想我的要求必须要严格一些,必须要从了解中国文化开始做起。了解京剧的人都知道,那是一代一代的京剧人根据中国历史典故创作和改编的。让孩子从小在学京剧的同时,就该了解这些典故,知道安史之乱是怎么回事,才能理解杨贵妃为什么是那样一种状态;知道楚汉相争,才能明白霸王别姬是怎么一回事。这样培养,才能让他们学好戏。没必要给孩子太多的压力,如果这个孩子的先天条件足够从事戏曲工作了,那么这些基本功就不能少。如果家长就想让孩子多个特长,就千万不要给孩子太多压力,否则就会给他们造成负担。

王璨曾和南京市京剧团团长蔡继伟三顾"梅门",梅葆玖最终被他们的诚意打动,决定收王璨为徒。除了诚意,年轻的王璨还有什么地方打动了师父?昨天,梅葆玖揭晓了答案:"首先,王璨有学好京剧的条件,无论是体形、个头、外表、嗓子都不错,是个全方位人才,这是最基本的条件。

再有就是她对京剧的痴迷,迷京剧爱京剧,才可能有更好的成绩。"在梅葆玖看来,虽然这些年自己收了不少的徒弟,"但不是我想收一个就收一个的,得严格考察,要有能够培养成好角的资质,那我们的劳动成果才不会白费。"梅葆玖说:"拜师不是结束,而是新一轮劳动的开始。你既然拜了我,我就得让你学到东西,不然说拜了就不来学,那还不如别拜师。"梅葆玖告诉王璨:"首先要学习的就是梅兰芳先生对传统文化的热爱。我父亲非常喜欢书画,喜欢唐诗宋词这类古典文学,我希望你能够和我父亲一样,多读一点传统文化的书籍来丰富自己。"王璨正式拜梅葆玖为师。拜师仪式上,梅葆玖给新弟子王璨提"师训":第一课先学传统文化。梅葆玖说:"拜我为师,你可能是幸运的,但也可能面临极大的压力。"在正式拜师前一晚,王璨拜访了梅葆玖先生,梅先生对自己最年轻的弟子叮嘱道:"不是说你能拜了师就变厉害了,还得要花更多时间去学习和进步。"拜师仪式上,梅葆玖又给了王璨一句师训:"进了师门,你不仅要传承'梅派'艺术,还要传承梅兰芳先生的品格。"

梅兰芳先生曾收徒超过150名,而梅葆玖如今只收徒42名。"梅派"收徒除了考察基本条件,还要考察"品行"。"德艺双馨是'梅派'最看重的。"由于梅葆玖行程繁忙,梅兰芳先生的得意弟子王志怡多年来一直担任"梅派"弟子的教导工作,她说,"无论是梅兰芳先生,还是梅葆玖,收徒首先看对方的品行。正式答应收徒之前,梅葆玖会将这个人的品行打听清楚,合格了他才同意。"

梅葆玖告诉记者:"王璨这代年轻徒弟,正处于社会大变革的时代,我们也特别需要有志气的年轻一代去承担社会责任,在继承中求发展,京剧也可以吸收中外各类艺术的精华来实现创新。我们的京剧一定要姓'京',如果改姓其他的那就不是京剧了,京剧艺术之魂绝对不能丢,我希望能和王璨共勉。"

梅葆玖师妹、著名"梅派"旦角李玉芙也非常认同"梅派"对学习传统文化的要求。20世纪50年代,李玉芙曾得到梅兰芳先生的亲身传授,并常与梅先生、梅葆玖同台演出。"我记得当年有个演员学梅先生特别像,唱腔、身段都不错,但别人评价说,就是缺了点仙气。这个演员就去找梅先生,先生对她说,多看看《洛神赋》这类文章,好好琢磨,或许就能找到仙气。"

谁接梅派衣钵?梅葆玖说:"'文化大革命'耽误了一代人,我们的子女应该学戏的年代正赶上八个样板戏,那时男旦靠边站,老戏不让唱。"本来他哥哥梅绍武的儿子很有条件,但是那个年代不让学,最终他选择出国了。但让梅葆玖感到欣慰的是,大哥的孙子梅玮能唱上几段,梅玮正上着北京大学中文系,业余跟着梅葆玖学学戏。梅葆玖说:"这也算梅家隔代的传承吧。"

梅葆玖在"文化大革命"前常演的剧目有《苏三起解》《玉堂春》《二进宫》《木兰从军》《天女散花》《彩楼配》《武家坡》《祭塔》《三娘教子》《廉锦枫》《红线盗盒》《春秋配》《祭江》昆曲《断桥》《游园惊梦》《思凡》等梅派京昆剧目。"文化大革命"后常演《霸王别姬》《贵妃醉酒》《穆桂英挂帅》《太真外传》《洛神》《西施》《凤还巢》《四郎探母》《御碑亭》《生死恨》《宇宙锋》《奇双会》《龙凤呈祥》《红鬃烈马》《打渔杀家》《抗金兵》《麻姑献寿》《游龙戏凤》《二堂舍子》《汾河湾》等梅派经典剧目。近几年,梅葆玖除登台演出外,还教授学生,为继承和发扬梅派艺术而辛勤工作。同时,他还是全国政协委员、北京京剧院梅兰芳剧团团长。

梅葆玖培养了李胜素、董圆圆、张晶、张馨月、田慧、谭娜、尚伟等梅派后学。其中,胡文阁是其唯一的男旦弟子,而立之年投入梅派门下,苦学技艺。

董圆圆——中国国家京剧院,国家一级演员,中国戏剧梅花奖获得者。

李胜素——中国国家京剧院,国家一级演员,第十三届中国戏剧梅花奖获得者。

张馨月——北京京剧院梅兰芳京剧团,2008年第六届全国青年京剧演员电视大赛金奖,第四届中国京剧优秀青年演员研究生班研究生。

姜亦珊——北京京剧院,2005年第五届全国青年京剧演员电视大赛金奖,第四届中国京剧优秀青年演员研究生班研究生,流派班学员。

田慧——上海京剧院,第七届青年京剧演员电视大赛银奖。

胡文阁——男旦,北京京剧院。

肖迪——辽宁省实验京剧团副团长,沈阳师范大学戏剧艺术学院副教授。

单雯——天津市青年京剧团,2012年第七届全国青年京剧演员电视大赛金奖。

郑潇——北京京剧院,2012年第七届全国青年京剧演员电视大赛银奖。

焦丽君——山东艺术学院。

杨洋——山东省京剧院。

五、爱好广泛老顽童

可能是因为前几个孩子都夭折了,梅兰芳对梅葆玖等几个孩子十分疼爱,但疼爱归疼爱,梅兰芳绝不允许孩子学坏。譬如梅葆玖,即使不唱戏,可以做别的事,但绝不可以乱来。梅兰芳还是比较开明的,他允许孩子们学西方的东西,这就使得梅葆玖有空间去喜欢迈克尔·杰克逊、喜欢席琳·迪翁、喜欢邓丽君。梅葆玖曾跟有关人士谈过:"看《贵妃醉酒》,为什么有的人会哭?那是因为艺术让他们感动了。只要能感染人的,就是优秀的艺术。邓丽君的歌听了就让人很甜蜜或者很伤感,让心里有所触动,我有什么理由不去喜欢呢?"

梅兰芳在世时把梅葆玖看得很紧,虽然梅葆玖喜欢汽车,但父母一直不让他考驾照,怕他出事,父母都离世后,他才在20世纪80年代去考驾照。考的是卡车本子,练车在大兴郊区,因为天气很热,他光着膀子练车。有认识他的人问:"昨儿还看见你在电视里演穆桂英呢,今儿怎么就光着膀子开车了?"他回答:"啊,昨儿是小媳妇,今儿是大老爷们了!"梅葆玖是汽车、音响以及和电有关的机器的发烧友,他自己打趣说:"我是不务正业。什么都喜欢,除了汽车、音响,什么无线电、遥控飞机模型都做得很好,还喜欢运动,什么自行车、摩托车、汽车,只是没去参加比赛。生活很充实,不是除了唱戏,回家喝喝茶就完了。"

除了喜欢汽车之外,梅葆玖还喜欢看着图纸自己制作模型、电子管收音机等物件。小时候,梅葆玖最开心的事是听自己装的收音机响的那一刻。据家里人说,梅葆玖于20世纪50年代鼓捣出一台立体声音响,相当前卫。

上了年纪的梅葆玖,坚持用教学和演出来保持自己的状态:"给学生上课就是我做得最多的运动了。我可不是随便动动口说几句话,我给学生指点到哪,我的动作就做到哪的,身体非常灵活。"每年大量的演出,梅葆玖都会参加,虽然很累,但他仍然乐此不疲:"退休了就回家当老太爷去,每天早上起来,茶都泡好了在那放着,确实很舒坦。但是用不了一两年,走路就得拄拐了,人就没劲儿了。像我这样天天给学生上课,天南海北地演出,日子就过得有意思。"

梅葆玖曾对采访他的记者说过这样的话:

> 我对流行这一块也很熟悉,到现在都保留着迈克尔·杰克逊、香港那些天王的唱片,包括黎明的。流行歌曲旋律美,我还有邓丽君全套呢,1989年见过邓丽君,很可惜,她不在了,她的歌在流行这方面是冠军,她死了以后还没有一个歌星能够追上她呢!不管是流行也好,歌剧也好,交响乐也好,乐器也好,京剧也好,所有的艺术都有它的美,各民族有各民族的美,你只要出了京剧的欣赏圈,深入各个不同的艺术门类里,你只要能听懂,都是其乐无穷……休闲的时候还是自个儿开,就是出去转转,我还新买了S40(沃尔沃),喜欢到处转,年轻时喜欢骑摩托。我觉得一个人的生活要丰富一些。除了业务之外,各个门类都要懂,都要知道,让生活很充实,不是说除了京剧以外我什么都不知道,我什么都不接触,一个人这样活着就太可惜了。

六、鞠躬尽瘁为京剧

《中国戏剧》1989年第10期载有梅葆玖的访谈,其中一段是这样写的:

父亲常和我说："抗战八年,我没唱戏,胜利后,即使演出,也是为少数人服务,现在全国人民都想看我的戏,我如果总是蹲在北京唱,倒是不累,但外地观众又不可能到北京来看戏,如果不到他们中间去,对各地观众就太不负责了。"因此,他经常到外地巡回演出。父亲到外地演出我都受命在家。由于受父亲的熏陶,我养成了像父亲那样细致的态度。自1950—1961年父亲去世前的10年中,他每次到外地演出时,我都做了笔记,记下了他哪年赴哪个省市,时间有多久。从这本笔记上可以看出,父亲不论是盛夏,还是严冬,不论是早春,还是深秋,为使全国各地的观众能看到他在舞台上楚楚动人的艺术形象,不辞辛劳,到处奔波。遗憾的是这本珍贵的纪录,在"文化大革命"期间丢失了。

第七章 男旦传女唱老生

◎

"当窗理云鬓,对镜贴花黄。"(《木兰诗》)木兰从军的故事,极大地丰富了中国文学的内容及表现形式,还给世界各类戏剧提供了绝佳蓝本。从传统欣赏角度看,人们还是比较喜欢花木兰对镜打扮的闺秀形象,对于女子出没于血与火的战场,还是觉得有些残酷。历史并没有记载花木兰这一段,为什么文学上出现了这样的人物?这是艺术发展的需要。艺术是相通的,京剧老生演员梅葆玥是梅兰芳唯一的女儿,作为京剧世家出来的女子,唱戏演戏并不例外,例外的是,作为梅氏男旦世家的女传人,梅葆玥不仅没继承家学,还女扮男装,唱起了老生,这真是一个有趣的话题。花木兰女扮男装替父从军,乃爱国之举,孝顺之为;梅葆玥女扮男装,则是赓续传统,传承家学。两位奇女子的做派,可谓殊途同归。有人会不太理解这种写法,其实不复杂。梅葆玥虽说没有替父去"从军",但在京剧这一行,却是完全循着梅兰芳大师所倡导并终身为之努力的"改革"之路而行的。既然梅派男旦可以男扮女装唱戏,梅家女子为什么不能女扮男装唱戏呢!从梅派男旦到梅葆玥的老生,应该说都是京剧艺术追求多样化及国际化的有效途径。当然,梅派男旦的出现跟封建社会禁止女子唱戏有关,而梅葆玥的老生戏,则就有了花木兰的果敢与豪情。"红酥手,黄藤酒,满城春色宫墙柳"(陆游怀念被迫离异的前妻唐婉而作的《钗头凤》),那戏台之上,梅葆玖男扮女装唱男旦,极尽女性柔美,而梅葆玥女扮男装唱老生,沉吟老练,阳刚威武,真就是个时空倒置、男女错位,难怪这姐弟俩一上场,马上就赢来满堂彩,这就是艺术之魅力、艺术之力量!梅葆玥一辈子踏实做人、勤奋谨勉,为弘扬京剧艺术鞠躬尽瘁。

梅葆玥(1930—2000),著名京剧表演艺术家。祖籍江苏泰州,出生于北京市无量大人胡同,京剧艺术大师梅兰芳的女儿。中国农工民主党成员。北京市文史研究馆馆员。1943年起在其母福芝芳的师妹李桂芬指导下开始学习京剧老生。1946年首次与其弟梅葆玖在上海皇后大戏院登台演出《四郎探母》。新中国成立前夕考入上海震旦女子文理学院教育系读书。1953年被分配到中国戏曲学校任国文教员,后又拜王少楼为师。1954年被调往中国京剧院,开始长达45年的演员生活。1955年梅葆玥作为中国京剧院青年代表团的主要演员访问北欧,参加在波兰华沙举行的世界青年联欢会。1956年梅兰芳以文化大使的身份率中国京剧团访日,梅葆玥随行。1958年调至梅兰芳京剧团,随父在全国各地巡回演出。1961年梅兰芳因心脏病突发逝世,她与梅葆玖继承梅剧团的运作。1966年"文化大革命"开始,遭批斗并下放至北京天堂河农场接受"再教育"。1983年与梅葆玖率领梅剧团访日,这是梅剧团第四次也是"文化大革命"后首次访日。1987年退休。1993年与大陆众多京剧艺术家组成京剧团赴台湾演出,其间拜会了张学良、陈立夫、蒋纬国等各界人士。1997年应邀参加内地京剧团赴港庆祝香港主权移交的演出。1998年我国南方遭遇特大水灾,梅葆玥参加了募捐义演。

一、巾帼须眉驰寰宇

1930年9月28日(庚午年八月初七日),北京无量大人胡同,一个婴儿的出生为梅家带来了异常的欢喜,京剧艺术大师梅兰芳先生有了他的第七个子女,也是他唯一的女儿——梅葆玥。

4岁时的梅葆玥随父亲迁居上海,天资聪慧的她,每逢父亲有戏,总要闹着同去剧场。后来她见弟弟梅葆玖拜了京剧名旦王幼卿学戏,便也一心想着要拜师学戏。母亲福芝芳的师妹李桂芬,发现梅葆玥性格豪爽,嗓门儿尤为高亢洪亮、韵味十足,是个唱老生的好苗子,于是有心栽培,便毛遂自荐成了梅葆玥京剧艺术的启蒙老师。

李桂芬是第一代著名京剧女老生演员,早年学唱谭鑫培、师从刘鸿声。1943年起,她开始教梅葆玥学唱京剧老生,从此梅葆玥白天上学念书,晚上在家学戏,吊嗓子练功夫。李桂芬和女儿卢燕曾在上海梅宅居住了9年,多年后成为好莱坞华裔影星的卢燕回忆说,那时候我与葆玥同住一室,两人玩得很高兴,情如姐妹,她跟我妈妈学唱老生,数年寒暑从未间断。

梅葆玥首次亮相氍毹,是在她学戏3年后的1946年,她与弟弟梅葆玖在言慧珠、姜妙香等名家的提携下,于上海皇后大戏院出演了大戏《四郎探母》,戏中她扮演主角儿杨四郎,一副清秀扮相,以及颇具谭(鑫培)派韵味的唱做,首演即获得了成功。这一年,梅葆玥16岁。

新中国成立前夕,葆玥考上了上海震旦女子文理学院教育系,一边加强中外语言文学的学习,一边继续学习京剧。

1947年,李桂芬携卢燕去美国后,梅兰芳见梅葆玥仍对京剧老生演唱孜孜以求、喜爱有加,便请来余(叔岩)派老生陈秀华给梅葆玥继续说戏。梅兰芳对艺术、对老师的尊重,给年轻的梅葆玥留下了深刻的印象,也影响了梅葆玥执着从艺的信念。她在回忆文章中写道:

> 为了关心我们的学习和表示对老师的敬意,父亲还常在百忙之中陪老师进餐,交谈艺术和给我们上课的情况。父亲对老师的尊重,还体现在对老师的艺术及其成果方面。对老师给我们说的东西,父亲非但从未擅加改动,而且总是谆谆告诫我们一定要按照老师的要求,踏踏实实地去练习,直到葆玖弟开始学演《生死恨》《霸王别姬》这类梅派剧,父亲才开始给予指导,然而,也总要把王幼卿先生请来,共同商量着排练。父亲对我们的练功、吊嗓非常关心,由于我父亲的琴师徐兰沅和王少卿先生都住

在北京,不在上海,所以小时候我和玖弟都是由倪秋平、卢文勤二位同志给我们吊嗓,当时,我与玖弟还有外祖母住在四楼,父亲和母亲住在三楼。有时父亲听到四楼有胡琴声,就上楼来听我们吊嗓,并耐心地听完,给我们指出缺点。父亲是每天午后吊嗓的,但他经常不顾疲劳地给我们示范。今天回想起来,自己能成为一个社会主义的文艺工作者,特别是葆玖弟能有今天这样的成就,这里面不知凝聚着他老人家多少心血。时光如矢,几十年弹指般地消逝了,可是在父亲身边受到他老人家熏陶哺育的幸福情景,我是永远也无法忘怀的。①

1953年夏,梅葆玥以优异成绩从震旦毕业,分配到北京中国戏曲学校(今中国戏曲学院)任国文教员,当红的京剧名家杨秋玲、刘长瑜、李欣等都曾是她的学生。在完成教学任务之余,她仍如饥似渴地学习京戏,旁听了许多著名京剧表演艺术家的课程。

梅葆玖曾回忆说:

> 七姐在教学之余,总是念念不忘学戏,并拜老生名家王少楼、贯大元为师,刻苦钻研。在一次新年联欢会上,她以文化教员的身份上台唱了一折《文昭关》,一惊四座。时任中国京剧院党委书记、副院长的马少波先生就表示希望她到中国京剧院做专业演员,这时也终于得到我父亲的首肯,七姐便于1954年正式下海了。

1954年,梅葆玥被调往中国京剧院,开始了长达45年的演员生涯。

1955年8月,为参加在波兰华沙举行的世界青年联欢会,中国京剧院派出一支由优秀青年演员组成的代表团访问北欧,梅葆玥也在其中。老师欧阳予倩专为她和江新蓉排练了新剧作《人面桃花》,梅葆玥在戏中

---

① 中国梅兰芳研究会,梅兰芳纪念馆:《梅兰芳艺术评论集·追念教诲倍思亲》,中国戏剧出版社1990年版,第605—608页。

扮演的小生崔护,边唱、边舞、边书:"去年今日此门中,人面桃花相映红……"这次演出大获成功,既展现了中国传统艺术的魅力,又为新中国的外交事业和增进与各国间的文化交流做出了贡献。10月,梅葆玥随楚图南率领的中国古典歌舞剧团在瑞典演出期间,梅兰芳的老朋友、瑞典国王古斯塔夫六世指名会见了梅葆玥,重温了当年他与梅兰芳的友谊,并盛赞中国京剧中的古典舞蹈艺术。

1956年,中日处于冷战期间,毛泽东和周恩来决定派梅兰芳以文化大使的身份率中国京剧团访日,梅葆玥、梅葆玖也一起随行,受到日本各界的热烈欢迎。在成绩和荣誉面前,梅葆玥没有一丝满足和骄傲,在艺术的海洋中更加奋力遨游。梅葆玖说:

> 她下海后很刻苦努力。她看义父马连良的做派和念白很美,就成天泡在马家学习《清官册》《白蟒台》等戏。她听杨(宝森)派的唱法与众不同,就拜杨宝森的堂兄、著名琴师杨宝忠为师,继续深造《文昭关》和《洪羊洞》等戏。她在1958年调入梅剧团后,正好父亲要排演生前最后一出新戏《穆桂英挂帅》,老人家演穆桂英,七姐演杨金花,我演杨文广,建国10周年大庆的时候,我们一家三口同唱一台戏,这也成为一段梨园佳话。

梅兰芳、言慧珠、梅葆玥、梅葆玖(自左向右)

1958年，梅葆玥被调到梅剧团与葆玖一道在父亲身边工作，从此随父亲在全国各地巡回演出，走遍了大江南北。

1961年，梅兰芳因心脏病突发逝世，梅葆玥与梅葆玖继承父亲的遗志，挑起了梅剧团的重担，开始了他们之间的长期合作。1964年"戏改"后，男不许演旦、女不许演生，姐弟俩渐渐被打入冷宫。1966年"文化大革命"开始，他们也未能逃脱厄运，被抄家、批斗、下放到北京天堂河农场接受"再教育"。奉调回城后，梅葆玥只好改行唱老旦。她非常认真地从头学起。在饰演现代戏中的老旦角色时，尽管常让她担任B组演员，而且常让她在工厂农村演，但她都认真准备，认真地演。在偏僻的农村，她和大家一起背着行李，走几十里山路，一个村一个村地演。她和李世英排演了现代小戏《送货路上》，受到农民观众的喜爱。观众看到这位艺术大师的女儿如此质朴、没有架子，都敬佩不已。

"文化大革命"结束后，传统戏开禁。梅葆玥仅用一个多月的时间就复排了一批传统剧目。她为在"文化大革命"这场浩劫中白白浪费了一个演员多年的艺术生命而悲愤不已，她心中被压抑的艺术能量迸发了。她以全部的精力，排演了拿手的《辕门斩子》等一批剧目献给观众。那时她在北京吉祥戏院演完《四郎探母》，还要骑自行车、顶着西北风回家，也不觉得累。因为她为观众奉献了自己热爱的艺术，观众也给予了她真诚的掌声，她感到欣慰，更感到满足。她常说这是自己艺术生命中的第二个春天。

那几年中，姐弟俩演出活动十分繁忙。在一次各民主党派的联欢会上，农工民主党的负责人邀请她参加农工民主党，她欣然接受，加入了该党，并在党内担任中央联络工作委员会副主任。任职期间，她遵守农工民主党各项政策，积极参政议政。在参加农工民主党中央慰问团前往广西前线慰问时，她顾全大局、不摆架子、不畏艰险，为慰问演出的成功做出了贡献，受到前方将士的赞扬。为此，农工民主党中央特致函北京京剧院，褒奖她在前线的卓越表现。在第十、十一届农工民主党全体代表大会上，她被选为中央委员，还代表农工民主党参加了中国妇女第七次全国代表大会。

1983年，由梅葆玖、梅葆玥率领的梅剧团访日。这是梅剧团第四次也是"文化大革命"后的首次访日，为推动中日友好关系的发展，起到了特殊的作用。回国后，她与张君秋之女张学敏排演了老舍创作的《新王宝钏》及新编历史剧《三关排宴》，演出达数十场。

京剧女老生多擅长唱文戏，而梅葆玥在近50岁时偏要尝试排演武老生戏——《战太平》。于是她天天扎着大靠、练甩发、练身段、练武打，膝关节受伤了，但丝毫没有削弱她坚定的信念。《战太平》在北京演出获得了成功，而此时，严重的伤痛一直伴随着她。其后，梅葆玥又到东北各地演出多场，直到北医三院的医生向她发出再演下去伤腿有可能致残的警告才作罢。梅葆玥在近50岁时做出的这一挑战自我、超越自我、勇攀新的艺术高峰的举动，赢得了各界的交口称赞。

1987年，梅葆玥退休了，因为舍不得离开心爱的舞台，心里有着很强的失落感，很少流泪的她流泪了。但是退休后，梅葆玥的社会活动及公益性演出更多了。中国妇女发展基金会聘请她担任理事，北京市文史研究馆聘任她为馆员，梅兰芳基金会聘请她担任理事。梅葆玥为北京和泰州两地的梅兰芳纪念馆捐献了大批文物。

1993年，她与国内众多一流京剧艺术家组成阵容庞大的京剧团赴台湾演出，其间拜会了陈立夫、蒋纬国、张学良、辜振甫等各界人士，为促进两岸的交流与了解做了很多有益的工作。此后，辜振甫访问大陆时，特邀葆玥、葆玖陪同看戏、参观。

1997年香港回归，梅葆玥应邀参加了内地京剧团赴港贺演。1998年南方遭遇特大水灾，她与众多艺术家一起积极参加募捐义演，同时又以个人身份为灾区人民捐款以示爱心。1998年梅葆玥和梅葆玖同去意大利和美国考察和讲学，同年10月，梅葆玥在治疗严重的膝伤动手术的同时，发现患有乳腺癌，在3周内动了两次手术。尽管如此，她并没有把病痛放在心上。为了尽快恢复手术后膝关节的功能，她一直坚持参加紧张的排练，准备为庆祝中日建交纪念而赴日演出。

1999年7月28日晚，梅葆玥参加赴日节目审查演出后，直接由剧场被送至北京友谊医院，经检查发现癌症复发，不得不住院治疗。这时她并不了解自己真正的病情,但她相信自己现在住院是为了很快能站立起来再上舞台。几个月过去了,她感觉到自己的身体每况愈下,不免烦躁、焦虑、不安,无奈之下,2000年5月4日,家人告诉了她病情真相。得知病情真相后,她一再问身边的人:我是直接从舞台来到医院的,算不算站完了最后一班岗?

二、家风敦厚肖乃翁

梅兰芳唯一的女儿梅葆玥沉稳闲静、温婉端庄,梅兰芳鼓励她当大学老师。(载2009年1月16日《泰州日报》)

梅兰芳的女儿梅葆玥和儿子梅葆玖一样都是著名京剧表演艺术家,梅葆玥年轻的时候长得很漂亮,可惜梅葆玥唱的是老生,她要是和弟弟梅葆玖一起唱旦角就好了,她旦角的扮相一定和梅葆玖一样漂亮。她一辈子很勤奋,老老实实做人,热爱京剧艺术。她为人正直,性格直率,有着很好的人缘,愿意帮助别人,不图回报,虽出身梨园世家,但没有陋习。参加各种演出从不计较名利,只要能为观众演出、不离开舞台,就是最大的快乐。她受过正规的高等教育,有着很深厚的文学素养,对于自己演出的剧目,都要很认真地加以整理,使之通顺合理。梅葆玥的演唱,规范讲究,嗓音苍劲醇厚,中气充沛;扮相俊美儒雅,表演细腻严谨。她的演唱风格,初以高亢洪亮为主,后习余叔岩、杨宝森诸派,追求醇厚韵味。至后期,主要演习孟小冬之唱法,颇有心得。其擅演剧目有《红鬃烈马》《四郎探母》《捉放曹》《文昭关》《战太平》《辕门斩子》等。

20世纪80年代中后期,梅葆玥先生受哈尔滨市京剧院的邀请,赴哈进行教学演出,她当时演出的三出大戏是《红鬃烈马》《战太平》《四郎探母》,配合演出的班底是哈尔滨京剧院的演员。

《红鬃烈马》是梅葆玥的拿手好戏。梅葆玥最后一次倾心于《红鬃烈马》的演出,是在众多名演员及家人的烘托下完成的。梅葆玥、梅葆玖姐弟的音配像《红鬃烈马》,除梅葆玖宝刀不老,在《大登殿》中为自己配像外,其他的配像演员都是当今名家,如于魁智(《武家坡》《算军粮》配薛平贵)、李胜素(《武家坡》《算军粮》配王宝钏)、李鸣岩(《大登殿》中配王母)、宋丹菊(《银空山》《大登殿》配代战公主)、张韵斌(《算军粮》《大登殿》配魏虎)、范梅强(梅葆玥的儿子,现央视戏曲频道制片人,为其母《大登殿》配薛平贵);宋元斌、黄世骧则分别为自己饰演的王允和《银空山》的薛平贵配像。名家荟萃,使这出《红鬃烈马》充满了看点。此后,梅葆玥因为身体原因停演,直至病逝。

梅葆玥对父亲梅兰芳非常尊敬,她回忆说:

> 父亲是位慈父,和蔼可亲,他教戏时,不是那种旧科班老师很严厉的教法,而是循循善诱,用一种启发式的方法来教……他的教育方法是,如果葆玖在台上表演有时眼神不对,或者地方走错了,他从台上下来从不立即申斥,他不当着别人的面教训,而是等回到家里吃完了点心,把葆玖叫到他的卧室,和颜悦色地一点一点地指出错误并演示正确表演方法。①

梅老板对于朋友和同事更是古道热肠"仁义可钦"颇有乃祖风。就拿他对于凤二爷来说吧,真称得上是义薄云天。梅老板第一次赴沪是随王凤卿凤二爷一同去的。那时的王凤卿是汪派须生的佼佼者炙手可热。所以以头牌应邀,梅老板只不过是挎刀的二牌旦角。但梅老板这一去便一炮而红威震沪滨,从此一跃龙门便扶摇直上声价十倍。但他在大红大紫之后,从不忘凤二爷对他的提携。所以在凤二爷年事日高气力较差不能自挑大梁之后,就始终搭梅老板的班。老生始终是由凤二爷担任,一直到他不能再登台之后,才换了奚啸伯和杨宝森等人。②

退休后,梅葆玥时时以一个老艺术家、民主党派代表的标准严格要求自己,每日读书看报、关注时事,还为北京京剧院的深化改革积极出谋划策。

---

① 齐崧:《谈梅兰芳》,黄山书社2008年版,第26页。
② 梅葆玖、梅葆玥《回忆慈父梅兰芳》,载《文汇报》1994年6月23日。

第八章 艺家大儿不从艺

◎

世事本来无定数,人生转眼成蹉跎。从这幅照片上看,当年的梅兰芳有多时尚,而年少的梅葆琛多么的风华。转眼间,梅兰芳先生已作古数十年,而其子梅葆琛也离世好几年。作为戏剧世家走出来的长子(实际上是老四,前三者皆夭折),却没有丝毫的戏剧派头,无论为人做事,都相当低调,工作上勤勤恳恳。

梅兰芳与儿子梅葆琛在香港留影

作为梅兰芳长子的梅葆琛,并没有成为梅兰芳的嫡传弟子,而且偏离了戏剧行,转向了建筑行当,成为北京建筑设计研究院高级工程师。在子女的人生方向上,梅兰芳有自己的考虑;在对待长子就业的问题上,梅兰芳有自己的打算。因为长子梅葆琛生性稳重,乐于思考,梅兰芳决定让梅葆琛往理工科方面发展。此后，梅葆琛一门心思干专业，成为著名的建筑师。但出生于梨园世家，梅葆琛还是掌握了不少戏剧方面的才能，他爱好胡琴，小的时候曾先从王少卿学习，后向徐兰沅请教，曾在业余演出中伴奏梅派剧目。梅兰芳家里举行戏曲沙龙，梅葆琛经常担任琴师地工作，可见其胡琴拉得多顺手，如果不是因为所学非戏剧的话，梅葆琛极有可能成为第二个梅雨田。

梅葆琛（1925—2008），梅兰芳的第四个孩子。祖籍江苏泰州，1925年12月5日出生于北京。青年求学期间，正值日本帝国主义侵略中国。在父亲的安排下，抗日战争期间与弟弟绍武远离父母，在重庆、贵阳读书，兄弟二人历经磨难，饱受困苦。

抗日战争爆发后，梅兰芳率剧团赴港演出后留在了香港，后来每年暑假，梅兰芳夫人福芝芳都要带着孩子到香港度假。

> 在香港，父亲为我和五弟选择了比较进步的岭南中学，让我们复习功课准备考试。当时父亲的一些朋友劝我们报考外国学校，父亲表示不同意，他说："虽然在外国学校可以多学些外文，但是将来的出路只能到外国洋行找职业，当洋奴才。"①

1941年夏，他们照例赴港，梅兰芳见到孩子们后非常高兴，当他听说沦陷后的上海学校教育越来越糟糕后，很担心孩子们既学不到知识又沾染上坏毛病，便和夫人商量，将梅葆琛、梅绍武留在了身边。梅葆琛曾回忆说：

> 父亲为我们创造了一个良好的学习环境，把我们两人领到一间陈设简单的小房间，两张床和一张两人合用的书桌，桌上已放好一排书籍，都是考学校需用的国语、代数、几何等课本。父亲说："这是你们的卧室，考学的书也准备好了。我已替你们排定好了日期，每门功课按次序温习就行。以后我要经常来检查

---

① 梅保琛：《怀念父亲梅兰芳》，北京．中国社会出版社，2005年版，第2页。

你们温习功课的情况。"就这样我们在他的细心安排和督促下，顺利地完成了一个月的复习计划，考取了岭南中学。

抗日战争胜利后，梅葆琛才又重新回到父母身边，长期的艰苦生活、坎坷经历，磨炼了他坚强忍耐、吃苦耐劳、勤俭朴素的性格。1946年梅葆琛返回上海，1948年考入上海震旦大学理工学院，后震旦大学与同济大学合并，1951年1月毕业于上海震旦大学（上海圣约翰大学）理工学院土木系，毕业后分配到北京建筑设计院工作，高级工程师，曾参加中国军事博物馆的设计，北师大教学楼、图书馆、办公楼的设计。

1987年10月退休后，他继续发挥余热，受聘担任中国工艺美术馆建设工程的顾问，协助解决施工中的疑难问题，使中国工艺美术馆的工程建设顺利完成。工作中，他经常深入建设工地，到施工现场亲自调查研究，与施工人员共同探讨解决施工中存在的问题。他谦虚谨慎、平易近人，亲临现场，克服困难。他坚持原则，保证了工程质量精益求精。为保工程进度，他经常回到家中通宵达旦的工作，长期的超负荷工作使他患上了哮喘、高血压等疾病，他一边进行治疗一边继续坚持工作。

在纪念梅兰芳100周年诞辰活动中，梅葆琛负责设计、制图及现场指挥香山"梅兰芳之墓"的工程。其妻林映霞1951年毕业于上海第二医学院，分配到北京协和医院口腔科，后负责研究生的教学工作。梅葆琛夫妇有二子一女，大儿子梅卫平在英国罗斯福德纺织品进出口公司驻沪办事处工作，二儿子梅卫华在中国工艺美术馆工作，女儿在梅兰芳纪念馆工作。

梅葆琛虽然没有继承祖业，但从小受父亲梅兰芳的艺术熏陶与感染，酷爱京剧艺术。他经常和父亲学习京剧艺术知识，与父亲探讨京剧艺术，向名家学习京胡演奏技法，经常为父亲操琴吊嗓。他时常陪父亲到后台化妆，细心观看父亲的每一场演出，与父亲交流自己的看法。经过长期的耳濡目染，他在京剧艺术方面也有了一定的造诣。工作之余，他积极参加业余京剧演出活动，操琴伴奏，他希望梅派艺术得到继承与发扬。他不仅关心弟弟梅葆玖的表演，而且在家中精心培养下一代，将孙儿梅玮送到京剧名师身边学习梅派艺术,在家中一句句辅导孙儿学唱京剧,亲自为孙子操琴吊嗓。他为梅派艺术的传承倾尽了自己的全部心血,在梅派艺术上也有所传承,为京剧艺术的传承与发扬光大做出了自己的贡献。

《科学养生》1996年第12期发表了梅葆琛的文章《梅兰芳的最后八天》,其中有这样的一段文字:

我们都知道近几年来他有高血压病。他服用降压药之后,仍坚持繁忙的工作学习和演出。但从1960年开始,父亲的左胸部经常隐隐作痛。有几次医院通知他去体检,每次安排做心电图检查时,他都因工作忙而推迟,未去医院。1961年的一个晚上我还在加班工作,忽然听到敲窗户的声音,我开门一看,原来是父亲找我有事,我就陪他到院子里坐下,父亲问我为什么胸口一痛,人就觉得恍惚,疼痛是相隔几十分钟来一次。第二天上午,我陪同父亲去阜外医院,请心脏内科黄宛主任检查并做心电图,根据检查结果,黄主任说必须住院治疗,但我父亲坚决不同意,理由是"目前戏曲研究院党组织正在学习开会,我是院长,我不能不参加"。黄主任无奈,只好开了药方,并嘱咐一定要在家里休息,如果胸部持续疼痛,服药后不见效时,就要立即找他。回到家中,全家人都为我父亲的病而担忧。文化部领导得知梅院长的病情较重,立即来我家看望,并决定要停止一切对外活动,在家卧床休息,定期去医院复诊。但我父亲只请了两天假,仍然带病坚持工作……

梅葆琛继承了梅氏家族的家风,一辈子老老实实做人,认认真真做事,无论在家中还是在单位,都树立了良好的榜样。

晚年梅葆琛考虑得最多的是如何把这个家庭里的事理顺一点,因此,他用很长一段时

梅葆琛作品《怀念父亲梅兰芳》的封面

间,埋首写关于父亲的书《怀念父亲梅兰芳》,也可以说,他是在用一生的经历和思想在写这本书。原中国京剧院院长马少波在该书的序中写道:

> 本书作者梅葆琛是梅兰芳先生的长子,他以怀念双亲的真挚感情,在贤内助林映霞大夫的协助下,如实地记述了自幼在父母身边的所见所闻,不少轶事,鲜为人知。这使人们从另一个侧面深刻了解梅兰芳同志的崇高思想和高贵品质。在梅兰芳先生诞辰一百一十周年行将到来之际,这本书的问世,更有重要的资料价值。葆琛、映霞夫妇约我写几句话,谨志数语,以申贺忱。也借此对梅兰芳先生及其夫人福芝芳大姐,表示深切的怀念!

很多人只知道陈凯歌、黎明、梅葆玖等对于电影《梅兰芳》的贡献,其实,梅葆琛之于电影《梅兰芳》,也有过不小的贡献。在电影《梅兰芳》开拍之前,导演陈凯歌特意拜访过梅葆琛。正是梅葆琛对陈凯歌的信任,才得以让梅兰芳与孟小冬之间的感情这段往事出现在银幕上,当时,他们曾对电影构思进行过深入交流,双方的交流非常愉快。

梅兰芳文化艺术研究协会副会长吴迎回忆,当时双方见面,主要交流的就是影片如何体现梅兰芳真实的人格魅力:

> 其实在凯歌导演之前,有好几个导演都对梅兰芳这个题材感兴趣,但是梅家都不敢让他们去拍,因为他们在构思上基本是把梅兰芳这个人物戏说了,或者是完全按照纪录片的模式去构思,而这些恰恰都不能真实体现梅兰芳的个性。凯歌导演的构思,则围绕梅兰芳本人的性格特点而展开,所有情节的设置都是为了刻画人物,把人物真实性格特点最大化,在这个核心上他们非常相通。

电影《梅兰芳》关机之后,梅葆琛已久卧病榻,曾多次委派孙子梅玮到剧组询问拍摄情况。梅葆琛儿子梅卫华听说《梅兰芳》后期制作未完就已高价售出日本及韩国版权的时候，显得非常高兴，他表示"这正说明了电影《梅兰芳》的魅力，这样的文化大片在世界上也是非常受关注的"。梅葆琛还是不放心，多次叮嘱儿子梅卫华去了解电影的进展工作。他当时对自己的身体状况非常了解，也知道自己快不行了，总对儿子说："恐怕不能亲眼看到《梅兰芳》的上映了，实在太遗憾了。"

2008年4月19日7时36分梅葆琛在北京病逝，享年83岁。在梅葆琛追悼会上，其子梅卫华说："未能看到《梅兰芳》这部影片，是我父亲很大的遗憾。"

梅玮在梅兰芳雕塑前

梅玮的爷爷梅葆琛和爸爸都不唱京剧。梅葆琛不唱，是因为梅兰芳希望他多读书，"这样即使不唱戏，也可以做别的"；梅葆琛的儿子梅卫华不唱，是因为赶上"文化大革命"（虽然他长得像极了梅兰芳且嗓音天赋极佳，梅兰芳认为他非常适合学唱"小生"，无奈生不逢时）；梅玮9岁时，爷爷奶奶发话"得让他学点京剧，不要到他那一代断了"。出身"革命家庭"的妈妈对京剧不感兴趣，起初反对梅玮去学，尤其反对他学男旦，怕学多了"娘娘腔"。但梅玮觉得男旦有意思，抱着尝鲜心态，初中毕业前，他每个周末都会到北京市西城区少年宫春芽少儿京剧团学戏4小时。梅玮一天天长大，表现得越来越"爷们儿"，妈妈才放下了那份担忧。从开门戏《二进宫》学起，一出又一出，还时不时出去表演，老人家在寿宴上也请他去助兴。虽然爷爷梅葆琛不唱京剧，但他的"玖爷爷"梅葆玖却是京剧大师，梅玮从玖爷爷那里传承梅家事业。

跟有些世家的严厉家风不同，梅家的家庭环境比较宽松。2001年考上北京大学中文系的梅玮，在学校里就组织了一支摇滚乐队，尝试把京剧和摇滚融到一起。梅家积极创新京剧的传统,在梅玮这儿又有了延续。梅玮现在梅兰芳纪念馆工作,显然,他正在全力推动梅兰芳文化、家族文化的传承,不是非要接过衣钵不可,也许不是走上舞台那样的传承,但精神与思想方面的传承,有时候更为重要。对文化而言,没有永远不变的载体,变与不变,关键在思想。

第九章 梨园子弟却从文

"随顺世缘聊戏剧,莫言河渚是吾家。"(王安石《叶致远置洲田以诗言志次其韵》)梅绍武是梅兰芳子女中唯一从文的学者,他一生致力于文学翻译,并成为这一行里有名的专家。但作为梅兰芳大师的儿子,梅绍武不可能完全地脱离戏剧,也不可能完全地脱离家庭。所以,生命的最后一个阶段中,他要为父亲写书,他写成了,这就是梅兰芳系列丛书中文学修养较高的《我的父亲梅兰芳》。这不奇怪,因为梅绍武不仅是一位翻译家,还经常在报纸杂志上撰文,本身就是作家,其文学功底很深。

梅兰芳儿子,著名翻译家、评论家、戏剧家、作家梅绍武

梅绍武(1928—2005),著名翻译家、梅兰芳研究专家,祖籍江苏泰州,出生于北京市,曾用名梅葆珍,京剧艺术大师梅兰芳的第五子。曾任全国美国文学研究会常务理事,英国文学研究会理事,中国翻译协会理

事,国际笔会中国中心会员,《中国大百科全书·戏剧》英美部分副主编,山东大学现代美国文学研究所兼职教授,中国梅兰芳文化艺术研究会会长,中国梅兰芳纪念馆名誉馆长,全国政协第六、七、八、九届委员。2005年9月28日,梅绍武因病医治无效,在北京逝世,享年78岁。梅绍武是著名的英美文学翻译家、评论家、戏剧家、作家。梅绍武曾获得中国首届比较文学图书(译作类)一等奖、中国第一个外国文学翻译奖——首届花城译文奖。2004年被中国翻译协会授予"资深翻译家"的荣誉称号。在老一辈翻译家中,他很低调,但他翻译的阿瑟·米勒名剧《炼狱(萨拉姆的女巫)》曾引起文化界的巨大反响,他本人也因此成为阿瑟·米勒研究名家;他翻译的纳博科夫小说《普宁》《微暗的火》是我国作家以及外国文学爱好者追捧的珍爱;他还是一位通俗小说翻译大师,他翻译的欧美侦探小说、硬派推理小说成为此类译著的经典……其翻译作品影响了一个时代的阅读。

一、中国知名翻译家

梅绍武曾回忆说:"父亲的前三个孩子都夭折了,而当时北京有两个活到九十多岁的老人,一个叫葆琛,一个叫葆珍,父亲就将它们用作哥哥和我的名字,算是借借老寿星的福气。"抗战中,梅兰芳担心日本人阻拦他们离开香港,遂为排行老五的葆珍改名绍武。

1941年夏,梅葆琛、梅绍武两兄弟被安排进了岭南中学读书,这所中学位于距九龙30多公里的青山,梅葆琛、梅绍武入学后就寄宿在学校,每两周回家和父亲团圆一次。兄弟俩每次回家,梅兰芳总是先问他们在学校的学习生活情况,得知一切正常,他就带他们到处玩,还请游泳老师教他们游泳。尽管他十分疼爱两个孩子,但从不娇惯。曾有一段时间,梅绍武喜欢往头发上抹油,然后梳个分头,梅兰芳见到梅绍武油光锃亮的头发,很是不满,但他并不发怒,而是细心教导,告诉他美的含义。

1941年,太平洋战争爆发,香港沦陷,梅绍武到贵阳郊区花溪镇的清华中学读书,学校的环境虽然较为艰苦,但是梅绍武却在这里寻找到最大的乐趣,他有幸遇到了唐宝鑫、索天章、李宗瀛、周珊凤、周耀康等学识渊博的英语老师,他们严谨的教学态度、灵活的教学方法,使梅绍武熟悉了世界文学的多种样式和风格,他的英语由此打下了坚实的基础,并影响、决定了他作为翻译家的人生道路。

梅绍武从清华中学高中毕业后,满怀一腔科学救国的壮志,于1946年考入杭州之江大学机械工程系,成为梅家第一个大学生。这对于从来没有受过学校正规教育,却又渴求知识的梅兰芳来说,无疑是天大的喜讯,为此,他和福芝芳一起专程将儿子送到杭州。

梅绍武的幼年和小学、初中时期,都接触过英语,他的第一位启蒙老师是梅兰芳为其子女聘请的家庭教师杨巩祚教授。因酷爱文学,梅绍武抹不去想读外语的念头。梅绍武在回忆文章中说:

> 细想起来,学习外语其实是受了父亲的熏陶,他中年才开始学英语,而且十分勤奋,这无疑给予我很大影响……1930年初,他(梅兰芳)率领梅兰芳剧团访美演出载誉归来后,深感在了解外国文艺或与外国同行交往时,不谙外语则多有不便,就决定学习英语,那时他已经36岁。我记得小时候在上海居住,每周二、四下午3点钟必有一位白发苍苍的英国老太太来家中教他两个钟头语法和口语。那位老太太总在3点钟以前就出现在我家附近,在弄堂里溜达,非等临近吕班路那座天主教堂钟鸣决不踏进门槛。有时外面刮风下雨,仆人们开门请她提早进来,但她总是拒绝道:"噢,不,我不能多占梅先生的宝贵时间!"父亲每次也都事先整装等待,准3点钟从楼梯上走下来迎接老师进入书房,闭门学习。在那2个小时里概不会客,照今天的常用语来说,真有一股"雷打不动"的劲儿!父亲当时常教导我们子女要像那位老太太那样遵守时刻,而且上学要注意衣着整洁以对老师表示尊敬。至今我有时办事或赴约误点,脑中就会闪现那位遵守时刻的老太太的形象,自愧弗如。①

---

① 梅绍武:《回忆学习外语所走过的道路》,《外语教育往事谈 教授们的回忆》,上海外语教育出版社1988年版,第329—342页。

1947年暑假,得知司徒雷登任校长的燕京大学到上海招生,梅绍武又报考了燕京大学西语系,并被顺利录取。于是转学燕京大学西语系英美文学专业,受业于卡克琳、鲍音吞、赵萝蕤、邵可侣诸先生门下,得他们耳提面命,学殖大进。梅绍武在燕京大学主学英语,选修了邵可侣教授的法语和窝佛斯教授的德语,理科选修了天文学家戴文赛教授的《微积分》。为了感兴趣的英国古典文学,他又选修了休斯教授的《英国史》,这门课程的学习使他后来翻译19世纪小说家安东尼·特罗洛普的作品时很为受用。西语系老师鼓励同学们用英语演剧锻炼口语,梅绍武曾扮演过英国剧作家J.M.贝蕾剧作里的主角。

梅绍武曾回忆:

> 当年父亲在上海的"梅华诗屋"里收藏了许多外国文艺的原版书籍,大多是委托那位英籍老师从伦敦书店精选订购来的……我幼时在他的书房里翻看美术画册,对书架上那些琳琅满目的外文书籍产生了极大的好奇心,总想知道里面到底都讲的是些什么故事。这也可以说是后来促使我一心想学外语的推动力吧。

1952年毕业后,梅绍武任职于天津市公安局,一年后调北京图书馆交换处从事外事工作,业余时间倾力于译苑笔耕。梅绍武如鱼得水,在外国文学翻译上,得到副馆长、苏俄文学翻译家张铁弦的教诲、指导;在国际书刊交换和选购外文书籍工作中,得到了张申府、顾子风的指导,阅读了多种外国重要刊物上的书评专栏,选择有价值的著作通过交换或采购获得;梅绍武还与常来北图查询资料的师友、学者,如戈宝权、王佐良、萧乾、冯亦代、吴富恒、李文俊、王央乐等晤谈,切磋商讨如何丰富北图珍藏。20世纪70年代中期,梅绍武曾赴英国访问,在牛津大学博德利图书馆参观学习。

在北图近30年,梅绍武边工作边读书,逐渐走向研究和翻译外国文学的道路。即便在离开北图,到中国社会科学院美国研究所工作的这些年,梅绍武仍坚持每月去借书两三次。

> 一进入如今新建的那座具有民族风格的北图宏伟大楼,它就给人一种远离外界喧嚣的宁静感觉。(梅绍武:《北京图书馆使我成长》)

1959年国庆10周年时,梅绍武和父亲梅兰芳在各自的单位同时因成绩优异被评为我国首批先进工作者,父子俩一起到人民大会堂接受奖励,一时传为佳话。

1978年,美国剧作家、《推销员之死》的作者阿瑟·米勒到中国访问,安排接待的是曹禺。米勒表示自己知道中国第一剧作家是曹禺,但曹禺对这位名震天下的剧作家兼玛丽莲·梦露的前夫说:"你是美国的剧作家?"听说此事后梅绍武感到至为痛心,因为他曾在20世纪60年代初发表过介绍米勒的文章。此事反映到夏衍那里,他马上打电话叫梅绍武将此文复印一份寄给黄佐临。当米勒在上海与黄佐临见面时,已有充分准备的黄佐临说:"我们很早就介绍过你。"米勒听了很高兴,黄佐临就请他给中国观众推荐一出自己的戏,他推荐了《萨拉姆的女巫》。黄佐临给梅绍武打电话请他把该剧翻译出来,他马上排练出来公演。1981年这幕剧在上海人民艺术剧院上演了50场。同年6月,上海译文出版社出版了一套"外国文艺丛书",其中就有梅绍武翻译的纳博科夫的《普宁》。此外,梅绍武还参与翻译了另一本书《荒诞派戏剧集》。开始,编辑考虑让他翻译的是纳博科夫的那本《洛丽塔》,被梅绍武拒绝。这是否出于世家子弟所特有的某种顾虑,今天我们已不得而知。

"文化大革命"结束以后,梅绍武承担的则是一个褪去了神圣色彩的"摆渡者"的角色。他翻译了大量的外国文学作品,主要涉及的是英美小说及戏剧,有闻名遐迩的《推销员之死》,奥尼尔的戏剧,特罗洛普的小说,还有耗费了大量心血的《普宁》。但是,最令梅绍武先生挂怀的纳博科夫的小说《普宁》出版之后,起初的反响不如海明威、福克纳,后期的影响也不如昆德拉。20世纪80年代初,美国剧作家阿瑟·米勒的剧作《萨拉姆的女巫》在中国上演后,成为一件文化事件,产生了巨大的影响。这是我国公演的第一部米勒的剧作,而这部剧作的翻译,就是著名导演黄佐临邀请的梅绍武。早在20世纪60年代初,当阿瑟·米勒在中国还鲜为人知时,梅绍武就撰写了评介他剧作的文章,发表在人民文学出版社的内参上,从而成为我国最早研究阿瑟·米勒的学者。梅绍武说,《萨拉姆的女巫》这个戏十分成功,大概因为观众们觉得剧中反映的美国历史上的冤案和"四人帮"造成的许多冤案很相似。

梅绍武先生穷一生学力,历经13年将纳氏后现代主义的登峰造极之作《微暗的火》译成了汉语,虽然得到了学界少数人的激赏,但就纳氏在中国今天的名气而言,恐怕离他在西方所获得的称号"小说之王"还有很大的距离。对《微暗的火》的译者来说,仅有学问还远远不够,因为纳氏有时候是在拿渊博的知识开玩笑,而这,正是令梅绍武先生既困惑又着迷的乐趣所在。梅绍武先生一生淡泊名利,却对纳氏在中国遭受的冷遇耿耿于怀。其实,喜爱纳博科夫的读者大有人在。在今天,"外国文艺丛书"成为文学研究者之间相互试探实力与资历的有趣话题,其中《普宁》的出版时间和价格等版权信息更会被他们津津乐道。梅绍武说:

> 纳博科夫好用生僻的古典字,一般字典上找不到,翻译他的书得备一本《韦伯斯特国际大词典》。他的文笔十分晦涩,就像一位西方评论家说的那样,头一遍让你云里雾里,第二遍理出些头绪,第三遍才能茅塞顿开,发现其中阳光灿烂无比。

翻译了《普宁》后,梅绍武赴美研究纳博科夫,成为美国纳博科夫学会会员。1983年调任中国社会科学院美国研究所研究员,专事于美国文学和戏剧的研究工作。1984年4月作为美国亚洲基金会邀请的访问学者,赴美讲学并研究美国文学一年。

在中国社会科学院,他和著名翻译家董乐山、施咸荣被人们誉为美国研究所的"三剑客"。对外国文学翻译工作,梅绍武有着自己的认识:

文学作品尤其要译得通顺流畅,不佶屈聱牙,使读者读起来不吃力而兴趣盎然。译者把原作的精神掌握之后,就要花力气把外语琢磨透彻化成汉语表达出来,力求符合逻辑思维,符合汉语的规范。这样就可避免字句的混乱,语法上的不当,也就不会晦涩难懂了。设若按照汉语的语句顺序直译,罗列一大堆词典上的解释而不经大脑消化,无疑会造成译文的臃肿和笨拙或空洞辞藻堆砌的弊病。

在数不清的翻译辞典和百科全书中翻找种种线索的工作,往往会持续到深夜一点。曾经在深夜路过二环路天宁寺立交桥通往城里去的司机,会发现位于一幢高楼的11层的窗户仍亮着灯。灯光下,梅绍武先生曾反复推敲着汉英之间的词义变换。这盏灯熄灭于2005年9月28日。

他曾以一人之力将世界文化最新信息传递给身边的朋友,这样的人曾被鲁迅称之为"盗火者"。①

梅绍武译作有约卡伊·莫尔《一个匈牙利富豪》、《鲍狄埃诗选》(与张英伦等合译),弗·纳博科夫《普宁》《微暗的火》,阿瑟·米勒《萨拉姆的女巫》、达希尔·哈米特《瘦子》(与屠珍合译),柯南·道尔《福尔摩斯探案精选》(与屠珍合译)等;著作有《京剧与梅兰芳》(英文,与吴祖光、黄佐临合著),《西园拾锦——美英作家论》、《我的父亲梅兰芳》等;主编有《梅兰芳艺术评论集》《张謇与梅兰芳》等。

《新京报》称赞梅绍武的翻译作品影响了一个时代的阅读。

梅绍武先生因病于2005年9月28日22时25分在北京肿瘤医院逝世,享年77岁。其妻屠珍毕业于北京大学外文系法语专业,曾为对外经贸大学英语教授。梅绍武夫妇有一子二女,儿子梅卫东留学日本,是东京住友银行总行的高级职员,两个女儿留学美国,分别从事银行业和电脑业工作。

---

① 《梅绍武:从盗火到摆渡》,载2006年01月13日《南方都市报》。

二、抱朴少私一文人

梅兰芳次子梅绍武原名梅葆珍,聪明活泼,形象思维发达,梅兰芳培养他成了一位著名翻译家。1951年,燕京大学在天津举办了一次聚会,梅绍武与屠珍相识了,他们都喜爱文学,相同的志趣使两个年轻人心中迸发出了爱情的火花。1956年梅绍武、屠珍结婚,梅兰芳亲自主持了他们的婚礼。同年,梅绍武出版了他的第一部译著《一个匈牙利富豪》,他认为这是父亲梅兰芳鼓励他研究英美文学、进行中外戏剧比较研究的成果。梅兰芳看着梅绍武的书,爱不释手。梅绍武拿到稿费后,诚恳邀请了父亲和梅剧团的几位老前辈到北京前门外的恩成居饭馆一表谢意。

在最艰难的"文化大革命"期间,梅绍武仍然"交换"引进"资产阶级文学作品"。对于任何异议,他只回敬一句:"你们都是革命派,我是搞生产的。"工作之余,梅绍武的身边则是一些特别有个性的知识分子,尽管窗外是"满街红绿走旌旗",这一群朋友谈的仍是那些书,以及那些共同仰慕的读书人:吴兴华、赵萝蕤、钱锺书、杨绛……梅绍武是梅氏兄妹中唯一从"文"者,他把研究父亲梅兰芳的表演体系作为自己责无旁贷的任务。他撰写了百万字研究梅兰芳的重要文章,结集为《我的父亲梅兰芳》,编辑了《梅兰芳艺术评论集》《梅兰芳自述》等,还亲自撰写了20余万字的梅兰芳传记剧本(陈凯歌电影作品《梅兰芳》据此改编),对京剧梅派艺术的研究做出了他人不可企及的贡献。

梅绍武夫人屠珍,1934年3月8日生于北京。1955年北京大学外文系法语专业毕业。1955—1964年任外贸部英、法语翻译。1964—1997年任对外经济贸易大学英语教授、研究员。先后担任中国梅兰芳研究会秘书长,北京市第七、第八届政协委员,中国作家协会会员,中国翻译家学会会员。

"身出名门无意闻达笔耕默默五十载,性近古朴淡泊利禄译林茕茕一清灯。"梅绍武夫人屠珍教授曾向记者介绍:

梅先生(绍武)去年7月发现患有结肠癌,8月做完手术之后一切都还顺利,但是今年6月又复发,随后几乎一直在昏迷状态,其间也病危过多次但都挺了过来。

他没有留下什么遗嘱,因为他一直觉得自己的状态还不错,即使生病了也觉得自己还有无限精力,他常说还有好多事情要做呢……

屠珍教授继续说:

梅先生(绍武)今年打算要出几本书的。其中《梅兰芳的自述》和《福尔摩斯探案精选》已经分别由中华书局和上海译文出版社在今年八月出版;目前正在整理当中的《梅绍武论文集》也将由社科院出版;《欧·亨利短篇小说全集》和翻译纳博科夫作品的修订工作本来也都在进行中。

谈到丈夫的后事,夫人屠珍表示非常希望将梅绍武埋葬在北京万花山梅兰芳墓的后面。

三、当代名家评绍武

著名戏剧、电影艺术家黄宗江评价梅绍武:他是当代翻译一大家,尤其当代美国戏剧,几乎翻译了阿瑟·米勒的全部剧作。他还是梅兰芳生平与艺术研究的权威。

著名翻译家任溶溶评价梅绍武:

他的人生态度自由自在,既能翻译高深的纳博科夫,又对大家认为是俗文化的东西不排斥,这实在难得。我对他翻译的《福尔摩斯探案精选》真是爱不释手,不仅文笔好,而且相当严谨。过去很多人翻译的福尔摩斯作品都有不少错误,但我觉得他翻译的这个版本真是太好了,把它当作定本都是可以的。他平时话不多,做事很认真,他是名人之后,待人却平易近人,一点架子都没有。

著名翻译家李文俊评价梅绍武：

在他的介绍之下，大家才开始了解阿瑟·米勒，北京人艺也才演出了《推销员之死》。其实他就是这样总是默默地在背后工作，他不希望出名。

李俊文充满深情地著文回忆："我见到的是一个英俊儒雅的青年，比我似乎略大几岁，因为他什么时候都显得那么老成持重，那么有修养。认识以后，我也从未见到他有失态的时候，哪怕是一次。"他们相遇的地点是北京图书馆国际交换组，梅绍武在此工作了 29 年，他的工作是用国内的书与国外图书馆交换，设立这个岗位的主要目的据说是为了节省外汇。由于这个原因，他事实上成为新中国成立以后中国唯一没有与世界文学失去联系的读书人。

第十章 五代传人胡文阁

一、正式拜师梅葆玖

1967年出生于西安的京剧演员胡文阁是国家一级演员。代表作品：《宇宙锋》《贵妃醉酒》《霸王别姬》。行当：旦。流派：旦。常演剧目：《霸王别姬》。

1998年，当时还是唱歌、学戏双跨的胡文阁已开始向梅葆玖学戏，但并没有明确师徒关系。梅葆玖身边收了不少弟子，但是，他对选弟子是十分认真的，尤其是选男旦弟子。可能是因为梅葆玖的过分认真，象征着梅派艺术接班的当家行当男旦这一行的弟子一直没能选到。这一年，梅葆玖的妹妹梅葆玥

梅葆玖正式收胡文阁为徒（北京梅兰芳研究会供）

病了，胡文阁去看望，在梅葆玥的病床前第一次见到梅兰芳的义女卢燕。

卢燕是著名美籍华裔影星。当卢燕看到相貌清秀的胡文阁又知道胡文阁正在向梅葆玖学戏时，高兴地拉着胡文阁的手说："你好好学，我让葆玖收你。"显然，卢燕对梅派传人十分在意，她可不想看到"梅派"艺术青黄不接。卢燕作为"牵线人"有着多种想法，一是因为干爹梅兰芳，二是因为梅葆玖年事已高，她不忍看干爹创下的"梅派"没了传人。因此，当她看到清秀而又谦虚、文质彬彬的胡文阁后，马上自告奋勇地当起了牵线人，因为胡文阁暗合了梅派"中正平和"要求。但当时的胡文阁还不是接衣钵性质的传人。

胡文阁对卢燕相当敬重，有一次胡文阁到美国演出音乐剧，卢燕专程去看，但卢燕告诫他："你不能再顾这些东西了，一定要放下，潜心学习京剧。"胡文阁听了卢燕话后，如雷轰顶。2001年，胡文阁终止了流行音乐道路，在卢燕等人的撮合下，当年30岁的胡文阁正式拜在梅葆玖门下，成为"梅派"又一传人。卢燕看重胡文阁有几个方面的原因，一是胡文阁条件好，基础好，台风好；二是胡文阁身上独有的艺术气质比较符合梅葆玖对弟子的要求；三是胡文阁自己在探求艺术之路时的严肃追求，这是一种潜质、是成为大艺术家的必要条件。

许多恩师，对于弟子的教育是从做人开始的。梅葆玖之于胡文阁，也一样。正式成为师徒后，梅葆玖送给胡文阁一件看上去有些老气的夹克衫，胡文阁不解。师父告诉他："身为男旦，总要面对公众的一些闲言碎语，因而日常的行为举止和处事方式就要格外注意，不要让人有不好的联想。着装沉稳一点，是男旦演员必须保持的公众形象。"胡文阁后来到清华大学做讲座，穿的就是那件衣服，可见，他是多么听话。拜师多年，胡文阁跟随梅葆玖学习的大戏已有几十出，但越学他越是发现梅派唱腔中庸大方，看似简单，却蕴含很多外行难以理解的精妙。梅葆玖适时讲解：

> 梅派演唱不是力气活，要从人物出发，找到剧中人的触点，而不是千篇一律卖嗓子。所谓艺术、唱念做打都是"术"，还得重视"艺"。

2011年，胡文阁以一出3个多小时的《生死恨》，让梅葆玖看得开心。梅葆玖私下对卢燕说："我放心了，可以退二线了。"应当看到，男旦艺术风光不再，加上梅家没有后人继承，梅葆玖殚精竭虑了多年。最可喜的不是胡文阁演艺上的进步，而是他的想法：

> 我越来越发现这种唱法的科学，我师父70多岁了，但唱《太真外传》中杨玉环的高音还能唱得很好，你说它科学不科学？
> 这辈子能够享受梅派艺术的酸甜苦辣，我这辈子追随都未必能达到的艺术高度，我认了。

胡文阁认定自己的路没有选错。很多大师级的人物也对胡文阁的选择予以支持，姜昆就曾直言不讳地对胡文阁说过：

> 你唱歌时我对你是有看法的，对你的那种表演方式不感冒，但现在你是在朝着艺术家的道路走，所以无论什么时候，只要你需要，我都会帮你。

二、男旦艺术不逢时

虽然梅葆玖终于找到了一个好弟子，但男旦行当却在遭遇"倒春寒"。

男旦又称乾旦，指戏曲里那些男扮女装、男唱女腔的人物角色。封建时代，女子被严禁登台演出，舞台上的女性角色不得不由男性演员来扮演，这是京剧男旦产生的主要原因。

京剧形成初期，以梅巧玲为代表的一代艺术家们开启了京剧男旦艺术的篇章，梅巧玲也成为梅派男旦的重要奠基人。梅竹芬，梅巧玲之子，承父衣钵，成为第二代梅派男旦演员。梅兰芳，梅竹芬之子，是公认的京剧黄金时代的代表。梅葆玖，梅兰芳之子，深得其父教诲和指导，是当代梅派艺术的领军人物。胡文阁，正在为当代梅派艺术、男旦艺术的传承与发展贡献力量。

谈到学戏,胡文阁说:

> 进戏校上的第一堂课,老师就跟我们讲梅兰芳的故事。他觉得对于中国所有文艺工作者来说,梅兰芳都是我们追求的一个目标。他是一个标杆,是中国艺术的代表。梅兰芳的艺术,我们的国粹艺术一定要有人继承、发展。早在1993年我就说,到一定年龄我还会回归戏曲,那是我的根。

别人学戏练的是童子功,中途学戏的胡文阁需要付出比别人多几倍的努力,一年要完成别人5年的工作。在北京京剧院梅兰芳剧团,他大概一两个月就要拿出一部新戏,而且拿出来的还要是著名演员的水平。这些年,胡文阁脑子里全是戏,根本没时间做别的事,没有娱乐。他拿了驾照多年,至今仍不会开车。

1997年,胡文阁来到北京,向李玉芙、王志怡两位梅派老师学习《贵妃醉酒》《霸王别姬》等梅派经典剧目。名琴师姜凤山先生对他精心指点。三四年的学戏过程中,他更坚定了自己学习梅派艺术的决心。他的聪颖、勤奋、好学和悟性,得到了梅葆玖的肯定。

2013年6月3日北方网《"拼命头牌"胡文阁》载:

> 他的嗓子嘶哑着,脸上还挂着疲惫,但疲惫中又带着遮掩不住的兴奋。不久前结束的"文华积韵,阁溢梅香"专场展演,对于顶着"梅派艺术第五代传人""北京京剧院男旦头牌"这两个头衔的胡文阁来说,就像是一场没有硝烟的战争。胡文阁说,这次展演是自己艺术生涯的一个里程碑,"虽然我还不够优秀,但现在我可以说自己是一个合格梅派传人了"。
>
> 胡文阁从歌手转行进入梨园的往事,是人们津津乐道的传奇故事。不过,从歌星到今天的梅派名角儿,却没有了传奇的瑰丽,每一步都是扎扎实实,一步一个脚印地走过来的。今年1月

10日,师父梅葆玖正式认定胡文阁为梅兰芳男旦艺术第三代传人,同时北京京剧院为他奉上"男旦头牌"的荣誉。这些荣誉压在肩上,对胡文阁而言不仅是光鲜的"外衣",同时也是一副重担,"凭什么给你这么多荣誉,这需要你拿自己的艺术来说话"。

四场演出,以《穆桂英挂帅》开始,取"挂帅"之意。从第二场的三出折子戏开始,大家就觉得胡文阁有点儿"疯"了——三出戏里,首先演的是梅兰芳先生的代表作《天女散花》,这个戏要载歌载舞,非常累人;后面还要接着演《西施》和全部的《贵妃醉酒》。尤其是《贵妃醉酒》,观众看着好看,可演员又是下腰,又是卧鱼儿,对已经46岁的胡文阁来说实在不易。师姐魏海敏曾劝胡文阁换戏,可他不同意:"我就是要把自己逼到绝路上来证明自己,要让大家看到46岁的胡文阁到底怎么样!"

演出当天,师父梅葆玖一直在后台盯着。换场时,他只简单地跟胡文阁说了句"放松"!在师父的眼里,这场演出不求有功,但求无过,只要能够演完就是胜利。但胡文阁对自己的要求并不止于此。为了这场演出,他提前几个月就开始锻炼身体,每天要在小区里跑5 000米,直到演出前一天才停下来。演出那天,别人都担心他会不会很紧张,"其实那个时候我已经顾不上紧张了,就像运动员似的,心里就惦记着下一个球该怎么打"。

最后一天演出的《太真外传》,是师父梅葆玖无意中激出来的一场戏。去年,同门师姐李胜素演这出戏时,梅葆玖说了一句,"这个戏那么多段唱,一般的旦角儿可拿不下来"!说者无心,可是坐在一边的胡文阁却听者有意。这次专场演出的大轴,他特意选择了《太真外传》京剧交响乐演唱会,演出中减去了情节的铺陈,而是直接把剧中的精华唱段集中演唱。其中有一场,他要一口气连唱七段经典,演到最后,嗓子都充血了,可是台下的观众却拼命叫好。那天演出结束后,梅葆玖高兴地请胡文阁吃饭,饭桌上,师父对徒弟竖起大拇指:"棒!真给我争气!"

胡文阁经常在梅兰芳剧团担任主演,有体会:梅派就像写正楷一样,看着四平八稳,但真要写出见功力很难。胡文阁说:

胡文阁剧照(北京梅兰芳研究会供)

> 它的唱腔并不华丽。梅派表演除了大气、写意,还有一种慵懒的感觉。这种感觉不好找,自身功力、修养达不到,很难出现这种慵懒的感觉。大家都说胡文阁的条件好,悟性好,但要真想再上个台阶,需要时间。

胡文阁认为成为梅派传人是他一生的幸福。半路出家的胡文阁凭借自己的天赋和努力,这些年演了不少大戏,赢得了业界和观众的喜爱,有了一定的名气,但是胡文阁始终很低调:

> 有不少朋友对我说,你有现成的金字招牌,论形象嗓音唱功这些条件又无人跟你相提并论,怎么不去炒作啊?我说我真的去炒作,就当不了梅派传人了,现在大家都很浮躁,都想出大名挣大钱,岂不知京剧就是一门要耐得住寂寞的艺术。
>
> 男旦两字对我来说,真是酸甜苦辣咸五味俱全。

胡文阁曾谈过学戏的艰辛:三伏天演《天女散花》,灯光烤、戏服沉,一场演下来累得直喘,后背全湿,而薪酬只有80元;三九天在院子里练舞剑,手冻得握不住剑。

每次演出前,胡文阁必须吃安定才能入睡。他说,演京剧很苦很累,但那种自身价值获得承认的成就感,是金钱不能衡量、语言形容不出的。他说:

> 我在戏台上的3个小时里,经历的紧张、压抑、爆发、过瘾,种

种感觉,其他人可能是尝不到的。而观众对我表演的认可也与以往不同。这是对艺术家的认可,以前只是对娱乐明星的欢迎。

三、秦腔剧团打基功

胡文阁生于古城西安,从小文静乖巧,喜欢唱歌跳舞,3岁就被专门培养文艺人才的西安劳武巷学校招进了幼儿园文艺队,4岁看了《红色娘子军》后立志当舞蹈家,考外地舞蹈学校和文工团,母亲却舍不得。12岁进西安市秦腔剧团,打下扎实基本功,成了团里小生演员的重点培养对象。1979年进西安市艺术学校学习,曾在西安市秦腔一团攻小生,并随著名京剧男旦李德富先生学习旦角。1987年步入歌坛。1988年获首届陕西省通俗歌曲比赛一等奖。1992年8月,在中南海怀仁堂为中央领导演出,受到李瑞环、李铁映、丁关根等领导的肯定。1993年作为特别表演嘉宾,在中央电视台《综艺大观》栏目上展示女声男唱的表演艺术。

活动年表:

2006年4月8日,农历丙戌年三月十一日,19时:由梅葆玖带领弟子胡文阁等的北京京剧院梅兰芳京剧团在华北电力大学为师生演出梅派经典剧目《宇宙锋》。

2006年5月5日,农历丙戌年四月初八,晚:由天津市总工会、今晚传媒集团主办,《老年时报》和天易圣文化艺术发展有限公司承办的"春满菊坛"中国京剧乾旦表演艺术家专场在天津大剧院举行。

2007年7月10日,农历丁亥年五月廿六日:由和谐社区专项基金资助的第一个社区文化活动项目——"京剧票友和谐唱响迎奥运"公益巡演在东城区和平里街道办事处的礼堂举行,胡文阁等参加。

2007年8月19日,农历丁亥年七月初七:福彩之夜"京剧在青岛"大型京剧综艺晚会第二场在青岛市人民会堂举行。梅葆玖、李浩天、吴汝俊、裘芸、赵秀君、宋小川、王佩瑜、傅希如、胡文阁等参加演出。

2007年12月1日,农历丁亥年十月廿二日,19时15分:言慧珠表演艺术教学成果研讨活动第一天演出在上海逸夫舞台举行。

附一 梅氏世家启示录

"忠厚传家久,诗书继世长。"这句诗论的是"家风",谈的是"为人",品的是"为文",三者之中,家风是领,为人是袖,为文是扣。看不见的家风,有一条本质之线,肯定会向民风辐射,民风则会向国风延伸。忽视家风,实质是无视国风!这可不是吓人的政治运动口号,而是数千年中华文明得以生存与发展的唯一法宝。短短十字诗,却是中国优秀传统文化的精髓。当下,现代科技突飞猛进,精神指引"一切向钱看",所谓的人生,有些让人摸不着头脑,好像一切高雅而又需要时间去打磨的艺术都遭遇了"冷场"。那么,我们是要到博物馆中去见证国粹的精彩呢,还是在发展中领略国粹的风采?这里面,有一个是否自觉坚守艺术与文化个性的问题,因为这,我们把目光注视到了京剧及京剧艺术中的世家文化,动了忠实传承与弘扬的念头,由此产生了重新认识传统戏剧及其经典作品人文内涵的想法。作为从泰州走出去的梅氏梨园文化世家,则成为一套书价值重建的前奏。说实话,这样做是缺乏自信的一个表现,因为所谓的慢生活风情,并没有打开精品回归的路线,而现实生活面前的暴富者附庸风雅的拙劣表演,已经让文化蒙羞。

梨花满地,风华淡去,总不免伤感。但我们不只会伤感,我们也不是精神胜利者。花不落地,风华不去,哪来的秋收冬藏!每个时代都有其代表性的文化,随着文化产业步入数字媒体时代,过去那种品茶就点、围观戏台、秉烛夜读的传统文化不得不退于一旁,部分或一部分被边缘化,这是大的趋势。另一方面,各种传统文化以顽强的生命力仍然于社会之中捞把同情,甚至能在某一特殊的地域大放异彩,似乎不肯随时光而流逝。应该说,旧时的文化传承,还是有一定的表现(或表演)套路,或者说那是紧扣了生活习惯、曾经引领和主导了一时的风气、至今仍然是我们赖以读懂过去的基础性文化。因为有了这些传统文化,当下的文化才能够呈现丰富的一面。说到多彩,平心而论,时下的一些文化流向是飘浮不定的,根本没有力量跟如京剧那样的文化载体相比。所以,我们在提倡多元发展的同时,要求将传统文化的根留住,要求把京剧等能够体现民族精神与修养的传统文化在一定范围内尽可能地保存下来。有些东西,随着传承人的不断老化及离世,真的没法再找回来。当然,再想将京剧等文化形式推出生机盎然的局面来已很难很难,倒不是说我们没有那样的耐心和能力。赘述以上文字,目的是为这本梅氏梨园世家的书找到存在的理由及吸引眼球的途径。

摆在眼前的问题是,文化状况已经很不适应旧剧的表演,人们更多地在快餐式的文化体验中满足精神需要,这不是什么丑事。学者白庚胜先生曾将中国的传统文化归之于"文化主权",我是十分赞同这一观念的。民间常有"别把老祖宗忘了"的感慨,说的正是文化主权性质的文化传承,写这本梅氏梨园文化世家的书,其实就是强调这个思想。所有的民族都有将本民族最优秀的文化加以保存并发展的义务。

一、老祖宗给我们留下的是什么

梅氏文化世家在传承戏剧方面是被动的,一度甚至是被逼出来的。但正是因为有了那样的特殊经历,才使中国的"国剧"能够在世界上立派扬名。有关梅氏家族杰出代表梅兰芳的相关著述已经很多,本书只想在世家形成的背景及文化基础方面多做些工作,另外,还想从梅氏文化世家的形成过程里,理出中华文明的文化结构,说到底,还是想在保护文化主权方面做点事。日本歌舞伎获得政府资助,传承人被视为国宝和"文化财",他们以此为职业,既享有社会保障,又履行着传承的责任和义务,还有一份家族的荣誉感在内。那么,比日本文化更古老的中国文化应该怎么做?想当初,日本侵略中国,强行推广"大和文化",不就是想挤掉中国的本土文化吗!抗日战争期间,许多在中国的日本军官自杀,其根源并不完全在于"武士道",而是他们感受到了中华文明的精深,认为毫无能力去改变中国人既有的生活习惯及其传统思想。从这点上看,作为中国人,应该感到自豪,但也得深思,为什么比中国小得多、人口少得多的日本敢侵略中国且在一段时间内得胜?科技进步是一因,更要注意的还是其"心大"。中国人断不能削除"中国心"！这是我们所要控制的民族底线。"中国心"里,便包括了传统京剧的程式及其剧本中的爱国爱家思想。在这方面,梅兰芳做得很到位,甚至日本人都不得不对他另眼相看,尊其为戏圣。

梅氏梨园世家并不是孤立的文化现象,就梅兰芳登台演戏的那一时段而言,仅北京就有一百多家可称为梨园的世家,只不过梅兰芳太出类拔萃了。此后,许多的梨园世家甚至就可以在"贬低"自己的时候,合力抬出梅兰芳。这里面,既有艺术规律,也与这行的行规有联系,更与中华数千年的戏剧史紧密相连。从傩戏开始,中国戏剧的步伐一直没停下来,而且,伴随着中华文明一路走来,虽不免磕磕碰碰,总体上没有断层,这正是中国文化的独特所在。放眼世界,这样的传统文化少之又少,用博大精深这类词形容并不为过。

那么,老祖宗给我们留下了什么？从大文化的角度看京剧文化,再来看梅氏梨园世家,可以肯定的是,所谓的风流一代,是在有无相生、道法自然、天人合一的思想统领下生存并发展的。而梅兰芳等人身上的谦虚及勤奋,跟中华文明中的明德正行、海纳百川、虚怀若谷、厚福传家等是一脉相承的。人为地将某一文化现象从大文化背景中割裂开来的做法和说法,既是危险的,也是空洞的,甚至可说是文化背叛。不少人将西方世界所谓的主流文化强加到中国这一具有古老文化传承的土地上时,振振有词地说"中国的文化太落后了"。除了崇洋外,有一点是十分明了的,那就是这些人对中国文化知之甚少,或者说熟视无睹。我们可能在某些方面落后于人家,但中国文化绝不落后,许多国家的文化大师们谈到中国文化时马上表现出肃然起敬的神情来,那不是装出来的。中国戏曲拥有的"手段",是在五千年文明的基础上,经过无数艺人刻苦努力并经历了千年积累下来的珍贵文化遗产。

《礼记·郊特牲》载,上古祭日、祭天地主要巫仪是"乐",是歌舞:"涤荡其声,乐之阕,然后迎声。声音三号,所以昭告天地之间也。"《吕氏春秋·古乐》记载,原始社会的人们用诗、歌、舞融为一体的乐舞形式,表达他们对宇宙万物的祝福和崇敬:"昔葛天氏之乐,三人操牛尾,投足以歌八阙:一曰《载民》,二曰《玄鸟》,三曰《遂草木》,四曰《奋五谷》,五曰《敬天常》,六曰《达地功》,七曰《依地德》,八曰《总禽兽之极》。"《诗经·大雅》中记述后稷神话的《生民》,既是一首神话史诗,也是周代民间丰产祭仪的一种记录。祀民生之土,唱春天之歌,愿草木复苏、昌盛,向大地播撒五谷种子,祭天的常道,愿风调雨顺、人丁兴旺,以物相敬,向上帝谢恩。仪礼中,参与者如犁地、撒种、收获等的模拟表演,表演者狂欢哄笑,最后弄得满头大汗、筋疲力尽。(参见《傩戏论文选》第184—190页,《中国傩文化论文选》,第138页。)混沌初开之时,原始初民运用早期宗教认识世界,并开创纷繁多样的宗教仪式,戏剧因素就在宗教的各种仪式中相伴而生了。用于宗教祭祀活动的乐舞对后世戏剧的表现方式有潜在的影响,这就是"以歌舞演故事"。戏剧是原始宗教巫仪的艺术化、审美化的结果。

戏和曲本属不同概念,正如前人指出的:巫尸歌舞、庙堂颂诗、汉魏六朝乐府、隋唐宋金的大曲、法曲、唱赚、陶真、鼓子词、诸宫调之类是"有曲无戏",俳优侏儒、百戏角抵、代面拔头、参军苍鹘之类是"有戏无曲",因而均不得称为戏曲。清人徐大椿《乐府传声·元曲家门》云:"元曲为曲之一变……若其体则全与诗词各别:取直而不取曲,取俚而不取文,取显而不取隐,盖此乃述古人之言语,使愚夫愚妇共见共闻,非文人学士自吟自咏之作也。若必铺叙故事,点染词华,何不竟作诗文,而立此体耶?"明王骥德《曲律》云:"词之异于诗也,曲之异于词也,道迥不相侔也……曲与诗原是两肠。"(《杂论三十九下》)此后的中国戏剧又经历了很长一段时间的磨合。清朝时,京剧集大成。1790年,清代乾隆皇帝80岁寿诞,调集四大徽班(三庆班、"四喜班"、春台班、和春班)进京参加庆典,民间有"三庆的轴子,四喜的曲子,和春的把子,春台的孩子"的说法,轴子指以连演整本大戏著称,曲子指擅长演唱昆曲,把子指以武戏取胜,孩子指以童伶见长。历经几十年,与同在京城演出的"汉调"、昆曲、梆子等交流、合作,取长补短、互相影响、融汇磨合,逐渐得到了广大观众的认同和欢迎。京剧史家们认为1790年到1840年的那一段是京剧形成期;1840年到1917年的那一段为京剧成熟期。前后121年,京剧由粗糙简陋到形成自己的艺术体系,跟前"三鼎甲"(程长庚、余三胜、张二奎),后"三鼎甲"(谭鑫培、孙菊仙、汪桂芬)的努力是分不开的,他们都是艺术上具有创新特色的名伶群体,还应包括之后的"三大贤"(杨小楼、余叔岩、梅兰芳)。这些前辈京剧艺术家有一个共同点:都与昆曲有很深的渊源。现在的戏剧工作者,多数人将昆曲视为近代戏祖,应该说是受了前辈艺人的影响。人的自然身体,不过是戏剧的一个媒介,需要特殊的训练。通过训练,超越人身的自然属性,使之成为具有特殊艺术表现力的工具,这是艺术本质意义所在。近代京剧前后"三鼎甲"与"三大贤",都经过了严格甚至近乎严酷的训练。

外国人对于中国戏曲,其实是很尊重的。

中外戏剧的交流,见之于文献的,是1753—1755年根据《中国通志》里马若瑟的译本,伏而泰改编出的《中国孤儿》,并于1755年8月在巴黎法兰西剧院公演,这在18世纪欧洲文艺界和思想界都留下了重大影响。欧洲一些国家以演出带有"中国"字样的剧目为时髦,一些名演员、名剧作家争相编演中国戏剧。如《汉宫秋》《窦娥冤》《西厢记》等近40部中国元代和明代时期的作品被翻译成法文、英文和德文流传到西方,这股华夏文化的热潮一直持续到19世纪。

戏剧虽然是通过专门训练而提高身体的控制能力的艺术,但掌握特殊的技术手段,也是十分必要的。通古今,知正变,是艺术持续生存发展最基本的前提。对于推广和发展中国戏剧,梅兰芳做出了杰出贡献。20世纪初,梅兰芳将中国京剧艺术介绍给了西方观众,虽然他当时的想法只是借机考察西方戏曲。真是机缘巧合,梅兰芳赴美演出,不仅了解和掌握了北美的戏剧活动,其本身的演出也获得了巨大成功,今天看来,更有着里程碑的意义。在全球化语境下,传统戏剧如何走出国门,为西方观众所欣赏和接受,成为跨文化工作者面临的研究课题之一。梅兰芳将中国京剧艺术引入了世界戏剧艺术之林,对于中西文化艺术的交流起到了积极的推动作用,应该说,梅兰芳走在艺术家前列是一个必然。

国家著名京剧演员张建国说:

> 京剧艺术可以代表中国民族文化的一部分,也可以说是中

国民族文化当中一个典型的艺术门类。很多外国人来中国学习中国语言,他要看中国京剧;要学中国历史,也要看中国京剧。中国京剧有很多涵盖面,诗词歌赋都能在里面体现。那么这种艺术体系,如何升华到我们全民族重视的程度,如何让国人来重视,是一个重要的问题。

戏是人演出来的,对演戏的人而言,戏就是戏,它不是人生,虽然有不少人喜欢写"戏如人生",但戏和人生还是有着很大区别的。对于教化,好戏有"劝教"功能,坏戏有误导作用。从戏品中,是可以看出人品的。好戏及好的艺人所寻的线只有一个途径:先历经磨难,后得到圆满。梅兰芳告诉我们,为了将戏做足,磨难的过程相对要长一些,戏剧缺少波澜则无味。记得前不久读到一首来自云南某诗人的诗,其中有这么一个词"语言的条纹",很多人于是怪罪诗人乱配句,妄称读不懂!其实,这是一句很有意义的诗句,读不懂的人,是因为其阅历和思想的深度不够,因此不懂得这是一个好句子。什么意思呢?大家把"思想的波澜"和"语言的条纹"这两个句子联起来想一想,是不是就有了答案。语言平淡,还有什么诗味呢。同样,戏剧没有起伏的话,还算什么戏剧呢!古人讲,归真返璞,终身不辱。文艺也有返璞归真的要求。梅兰芳的戏,很多人说没有特点。什么叫没有特点,没有特点的戏还叫戏吗!梅先生的戏,特点是中规中矩,严格地按照戏剧的要求在做,因此,他的演出很大气,很质感,很少有错误,这是大家才有的气质与能量。现在很多文艺作品,往往追求一些奇怪的东西,想以此去赢得追捧,结果是适得其反。戏之韵,就在于真字,"真"是对戏剧演员最好的嘉奖。写这些题外的话,目的是为了说明一个理儿:梅氏梨园世家的产生,最重要的一点是真,一是对戏剧本身的真诚,二是对观众的真诚,三是做人做事的真诚。当然,梅氏的好家风也是被逼出来的,当初的梅巧玲,吃尽千辛万苦,才换来了在戏剧这一行里的好名声。梅氏一族的"宁可我遭殃,不让别人受难",是去掉了外节的归真,其本质是对中华五千年传统道德的传承。对技术的重视其实就是对传统的珍惜,对历史的尊重,也是对民族艺术文化的精心呵护。百年梨园第一家所追寻的,正是老祖宗之于后人的"担当"二字,这可能也是梅氏能成为第一家的原因所在。

二、去掉外节,还其本质

前面谈到,戏剧表演者需要经过长期的刻苦训练,由此形成和掌握对身体的特殊控制能力。每个剧种有其特殊的唱、念规范,需要掌握对声带和嗓音的控制方法;有其特殊的身段要求,需要掌握对形体的控制方法。不只梅氏梨园世家中人认为"练"的重要性,所有艺术门类中人都不敢藐视"练"字,久练成钢既有科学意义,更具实践意义。

梨园世家虽然有不少的外节,但世家与世家相互提携并互为婚配,才形成了独特的梨园体系。著名京剧演员杨少春曾说:

> 杨隆寿是梅兰芳的外祖父,梅兰芳的妈妈是杨隆寿的女儿,是我母亲的姑奶奶,我祖父是梅兰芳的亲舅舅,我母亲的爷爷是谭鑫培,我外公是谭小培,舅舅是谭富英,叶盛兰的弟弟叶盛长是我的姨父,也就是我母亲的妹夫。因此,我们杨家与谭家、梅家、叶家都有血亲关系。

梨园世家是以戏剧质量和个人地位面世的,戏剧是一种综合的艺术形式,不仅要求有一定的表演力,还强调社会生活的浓缩。应当承认,旧戏在其发展的过程中有着许多的辛酸。相对而言,皇家与达官贵人对于戏剧的要求比较严,且戏班多由"大人们"供养,有所谓"皇家班"与"家班"之分。极少数的戏子当了官(只限于皇宫内),其实只是一个专为皇室服务的小官。但因为上层控制了戏剧,地方性小戏一般难登大雅之堂。社会上却是另一番情景,处身于社会底层的艺人是没有地位的,被排进下九流。泰州民谚"破锣一响,讨饭的来了",人们把敲破锣沿路表演的人当成讨饭一流,可见艺人的地位有多低。甚至有人把戏子跟妓女混为一谈,因为他们认为两者都以变卖色相为生。这种情况,到了明晚期和清朝有所改观,因为资本主义萌芽正在中国的东南一带显现,文明正一步步深人人心,统治层也在做调整,受过教育的人通过人人平等的观念不断提高艺人的社会地位。现代戏剧追求雅俗共赏,旧时,并不一样,雅赏是存在的,但多数不雅,而是俗,甚至俗不可耐。正因为如此,不少地方志把戏纳进了"淫乱"一类,这跟部分艺人的不像话有关。相比较于这一类的艺人,应该说,梅兰芳家族的情况是不一样的,其根本的区别在于梅氏一族皆是经过严格训练的专业人才,不是没有戏剧功力的流浪艺人。再有,梅氏梨园世家中的一部分人跟社会上层保持着良好的关系,但他们不是皇家班,也不是达官贵人的"家班",而是以戏养戏的戏老板(梅巧玲、梅雨田、梅兰芳都曾做过班主)。随着新中国的诞生,艺人们成为社会主义国家的戏剧工作者,享受着一般劳动者的光荣待遇,此时的梅兰芳及其传人,则成了人民艺术家,受到党和政府的高度重视,并成为文化交流的使者。

对梨园中人而言,去掉浮华,演好戏;去掉乱为,实诚做人,是本质。

1913 年(民国二年),梅兰芳在北京戏曲界已经小有名气了,可为了提高技艺,每日上午仍然要在家里苦练。他请表弟陈嘉梁抷笛拍曲子,请苏州来的笛师谢昆泉先生拍曲子,为的是把昆曲唱好唱雅唱出风味来。这还不行,光是有了好的唱腔,没有好的身段,仍然不能算是演到了家。经过一段时间的习曲,此后梅兰芳又请乔蕙兰、陈德霖、李寿山等老师说排戏身段。梅兰芳不放过每一次亮相的机会,无论台前幕后,总要露上两手"昆曲",在他的努力下,北京很快兴起了昆腔热。戏不同于生活,戏是练出来的。练这个词是个中性词,正如梅葆玖谈梅兰芳戏时所谈到的:

> 我父亲晚年的唱,如《穆桂应挂帅》的(二六)和(散板),乍听起来似乎是更加柔和,其实,这是由于他的功力已达到了炉火纯青出神入化的地步,是刚蓄于柔而柔蕴于刚,委婉其外而刚健其中。刚柔已融为一体,听起来就不易分辨了。不注意这一点,模仿我父亲一唱,学其柔则太润,学其刚则太硬,是很难把握要

领的。①

梨园文化世家中人,对于演好戏与做好人是十分在意的。

曾任中国戏剧家协会副秘书长兼理论研究室主任的崔伟曾经著文谈:

> 家族血缘传承既保留着那个特定社会的时代特征,又有戏曲这一行业独特的艺术规律。除遗传基因外,演员自身也需要具备一定条件,成功的传承者应该是既继承家族的生理血缘,又继承家族的艺术血缘。梨园世家给他们的后人提供了得天独厚的学习条件和成功的机会,这是没有家族背景的后人所无法比拟的……传承在于有生命力。梨园世家的传承与八旗子弟的接班不同,不是简单混个饭碗。无论是血缘传承还是非血缘传承,都力求使传承效果优质化,只有有艺术质量的传承才能推动并壮大戏曲的发展实力。

于是才有了民国三年(1914年)农历四月四日的盛会。这天,梅先生在东安市场吉祥园演《金山寺·断桥》,时任国务总理的熊秉三、工商总长张季直、外交总长汪大燮和财政总长梁启超等政要皆坐前排官座,正是盛况空前。《京报》载:"第一名流内阁全体出席东安市场吉祥园,参观第一名伶梅兰芳之名剧。"后经常有外国友人观看梅先生的戏,按照齐如山等文化人士的安排多以昆曲剧目作为招待。

梅兰芳在艺术上精益求精的做法,一方面是由于师傅们的严格培养,但更重要的是他那个家庭的熏陶。梅兰芳的祖父散财救济圈中人,被大家推为"圣人",这才叫真体面。梅兰芳的祖母一再叮嘱孙儿,出了名后不能去嫖去赌,不能坏了梅家的声誉。这以后的梅兰芳,艺德品德皆上流,每每被时人拿来说事儿并得到广泛的称赞。可见,家承这种东西,是

---

① 卢文勤:《梅兰芳唱腔集》序言,《梅兰芳与美》,载《江苏文史资料》第76辑,《泰州文史资料》第7辑,第82—83页。

最为原始淳朴的状态,是为本真。我们常说真常之道,虽说这是道家的一种修为,但社会中人其实更需要这样的修养,我们的本来的体性不就是"人之初,性本善"吗!我们的错误抉择,不就因为丢掉了初善去"随心所欲"吗!

梅兰芳传承的家学,最多的还是男旦这一"角",这在当时的北京梨园界,是一种较为普遍的家承现象。如谭家六代饰演"黄忠";杨家四代武生;李家则有"北派猴王"的继承……但每一个梨园世家里,好像只能有一个领军人物。梅兰芳就是他这一门里的里程碑。其他如尚小云、荀慧生、程砚秋等人,则都是立派扬名之人,余叔岩出身三代梨园世家,祖父余三胜工老生,为老"三鼎甲"之一,其父余紫云工青衣,位列清末"同光十三绝"。余叔岩被誉为京剧生行继谭鑫培之后的第二座里程碑。马连良家族为五代梨园世家。谭家的七代传承成为京剧史上的一个传奇,堪称一部"浓缩的中国京剧史",成为中国戏曲一个罕见的文化现象。"谭派"后世宗谭者颇多,有"无腔不学谭"的说法。梨园罗姓家族至今已是九代梨园世家,罗巧福为清同治、光绪年间著名旦角演员,习青衣兼花旦,因其演唱融有梆子腔调的"哈哈腔",被同仁称为"嘎嘎旦"。叶派创始人叶盛兰家族为五代梨园,叶春善创办富连成社并终身任社长,是成就卓越的戏曲教育家。以杨小楼为代表的杨家属于专工武生的七代梨园世家。梨园丑行一代宗师、戏曲教育家萧长华一家也是著名的梨园世家。北京一地,有160多个京剧梨园世家,他们构成京剧艺术生存繁衍的庞大家族,且很多家族之间都互相通婚。活跃在京城的160多个京剧世家中,从艺者最多的家族人数达40余人,少则10余人。其中九代梨园世家1家,八代1家,七代3家,六代近10家,五代近20家,四代有40家,三代有100多家。

三、中心与边缘

最近,苦啃了不少有关梅兰芳大师的书及资料,深深地为这位乡贤所折服。一个旧社会里的戏子,却将艺术两字写得这等实在,同时,他谨慎地扬名于世,进而挤进世界级演技派大师的行列,成就为世界三大戏剧理论家之一，举眼看看，这等身份的人还真找不出第二个！档案里、书中、影像资料都称：他所处的时代他就是个中心。梅兰芳先生走得较早，早得我们都没法跟其谋上一面，这是我们的遗憾。随着梅先生的离去，京剧开始向另一个方向红起来，几个样板戏开始替代梅先生的戏，梅先生没看到，如果看到的话，他会怎样?！梅大师的那个世界则渐渐隐身，虽说没进冷场，但在各种流行场里已很少亮相，有点被"边缘化"了。对此，我倒是不那么急，我不急，并不代表我不喜欢艺术。之所以能够冷静，是因为我对中心与边缘的看法正在发生变化。

大凡称得起中心的地方，皆有流，雅流也好俗流也罢，皆有派。梅兰芳之于中国戏剧就是个派，人称"梅派"。能够在某一领域里扬威立派的人，毕竟是少数中的少数，完全可以担得起"人上人"的赞词。梅家第三代中没有从事京剧艺术的，第四代中梅葆琛之孙、梅卫华之子梅玮业余学习梅派旦角艺术，是梅兰芳唯一学习了京剧表演艺术的重孙。如今，梅葆玖最大的遗憾是梅派的衣钵在他的下一代没有嫡亲传人。

戏剧是必须取势的，譬如气势（或说气场），譬如阵势。上了场，除了演之外，最重要的怕还是造势，这个势的要求就比较宽了，前提是，你必须是场上和场里的角。散场之后，你虽然不在场上了，可还是个角，人们会把你当成茶余饭后的谈资，这样说来，所有的大场子都应该是为势而造。是不是你，我说了不行，他说了也不行，必须大家共同肯定。

边缘没那么强势，多的是闲逸的淡、冷艳的清，虽然不一定都在晨钟暮鼓的深山幽寺，也不同于冷月无边的野鹤闲云，那个势肯定是不具备的，这样的情境并不都是佛理，儒、道皆具。本不想碰边缘这个词的，老实说，已经有不少人在用边缘化形容我的处境。当初，我们这帮文学青年追着文学中的文学（诗）跑时，没想过诗有一天会被边缘化。再后来，写纯文学性的散文与小说，没等到热起来，便又被评论扯进了边缘，伤得真是不轻。时人追钱已追得心志大乱，很少有人真正愿意苦其心志了。好像受伤的不仅仅是纯文学，就说京剧吧，时下有几个青年真正愿意坐下来看京剧？行里的演员和戏迷们倒是十分的诚心，但时代需要的潮流已不是近距离的接触而是远程传播（先是电视的热，后是电脑的热），人家炒的是快饭,而京剧是慢功出细活的行当。京剧是这样,另一样国粹武术的日子也好过不到哪,讲究冷兵器和硬功夫的武术除了在电视和电影里热之外,生活里很少见其踪影,不是令人不解,而是人们已懒得去劳其筋骨。谁能拉回当下受众的兴趣?即使如香港的"四大天王",也难保红极透顶的境遇。当然,你让他们再饿上几回是可以的,但饿久了怕不行,曾演过梅兰芳的张国荣不就自杀了吗!他最怕的便是冷场呀!据载,张国荣的离世,四大天王最为伤心,为什么?因为张国荣曾是他们心里的一尊神像。不必慌神,每个时代都有其时代的声音,没有永久的明星,却有永久的大师。所谓的明星们,应该具备大师的情与怀、能与智。

中心和边缘之间,应该有座桥,不要人为地将中与边割裂开。我是很想得开的,可能是坐冷板凳久的原因。初染白发的我现在特别喜欢空山无人水流花开的情境,或者,云在青天水在瓶,将自己逼到清净无染的环境中,玩一把淡迫有什么不好,至少心里边高远过一回,如此这般,也不至于被新潮弄得很惨。这种心境,梅大师曾经有过。梅大师的经验告诉我们,无论站在大场中还是站在边境上,真正的大师一定是有定力的,他不会轻易地宣告退场。

为了研究梅兰芳,在路上的时间还是要多于在书斋(找资料与采访当事人),接触的人多了,家人提醒:当心流感!还说:流行的东西不一定都是好东西,流行性感冒就很坏。这个提醒从里到外都没错,也很温暖,加上时下流行得不得了的"雾霾",真怕被"霾"没。"流行"难道有问题?挂上流行可不是件容易的事。先看看跟流行有关的词:风流、名流、流畅,都跟风行天下有关,多好的词,应该说都是正能量,是产生明星的地方。明星并不如小报上所写的那样流离,他(她)们的风光与气场都不小,许多人追星,不少人在为"星"而苦干。

上面提到"四大天王"一词,我认为这个词有点霸道,都四大天王了,天下还有谁可以跟他们比。事实上,"天王"们的豪迈并不像宣传词讲的这般轻松。从电影《梅兰芳》里,我便看出了艺人们的艰苦与固执。梅兰芳早已成为世人公认的艺术大师,主演黎明,"四大天王"之一,加上个大导演陈凯歌,如果再加上对电影有过精心指导的"梅派"第四代传人梅葆玖,还有著名影星章子怡等,这阵势可不得了。他们之于电影《梅兰芳》,绝不单单是为了名而去,其真的希望借此机会认真学一学艺界的真天王梅兰芳。据载,当时许多华人明星都奔着电影《梅兰芳》而去,争演的目的很明了,那是出于"敬畏"和"致敬"。但影片面世后的影响力,怕既没超过这几位艺术大腕既有的名气,也没再造出如他们一样的在艺术界红得发紫的新人(余学群倒是得到了好评,但其影响并没大到哪)。我最感兴趣的是他们间那一次有意义的合作,用"大师会"形容并不为过,不是所有的艺术作品都可以直截了当地跨越时空表现大师。像梅兰芳本人那样可以红几十年到老的人毕竟太少了。

大师们的"会合"已经散场好几个年头了,京剧虽然没被完全地边缘化,而且仍然在探索中前行,壮大则肯定是过誉之词。京剧最辉煌的年代,是声、光、电等高科技还没有完全地进入中国的时段,随着电视产品的不断出现,加上电脑信息满天飞,青年们甚至将京剧别号为"古董",这是不是坏事?我认为不是,最起码可以唤起行内的专家与学者们重视这门艺术的保护与传承。可以肯定的是,京剧一定是中国戏剧里最具保护价值的剧种,正是出于这一考量,我才决定放下其他的写作计划,专心地来做这一本《百年梨园第一家》的书(开始我定的书名是《千古一梅芳留世》,克勤认为要改一改,遂改为《百年梨园第一家》,我觉得也还不错),因为动笔的这一年是梅兰芳先生诞生120周年,是为纪念。

四、文化要不要骨气

殷商甲骨,钟鼎铭文;周公吐哺,制礼作乐;孔子兴小私学,编纂《诗经》《春秋》;诸子百家,战国争鸣;秦牍汉简,辞赋华章;唐诗宋词,元明戏曲……中华民族的优秀文化就是这样形成并发展起来的。《周易》载:"观乎人文,以化成天下。"文化可以让生命不朽,让灵魂超越。现代国际形势十分复杂也相当严峻,中国经过30多年改革开放,综合国力已得到快速提升,因此得到了世界的肯定。同时,中国的强大,也给一些老牌的军事和经济强国造成了实质性的影响,日本等国甚至大肆宣传"中国威胁论"。发展越快,竞争就越激烈,这是一个正比。我想说的是,竞争并不只存在于资源、经济、科技、政治、军事和制度等方面。传统、文化等要素的竞争将会愈演愈烈,为什么?文化传统是主权的一种象征。民族的兴衰强弱与文化的兴衰强弱密切相关。文化要不要骨气?肯定要,不只要,而且还坚持要。其他一些要素也许会出现同质化现象,但传统文化不会。

高度的文化自觉和文化自信从哪里来?从民族归属感和认同感的精神纽带中来,从历史文化发展的成果中来,从国家文化软实力上来。我们常说,文化是一个民族传承绵延的精神血脉。文化积淀越深厚,文化精神越先进,民族凝聚力和创造力就越丰富,且可以持续。哲学、宗教、道德、文学、艺术(含戏剧)、科学等民族文化传统,包含了民族精神、价值观念、思维方式、审美标准、科学素养等。而这些精神层面的东西,将对文化发展和时代精神产生重要的影响,反映了社会的基本面,推动着文化的创新,是民族凝聚力和创造力的源泉。在当代国际竞争中,国家文化也是战略武器。国家文化的传播,甚至会部分地改变其他国家的文化体系。中华民族有着深厚的爱国主义传统,越是在国家面临重大灾害、重大困难、重大挑战的时候,越是在民族的生存和发展受到威胁的紧急关头,中国人民的爱国主义精神就越加显示出强大的力量。

日本入侵中国,梅兰芳不演戏了,为的是民族大义,因为那样的场子里,没有关于中华民族的歌舞升平。跟当时有些文化人相比,梅兰芳这位本可以姹紫嫣红的名角,却不得不云在青天水在瓶,这种中式的优雅,被中式的传志举上了天,虽然他就是个演戏的。蓄须明志的梅兰芳虽然到处避难,不愿露面,甚至卖画为生,可他站得很稳、很直,内心里装满了国人的底气与骨气,展现出生命的光华。他不是随波逐流的泛萍浮梗,他是戏剧大场上磊磊落落的万年松;他不是见钱眼开、令人喷饭的墙头草,他是道德大堂里深自砥砺的君子兰;他不是欺世盗名的毒菇,他是京剧花苑里特立独行的多节竹;他不是恃才傲物的温室花,他是迎寒怒放刚柔相济的红梅。据梅绍武回忆:

> 1961年,田汉老在我父亲逝世后不久写了二十五首绝句,作为献给他墓上的花环。其中有一首表彰他在抗战时期所表现

的爱国主义精神,生动地刻画了他那正义凛然的气质,诗曰:八载留须罢歌舞,坚定贞几辈出伶官。轻裘典去休相虑,傲骨从来耐岁寒。①

很多人对梅兰芳蓄须明志的故事都有所了解,但很少有人知道梅兰芳的骨气并不仅仅在罢演上。

据梅绍武回忆,"九一八"事变后,日本军国主义在满洲树了一个"皇帝","皇室"要员登门请梅兰芳去演几天戏,祝贺"皇帝"登位,被梅兰芳拒绝。"皇室"要员气急败坏地说:"你们梅府三辈受过大清朝的恩典,樊樊山先生且有'天子亲呼胖巧玲'这样的诗句,而今大清国再次复兴,你理应前去庆祝一番,况且这跟演一次堂会又有什么区别?"梅兰芳的态度很坚决,答道:"这话可不能这么说,清朝已经被推翻,溥仪先生现在不过是个普通百姓罢了,如果他以中国国民资格祝寿演戏,我可以考虑参加。而现在他受到日本人的操纵,要另外成立一个伪政府,同我们处于敌对地位,我怎么能去给他演戏,而让天下人耻笑我呢?"那人冷笑一声,问道:"如此一说,大清朝的恩惠就此一笔勾销了吗?"梅兰芳反驳:"过去清朝宫里找我们艺人演戏,是唱一次开一次份儿,也完全是买卖性质,谈不上什么恩惠。就说当差,像中堂尚书一类官,也许可以说受过皇恩宠惠;一般当小差使的人多了,都能算受恩吗?我们卖艺的还不及当小差使的人,何来恩惠二字呢?"一席话说得那位清朝遗老哑口无言。这事只能作罢。隔不久,苏联对外文化协会邀请我父亲前去访问演出,但剧团乘车前往必须路经东北,而那时恰值伪满洲国成立。父亲拒绝通过那里,苏联之行看来只好放弃。苏方得知这一消息,当即派人再次商洽,最后决定特派专轮迎接他直赴苏联。②

爱国主义是民族精神的核心。以什么样的精神风貌走向世界,以什么样的思想内涵增强国际影响力?梅兰芳做出了很好的回答。人创造了文化,文化也塑造了人。文化就是"化人",是以文化人的过程。我们从

---

①② 梅绍武:《我的父亲梅兰芳》,中华书局2006年版,第352页。

梅绍武先生的文章中读到的,已不仅仅是自豪与感动,还有力量,一股极强的文化力量。文化人如果没有了骨气,那他就不可能具备文化力量。社会文化环境的水平和质量影响制约着人的素质和人的发展,现代社会,很多人眼睛里只有权,只有钱,其他什么他们就不关心了,只要有人能给他权给他钱,就是让他去卖国,他也愿意做。这种现象的出现,已经相当危险了!我们说提高素质,不只是要提高人的素质,还要提高民族的素质。梅兰芳的所作所为,是先进文化的精髓,是民族素质的精髓,是我们民族文化的兴国之魂!敬畏道德、践行道德的民族是"大道之行"的民族。

文化既是对历史的记忆,也是对未来的选择。一个竞争力极强的行当,必定是文化感召力很强的行当;一个可以影响世界的文化人,肯定是具有民族精神的巨人;一个自立于世界的民族,一定是文化感召力非常强大的民族。一时拥有多少财富,那不过是昙花一现,真正的财富是独立的文化精神,文化兴盛了才有望带动百业兴。厚德载物,文化乃魂;文化启智,文化是魂;创意为形,文化聚魂;特色是根,文化凝魂……莫要让喧嚣浮躁去破坏慎独守恒的平静,不要总在观望和等待,要让坚守和执着成为中华民族复兴之梦的肇始。

五、展望与思考

中国传统戏剧与现代生活并不协调。现代人打量传统戏剧的态度多少有点好奇心,传统戏剧好像已经跟现代生活没有多少牵连了,难道就是一种异质的存在?挽救传统戏剧的衰落局面,需要更多梅兰芳、梅葆玖式的人物的出现。

中国传统的戏剧是传统小农经济社会的产物。人们三三两两地溜进茶馆、酒楼、戏院,有的手里还提着一只鸟笼或摇着一把纸折扇,叫上一壶茶或一碗酒,小口地啜着或抿着。抑扬着的唱戏声音,是一种抚慰,到了剧场,心就会静下来,身体会放松,那是一种特殊的精神享受。我们提倡振兴京剧等优秀剧种,不是在提倡重回田园牧歌的小农时代。有人认为:"我们一方面要改善大环境,一方面要从戏剧自身着手,中国传统戏曲必定要经历一次涅槃,对戏剧进行解构、重构到重塑。戏曲必须注重人们生活中的'当下体验'和'日常体验',注重大众情感的通俗表达和日常的表达方式,使戏曲获得一种当代生活的感性形式。"这是一个有意义的反思,对传统戏剧的研究,要在发展的基础上进行。

文化艺术的交流,不仅是跨文化的实践,还拓展了人们的文化视野。戏剧不同于文学、绘画等纸上艺术,南京大学解玉峰教授以为,形而上的局部不可兼容,形而下的局部能够自创。意义是东西方戏剧都有着使其之所以存在的内在实质特征,对东方戏剧而言是角色制,对西方戏剧而言是情节的戏剧性,这一局部是改动不得的,否则它便失去了自我;要分离我们只能尝试在戏剧的物质层面上做出努力,比方说从灯光、舞美、服装等方面下手,这局部不牵涉各自的实质特征,是可行的。当初,梅兰芳请张彭春算是请对了人。张彭春按西方人审美习惯做出扮演上的一些改动,这样做看似将就,其实是尊重艺术规律。回国后的梅兰芳加快了对京剧的改造步伐,终成一代大师。一种文化与另一种异质文化相遇,必然会在对方的作用力下走向另一种高度。观赏习惯和兴趣指向实在是太重要了!但文艺的生命在于创新,只有不断创新、敢于否定自己,才能让艺术之花常开。艺术的种子才可以在世界开花结果,绽放出无比夺目的、经久不衰的光彩。

但我们还是想强调道德的重要性,世界上的文化世家可能有上百家、千家,但其根本点或说共同点就三个字"好家风"。中国世家文化则更追求"诗礼传家"四个字。"好家风"与"诗礼传家"这一世家文化的轴心,讲白了就是谦和有礼待人,清清白白做人,实实在在做事。千万别小看了"家风",家庭是社会的细胞,家风是社会风气的细胞。"家风"是个人品德的集合体,是家庭美德的标志物,是职业道德的支撑点,是社会公德的有机体。弘扬和践行良好家风,是为培育和弘扬社会主义核心价值观奠定道德基础。崇德明理、向善向上、讲求礼义,组合起来,就是中华民族传统文化和精神气象的生动写照。现在许多媒体上都在谈"接线"的道理,我们说,接通两条线,打通两个场,实质是为世家文化准备"根据地",两条线即所谓的"天线"与"地线","天线"指中央注意力,"地线"指民众的感受。任何一种文化,都不可能脱离中央及地方。两个场指传统舆论场和自媒体舆论场,任何一个世家,都不可能自立于舆论场。我们所写的世家文化评传,是舆论场中的一部分。作为世家,要有勇气接受来自任何一个媒介的考验,作为文化,还是要经得起时间的考验。

张明乔

附二 京剧世家直谱系

泰州梅氏世系图

本原(乾元)→滋生(从龙)→承先(绍业)→世道(询)→志宁(安静)→一村→如林→少溪→凤川→振诠(正川)→书章→开先→世贤→长松→天材(天才)→巧玲→雨田→澜(即梅兰芳)

梅乾元(始祖,江苏泰兴)

梅世贤(高高祖,江苏泰州东薛家庄务农)

梅万春(高祖,到泰州城学成雕塑后开店)

梅天根、梅天桂、梅天材(曾祖,雕塑匠,妻颜氏)、梅天富

梅巧玲(祖父,先给苏州江姓人家做义子,后被卖到北京学艺)、梅占时

梅雨田(伯父)、梅竹芬(父亲)、梅淦慈

梅兰芳(著名京剧演员)、梅秀冬(泰州手工业劳动者)

梅派男旦:梅巧玲、梅竹芬、梅兰芳、梅葆玖、胡文阁。

家乘:

梅巧玲:京剧青衣(1842.9.25—1882.12.16);

子:梅雨田,京剧琴师(1865—1912.10.8),妻胡氏;

子:梅竹芬,京剧青衣(1872—1896),妻杨长玉;

女:梅氏,嫁王怀卿;

女:梅静贞,嫁秦五九;

孙子:梅兰芳,京剧旦角(1894.10.22—1961.8.8),妻王明华、福芝芳、孟小冬;

孙女:梅氏,嫁朱小芬;

孙女:梅氏,嫁王蕙芳;

孙女:梅氏,嫁徐碧云;

外孙子:秦叔忍;

外孙子:王永利;

外孙子:王蕙芳,京剧旦角(1891.7.8—1954),妻王氏、梅氏、关丽英;

外孙子:王菊芳;

外孙子:王玉芳,京剧老生;

外孙女:王氏,嫁姜妙香;

外孙女:王蕙亭,嫁迟景昆;

外孙女:王氏,嫁田雨侬;

外孙女:王氏,嫁黄润卿;

外孙女:王蕊芳,嫁尚小云;

岳父:陈金雀(陈煦棠、陈金爵),昆曲旦角,妻缪氏;

内兄内弟:陈寿山,妻王氏;

内兄内弟:陈寿彭(陈连儿),妻朱氏;

内兄内弟:陈寿峰,昆曲文武老生(1842.2.23—1904.1.28);

姨姐姨妹:陈氏,嫁贾增寿;

姨姐姨妹:陈氏,嫁钱玉寿;

姨姐姨妹:陈氏,嫁谢宝云。

梅兰芳先生弟子姓名(按姓氏笔画为序):

丁至云 女　马小曼 女　马金凤 女　于素秋 女　王志怡 女　王佩瑜 女　王素琴 女　王熙春 女　王慧萍 女　毛世来 男　毛剑秋 女　申丽缓 女　白玉薇 女　刘元彤 男　刘肖梅　刘淑华 女　刘美君 女　闫立品 女　许守义　关肃春 女　阳友鹤 男　毕谷云 男　吕慧君 女　红线女　任颖华 女　华慧麟 女　言慧珠 女　沈小梅 女　沈曼华 男　汪剑云 男　李元芳 男　李世芳 男　李玉芝 女　李玉芙 女　李玉茹 女　李吟香 女　李　丽 女　李金鸿 男　李国粹 女　李香云 女　李砚秀 女　李桂云 女　李湘君 男　李斐叔 男　李蔷华 女　李毓芳 女　李慧琴 女　李碧慧 女　李薇华 女　李燕香 女　杜近芳 女　杜丽云 女　杨荣环 男　杨玉娟 女　杨秋玲 女　杨维君 女　杨惠敏 女　杨畹农 男　张丽娟 女　张南云 女　张世孝 男　张君秋 男　张春秋 女　张曼玲 女

张淑娴 女　张蝶芬 男　陈书舫 女　陈永玲 男　陈正薇 女　陈伯华 女　吴若兰 女　邹慧兰 女　范玉媛 女　罗慧兰 女　周曼如 男　高玉倩 女　高　华 男　徐东来 女　徐碧云 男　梁小鸾 女　唐富尧 男　赵文漪 男　赵慧娟 女　胡芝凤 女　胡漱芳　南铁生 男　陶默奄 男　郭建英 男　海碧霞 女　贾世珍 男　顾正秋 女　顾景梅 女　韩淑华 女　秦慧芬 女　章遏云 女　黄世恩 男　曹慧麟 女　崔秀茹 女　童芷苓 女　谢虹雯 女　谢黛琳 女　喻志清 男　舒昌玉 男　程砚秋 男　焦鸿英 女　新凤霞 女　新艳秋 女　醉丽君 男　魏莲芳 男

按国家和地区分,梅兰芳弟子的分布情况是:

美国 白玉薇、王佩瑜

日本 李玉芝

北京 张君秋、杜近芳、南铁生、沈曼华、高玉倩、谢虹雯、李毓芳、贾世珍、杨秋玲、李玉芙、李砚秀、梅葆玖

上海 魏莲芳、李玉茹、童芷苓、张南云、舒昌玉、顾景梅

天津 丁至云、杨荣环

辽宁 李国粹、毕谷云

吉林 毛世来、梁小鸾

河北 罗惠兰、杨玉娟

山东 张春秋

安徽 王熙春、谢黛琳、刘美君

江苏 陈正薇、沈小梅、胡芝凤、范玉媛、喻志清、新艳秋

河南 闫立品、马金凤

陕西 徐碧云

四川 陈书舫、阳友鹤

云南 关肃霜

宁夏 王志怡

新疆 张丽娟

广东 红线女

甘肃 陈永玲

中国台湾 章遏云、顾正秋、秦慧芬、杜丽云

名家弟子

很多名家，像豫剧的闫立品、马金凤，评剧的新凤霞，粤剧的红线女，都是梅先生的弟子。

亲自指点过的弟子

经梅兰芳亲自指点过的徒弟，只有李世芳、言慧珠、杜近芳、梅葆玖几人而已。

梅兰芳弟子有别

梅兰芳说过，只要大方就承认是梅派。

（1）直接宗梅者　魏莲芳、杨畹农、包幼蝶、李世芳、言慧珠、梅葆玖、沈小梅、陈正薇、罗惠兰、丁至云、李玉芙，都专工梅派，其声腔都特别忠实于梅兰芳。

（2）间接借鉴梅派但仍属京剧青衣范畴的，李玉茹（兼学程、荀）、杨容环（兼学尚）、杜近芳（兼学王）、梁小鸾（兼学王）、新艳秋（兼学程）、陈永玲（兼学筱）等，都是不光拜了梅先生，他（她）们也同时学习借鉴其他青衣流派的声腔、表演特色。

（3）京剧之外的其他戏曲的演员　拜梅兰芳是为了便于学习梅先生的艺术创造手法和思想的，就像上面大家说的，豫剧、汉剧、川剧、粤剧、评剧等戏曲名演员，当时都推崇梅兰芳先生的艺术创造力而纷纷拜梅先生为师。

（4）电影明星、名门一族　拜梅兰芳者，多只是为了给自己增加资历。

《梅兰芳画传》认为杜近芳是梅大师花费心血最多的女弟子。杜近芳先在王瑶卿门下学艺，1949 年在上海拜梅兰芳大师。

毕谷云的梅派地道纯正，他是先拜徐，再拜荀，1961 年拜梅。他虽然是几派传人，但他的声腔从不相互掺和。他的梅腔十分地道。

作为梅派的最佳传人，梅葆玖从艺几十年来不仅是国内顶级的京剧艺术家，其在国外也享有极高的盛誉及知名度，他也在原有的基础上对梅派戏剧进行改良与完善，从而达到了又一艺术的巅峰。然后，自小就受到

国外文化熏陶的梅葆玖,对新鲜事物、文化的接受程度也远超出大家固有的印象。在这套京剧唱片中,梅先生就大胆地将管弦乐团请进录音棚,以交响乐的大气恢宏配合京剧中的唱段,营造出了更易被大众接受的听觉感受。

言慧珠是言菊朋的二女儿,自幼能歌善舞,7岁学程派青衣,12岁学梅派、习武旦。她扮相艳丽,嗓音清亮,文武兼擅,1943年正式拜梅兰芳为师,是梅派传人中的佼佼者。喜爱昆曲、擅演武戏的言慧珠,创造性地对梅派戏进行了提炼加工。她的《贵妃醉酒》突破了"贵而不醉"或"醉而不贵"的通例,创造了"贵而欲醉、醉而犹贵"的意境。她改编的《木兰从军》以甜美的嗓音、优美的身段、扎实的武功令行内人钦服。1966年自缢身亡,年仅47岁。

程砚秋、张君秋已分别自成一家,杜近芳也有自己的特色,完全宗梅且能形神兼备的是言慧珠。此外,陆素娟、顾正秋等也各有千秋。杨荣环则兼学尚(小云)派,所演《霸王别姬》《宇宙锋》《穆桂英挂帅》等剧也有梅派风采。

近年习梅派的传人有沈小梅等。票友中宗梅者极多,较著者有南铁生、孟广亨、杨畹农、包幼蝶等。

梅兰芳的再传弟子(学生的学生)主演的中华人民共和国京剧、昆曲电影《龙江颂》(魏莲芳和言慧珠的学生李炳淑演女主角江水英);《杜鹃山》(言慧珠的学生杨春霞演女主角柯湘);《白蛇传》(魏莲芳和言慧珠的学生李炳淑主演)。

本支梅氏排行字辈为:本兹承世忐,绍继克丰昌,富贵荣华盛,光明永远芳,存仁有余庆,积德显祯祥,尊祖家声振,敬忠福泽长。

京剧早期的戏班及主要流派

杨隆寿(小荣椿科班)之徒是叶春贤(此人毕生培养戏班后生,相当于现在的戏校校长,共办了七班)。

七班:喜、连、富、盛、世、元、韵。其中牛东家的喜、连;沈东家的富、盛、世(沈七爷执掌,后转给叶春贤);叶家的元、韵。

活跃京城的160多个京剧世家中,从艺者最多的家族人数达40余人,少则10余人。其中九代梨园世家1家,八代1家,七代3家,六代近10家,五代近20家,四代有40家,三代有100多家。而一脉相承的唯独只有谭家七代。仅北京一地,就有160多个京剧梨园世家,他们构成了京剧艺术生存繁衍的庞大家族,且很多家族之间都互相通婚,有着错综复杂的血亲连带关系,有的甚至近亲结婚,是谓"骨肉还家"。这种连环套似的亲套亲关系动一牵百,难以梳理。目前,绝大多数梨园世家都在三、四、五代便结束了传承,只有极少数世家还在延续衣钵。

谭氏:谭志道、谭鑫培、谭小培、谭富英、谭元寿、谭孝曾、谭正岩。谭家六代饰演的"黄忠"。

罗氏:罗巧福、罗福山、罗寿山。罗家第五代共有7人从艺,到第六代达到17人,为历代从艺人数之最。第八代和第九代从艺人数较少,只有习丑行的罗宁和习老生的罗兰。

迟氏:迟宝财、迟重瑞。

叶氏:叶中定、叶春善、叶盛兰、叶少兰、叶明。当代京剧小生十有八九都在学习叶派。

杨氏:杨二喜、杨月楼、杨小楼、杨桂子、杨宗年、杨学敏、杨长秀、杨长和、杨朔如。

杨氏:杨隆寿、杨盛春、杨少春。

李氏:李永利、李万春、李少春(李万春妻弟)、李小春、李阳鸣,四代传承。

尚氏:尚小云、尚长春、尚长麟、尚长荣。

荀氏:荀慧生、荀令香。荀家后人无力继承祖上衣钵,但荀慧生一生收徒众多,由其亲传和指导的弟子不计其数,毛世来、许翰英、李玉茹、吴素秋、童芷苓、赵燕侠、张正芳、曲素英、刘长瑜、孙毓敏、宋长荣等都是荀派艺术的传承人,还有许多人虽未拜师,但多得其亲授。

马氏:马连良、马崇仁、马崇恩(后改行)、马小曼、马俊男习老生。

余氏:余三胜、余紫云、余叔岩。

萧氏:萧永康、萧长华、萧盛萱、萧润增、萧润德、萧润年。

参考书目

1. 弗拉基米尔·纳博科夫. 微暗的火[M]. 梅绍武,译. 北京:译文出版社,2011.

2. 梅绍武,梅卫东. 梅兰芳自述[M]. 北京:中华书局,2005.

3. 梅绍武. 我的父亲梅兰芳[M]. 北京:文化艺术出版社,2011.

4. 梅绍武. 我的父亲梅兰芳[M]. 北京:中华书局,2002.

5. 马森. 台湾戏剧——从现代到后现代[M]. 台湾宜兰:佛光人文社会学院,2002.

6. 施旭升. 戏剧艺术原理[M]. 北京:中国传媒大学出版社,2009.

7. 江苏省政协文史资料委员会:《梅兰芳与故乡》,《江苏文史资料》第76辑江苏文史资料. 编辑部出版发行的,《泰州文史资料》第7辑《江苏文史资料》编辑部,1994.

8. 梅兰芳. 移步不换形[M]. 天津:百花文艺出版社,2008.

9. 王慧. 梅兰芳画传[M]. 北京:作家出版社,2004.

10. 李仲明. 梅兰芳的梅风兰韵[M]. 北京:东方出版社,2008.

11. 梅葆琛. 怀念父亲梅兰芳[M]. 北京.中国社会出版社,2005.

12. 徐城北. 梅兰芳艺术谭[M]. 南京:江苏教育出版社,2006.

13. 刘彦君. 梅兰芳传[M]. 石家庄:河北教育出版社,1996.

14. 梅绍武,屠珍,梅葆琛,等. 梅兰芳全集[M]. 石家庄:河北教育出版社,2000.

15. 傅晓航,张秀莲. 中国近代戏曲论著总目[M]. 北京:文化艺术出版社,1994.

16. 中国艺术研究院资料馆报刊组. 戏曲理论文章索引[M]. 1983年内部版。

17. 中国艺术研究院戏曲研究所资料室. 中国戏曲研究书目提要[M]. 北京:中国戏剧出版社,1992.

18. 中国梅兰芳研究学会,梅兰芳纪念馆.梅兰芳艺术评论集[M].北京:中国戏剧出版社,1990.

19. 梅兰芳周信芳诞辰100周年纪念委员会学术部.梅韵麒风——梅兰芳周信芳百年诞辰纪念文集[C].北京:中国戏剧出版社,1996.

20. 戏曲研究[J].1983—1984年、1985—1988年合辑第五分册、1989—1993年。

21. 戏剧戏曲研究[J].1994—2000年。

22. 舞台艺术[J].2001—2001年。

23. 中国戏曲学院学报《戏曲艺术》1981—2003年全年合订本。

24. 中国京剧[M].1990—2003年全年合订本。

25. 梅兰芳.舞台生活四十年第一集[M].上海:平明出版社,1952.

26. 梅兰芳.梅兰芳文集[M].北京:中国戏剧出版社,1962.

27. 梅兰芳.梅兰芳戏剧散论[M].北京:中国戏剧出版社,1959.

28. 许姬传.梅兰芳舞台艺术[M].上海:上海人民美术出版社,1959.

29. 王长发,刘华.梅兰芳年谱[M].南京:河海大学出版社,1994.

30. 王长发,刘华.中国文化使者梅兰芳[M].南京:南京出版社,1995.

32. 齐如山.梅兰芳游美记[M].长沙:岳麓书社,1985.

33. 梅葆琛.怀念父亲梅兰芳[M].北京:中国社会出版社,1994.

35. 徐城北.梅兰芳与二十世纪[M].北京:中国社会出版社,1990.

36. 周姬昌.梅兰芳与中国文化[M].北京:中国社会出版社,1994.

37. 刘天华.梅兰芳歌曲谱[M].1979.

38. 刘彦君.梅兰芳传[M].石家庄:河北教育出版社,1996.

39. 泰州等地县市志、南京大学、东南大学、南师大、泰州学院等高校图书馆资料。

40. 北京、上海、泰州等市图书馆及艰难馆资料。

后 记

2014年是世界大师、著名京剧表演艺术家梅兰芳先生诞辰120周年,我们以《百年梨园第一家》向他致敬。

有关梅兰芳先生的书及论文真是不少,但至今仍没有一本写梅兰芳这个家族,特别是其作为近代梨园第一家的书,所以,我们来填这个空。作者之一的张明乔,跟梅兰芳是一个县(泰兴县)的人。加之多年来他一直关注、研究地方文史,对梅兰芳家族的情况了解得还是比较细的。为了获取更多更细的资料,我们找到了泰州政协文史委尹愚夫主任,尹主任非常热情,马上跟泰州市梅兰芳研究会(以下简称"梅研会")联系,于是我们有幸认识了"梅研会"的会长陆镇余(曾任泰州市副市长)先生。陆会长即刻召开"梅研会"全体人员会议,布置支持我们采写事项。期间,我们还得到泰州史志办菊也等先生的帮助,这些都使我们激动万分。此后,我们又多次去上海、北京梅兰芳故居收集资料。值得一提的是,作者之一的苏克勤其实早有写梅兰芳的打算,家中藏书里有关梅兰芳的书就有10多本,这些书,对我们创作《百年梨园第一家》是有帮助的。有了这样一些必要的准备后,我们开始夜以继日地创作。创作期间,郑州大学出版社的骆玉安副社长除多次电话了解情况外,还特地从河南赶来江苏看稿,这种负责任的态度无疑鼓舞了我们。

本书写作时间较短,错漏难免,敬请各界文友批评与指正,你们的意见,一定会成为该书再版时的正确之音、至理之言。